民间金融市场治理研究

李红军◎著

燕山大学出版社
·秦皇岛·

图书在版编目（CIP）数据

民间金融市场治理研究 / 李红军著 . — 秦皇岛：燕山大学出版社，2021.12
ISBN 978-7-81142-936-7

Ⅰ . ①民… Ⅱ . ①李… Ⅲ . ①民间经济团体—金融机构—金融监管—研究—中国
Ⅳ . ① F832.35

中国版本图书馆 CIP 数据核字（2021）第 148257 号

民间金融市场治理研究

李红军　著

出 版 人：陈　玉
责任编辑：王　宁
封面设计：星辰创意
出版发行：燕山大学出版社 YANSHAN UNIVERSITY PRESS
地　　址：河北省秦皇岛市河北大街西段 438 号
邮政编码：066004
电　　话：0335-8387555
印　　刷：英格拉姆印刷(固安)有限公司
经　　销：全国新华书店

开　　本：700mm × 1000mm　1/16　　印　　张：13.25　　字　　数：223 千字
版　　次：2021 年 12 月第 1 版　　印　　次：2021 年 12 月第 1 次印刷
书　　号：ISBN 978-7-81142-936-7
定　　价：52.00 元

前　　言

我国民间金融发展非常迅速，在过去的几十年中，各种民间金融机构层出不穷，例如私人钱庄、民间借贷、农村信用合作社等。民间金融已经成为我国金融系统中不可忽视的一部分，民间高收益导向的供给和巨大的投资融资的需求，为民间金融业顽强的生命力提供了支撑。提起民间金融，很多人都会想到一些负面信息，认为民间金融对国家经济的发展有着负面影响，但不可否认的是，民间金融是正规金融的有效补充，对正规金融和宏观经济的发展起到了积极的作用，是一股不可或缺的金融力量。

随着经济的发展，民间金融与时俱进，产生了很多新的金融形式和机构，但问题也随之而来。民间金融蓬勃发展，但各种法律法规无法跟上，金融监管不到位，致使经济纠纷和矛盾频发，例如最近几年兴起的互联网贷款，以快速放款、手续简单和利率高昂为特点，让不少人掉入了高额贷款的陷阱。法律的缺失和监管的不足，致使互联网贷款所引起的矛盾和纠纷屡屡发生，金融风险进一步加大。因此，为了保证金融市场的健康发展，建立金融监管体系和完善相关法律法规已经成为当务之急。

本书从民间金融的概念着手，厘清了民间金融的特征和组织结构，对民间金融面临的风险进行了论证，对民间金融的运行机制和监管缺陷进行了系统分析，并对民间金融市场的治理模式选择和法律制定提出了建议。

在编写过程中，笔者参考和借鉴了国内外许多专家、学者的研究成果，在此表示最诚挚的感谢！由于资料和时间的限制，书中难免会有疏漏和不足之处，对一些问题的分析和研究还不太充分，恳请各位读者和同人批评指正。

目　　录

第一章　绪论 ………………………………………………………… 1

第一节　国内外民间金融的现状 …………………………………… 1

第二节　民间金融监管的研究意义 ………………………………… 17

第三节　研究思路和方法 …………………………………………… 27

第二章　民间金融的定义与性质探析 ………………………… 30

第一节　民间金融概述 ……………………………………………… 30

第二节　民间金融体系的组织结构 ………………………………… 34

第三节　民间金融的内涵和特征 …………………………………… 42

第四节　民间金融的合理性分析 …………………………………… 46

第三章　民间金融中的民间借贷版块分析 …………………… 52

第一节　民间借贷的作用 …………………………………………… 52

第二节　民间借贷的风险 …………………………………………… 60

第三节　民间借贷市场运行的主要问题 …………………………… 66

第四节　司法实践中民间借贷的主要问题 ………………………… 71

第四章　民间金融的运行机制分析 …………………………… 82

第一节　民间金融运行的控制机制 ………………………………… 82

第二节　民间金融的履约机制 ……………………………………… 88

第三节　民间金融履约机制的博弈分析 …………………………… 94

第四节　民间金融的风险防范机制 ………………………………… 102

第五章　民间金融的监管政策分析 ………………………………… 108
第一节　民间金融监管政策导读………………………………… 108
第二节　民间金融监管制度的缺陷和发展…………………………… 116
第三节　民间金融的健康可行性路径分析…………………………… 124
第六章　民间金融市场治理的法制模式和监管启示………………… 136
第一节　国外民间金融市场治理的法制模式的借鉴………………… 136
第二节　国内民间金融管理模式与金融市场发展的相互影响… 144
第三节　民间金融市场治理模式的选择……………………………… 152
第七章　民间金融市场治理的法律完善与监管实施………………… 166
第一节　民间金融治理的法律制度构建依据………………………… 166
第二节　民间金融治理的法律制度构建宗旨………………………… 173
第三节　民间金融治理的法律调整建议……………………………… 180
第四节　民间金融治理的模式选择路径……………………………… 191
参考文献 ……………………………………………………………… 202

第一章 绪　论

第一节　国内外民间金融的现状

一、我国民间金融的发展现状

基于中国社会主义初级阶段的基本国情，中国的市场经济体系也展现出相应的特点。现阶段，国有大中型企业建立现代企业制度的改革取得重要进展，大多数国家重点企业进行了公司制改革，企业扭亏增盈成效显著，国有大中型企业改革和三年脱困目标基本实现。在公有制经济进一步发展的同时，私营、个体经济有了较快发展。市场体系建设继续推进，资本、技术和劳动力等要素市场迅速发展，市场在资源配置中的作用明显增强。二元经济结构是我国经济的典型特点，先进的部门和落后的传统部门并存，城乡差别大，东部沿海地区与中西部地区经济发展极不平衡，地区差异显著。①

二元经济结构是发展中国家普遍存在的一个现象，其经济的二元性具体表现在：一方面，发展中国家为了能迅速集中国内储蓄资源用以支持国家发展规划，从而利用组建起来的国有银行及其他金融机构来集中社会资金，流向政府支持的产业部门及企业。另一方面，广大中小企业和地区、个体经济却得不到国有金融机构很好的融资支持，他们不得不依靠传统的钱庄、合会、典当行等金融机构来获得零星的金融资源。有组织的国有金融机构与无组织的传统金融机构并存的二元格局构成了发展中国家的金融特色。经济的二元性是受发展中国家的资源和生产力限制而客观形成的，而除此之外，金融的二元性更多的是政府人为干预的结果，在这种市场经济需求发展改善二元经济结构的形势下，为民间金融发展提供

---

① 华富鑫，张倩．金融科技与金融监管 [J]. 时代金融，2021(11)：12-14.

了一个广阔的天地。

（一）我国民间金融的规模

我国民间金融的主要发源地在农村，尤其是沿海地区农村，如浙江、福建、广东等。从 1986 年开始，农村民间借贷规模已经超过了正规信贷规模，而且每年以 19% 的速度增长。根据西南财经大学中国家庭金融调查与研究中心发布的《银行与家庭金融行为》调查结果显示：我国民间借贷参与率高，截至 2019 年，有 33.5% 的家庭参与了民间借贷活动，借贷总额达 8.6 万亿元。在新冠疫情的影响下，2020 年我国民间借贷总量仍达到 8.2 万亿元。在经济相对发达的东南沿海城市，企业之间特别是民营企业之间的直接临时资金拆借或高于银行固定利率性质的民间借贷数量巨大。民间金融在为民营经济服务的同时，也隐藏着巨大的风险，尤其是一些非法金融组织从事着大量的非法交易，对国民经济的发展造成巨大的危害。一些大银行，不仅本身是由小银行发展而来的，而且即使发展到了今天，在我们看到的少数大银行的后面，还是有许多地方性的中小银行存在，发达的市场经济内部，都是一个由少数大银行和一大批中小银行形成的金融体系，分工合作，提供各种金融服务，保证经济的有序发展。

当前我国民间资本存量巨大，截至 2019 年年底，中国广义影子银行（影子银行是指常规银行体系以外的各种金融中介业务）规模为 84.80 万亿元，占 2019 年国内生产总值的 86%，相当于同期银行业总资产的 29%；狭义影子银行规模为 39.14 万亿元，占广义影子银行的 46.2%。民间资本渗透于中国市场经济领域的各个领域，为中小微型企业、创业企业的发展，为新技术的开发利用，乃至为我国国民经济的增长，发挥了无可替代的作用。可以说，游走于正规金融机构之外的民间借贷资本，是中国经济发展转型中一个不可回避的资金力量。

2020 年，全国社会融资规模增量累计为 34.86 万亿元，比上年增加 9.19 万亿元。其中，对实体经济发放的人民币贷款增加 20.03 万亿元，同比增加 3.15 万亿元。2020 年年末，社会融资规模存量为 284.83 万亿元，同比增长 13.3%。央行发布的 2021 年一季度地区社会融资规模增量统计表显示，江苏地区社会融资规模增量为 14931 亿元，居全国第一位；广东 12334 亿元，居第二位；浙江 11084 亿元，居第三位。

2020 年，山东省一季度全省社会融资规模余额达 14 万亿元，同比增长 11.8%。

截至 2020 年 3 月末，山东省共有 390 家小额贷款公司，第一季度发放贷款 95.9 亿元；民间资本管理公司 324 家，第一季度投资 134.3 亿元；民间融资登记服务公司 39 家，第一季度成功对接金额 2.8 亿元；融资担保公司 333 家，担保余额 1327.1 亿元；开展信用互助业务试点的农民专业合作社 281 家，第一季度信用互助金额增加 1355.8 万元，累计达 3.3 亿元；31 家具有金融属性的交易市场成交金额达 2056.6 亿元，三家地方资产管理公司收购不良资产账面值 55.3 亿元，处置不良资产账面值 35.6 亿元；发证典当企业、领取营业执照的融资租赁公司和商业保理公司数量分别为 216 家、419 家和 517 家。

截至 2020 年 12 月底，山东省共有民间融资机构 324 家，注册资金 290.37 亿元，投资余额 375.56 亿元。民间融资机构坚持服务中小微、“三农”企业，努力满足实体经济的融资需求，经过 9 年的发展，在坚持服务基层、服务实体经济中，累计投资 2900 多亿元，使资本回归本源，对维护民间融资秩序，遏制非法集资和超高利率放贷行为发挥了积极作用，已成为践行普惠金融的生力军。

2021 年，湖北省一季度金融运行呈现“总量增长快、结构调整优、融资成本降”的特点。截至 3 月末，全省各项贷款余额突破 6 万亿元，达 6.23 万亿元，同比增长 14.5%，一季度新增 2621 亿元。融资成本继续下行，3 月份全省企业贷款平均利率 4.62%，比年初下降 0.02 个百分点，普惠小微型企业贷款利率为 5.53%，比年初下降 0.07 个百分点。

贷款结构不断优化，向实体经济倾斜，向重点领域倾斜，制造业贷款、普惠小微企业贷款保持较快增长，中长期贷款占比提升。2020 年 3 月末，湖北省全省制造业贷款增长 15.3%，高于全部贷款增速 0.8 个百分点，比年初增加 209 亿元。一季度，中长期贷款增加 2274 亿元，同比多增 808 亿元，在各项贷款增加额中占比达 86.8%，较 2019 年同期提高 24.4 个百分点。下一阶段需要积极拓宽社会融资渠道，保持对经济恢复增长的资金支持力度，努力满足全省重点项目和市场主体的有效融资需求，聚焦补短板，重点做好支持县域经济和小微企业发展工作，推动科技金融和绿色金融服务创新，加大对科创重点领域支持力度。

截至 2020 年一季度，银行业金融机构的小微企业贷款余额为 38.9 万亿元，占金融机构各项贷款余额的比重为 24.28%。从 2019 年开始，这一比重始终稳定在 24% 上下。

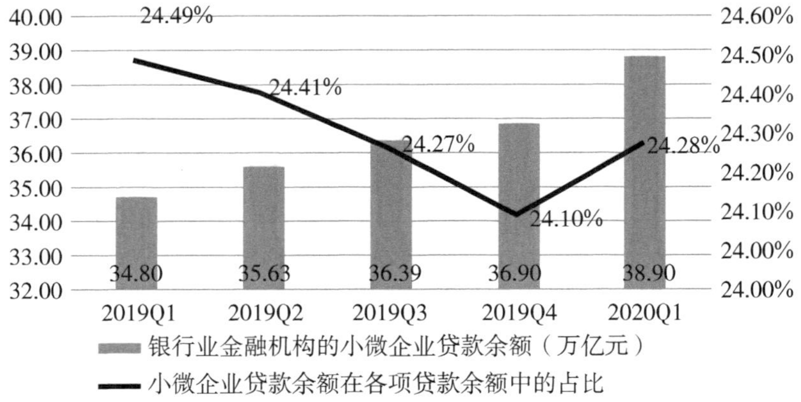

图 1–1 银行小微企业贷款余额走势及贷款占比情况

2018 年世界银行发布的《中小微企业融资缺口：对新兴市场微型、小型和中型企业融资不足与机遇的评估》报告也显示，全球发展中国家对正规中小微企业的融资供给规模仅仅能满足中小微企业融资需求的 42%。这意味着，平均每 10 家中小微企业，就有近五成企业无法从金融机构获得贷款或者得到足够的贷款。而我国中小微企业的潜在融资需求达 4.4 万亿美元，潜在融资缺口 1.9 万亿美元，缺口比重高达 43.18%。

2018 年以来，我国民间投资持续保持回升态势，增速保持在 8% 以上，占全部投资的比重约 60%，是投资增长的主力军。我国非公经济创造了 60% 左右的 GDP，80% 的就业由民营企业创造，50% 的税收来自非公经济，民间投资在投资中的比重占到 60% 以上。

2012 年，银监会出台了《关于鼓励和引导民间资本进入银行业的实施意见》，支持民间资本与其他资本按照同等条件进入银行业。2015 年，《中资商业银行行政许可事项实施办法》修订公布，对准入和监管属地管辖等制度进行革新，提高民间资本进入银行业的工作效率。另外，银监会还针对民营银行、城市商业银行、农村中小金融机构等不同金融机构的特点、背景，单独出台了相关政策。

1. 中小银行：存量改造增量改革

“双线思路”，是当前推动民间资本进入中小银行的工作核心。一方面积极推进民间资本进入城商行，另一方面推动设立由境内纯中资民营企业发起的民营银行，为银行业创新发展注入新动力。

2019 年以来，通过积极稳妥推进混合所有制改革，有序引导民间资本依法合规进入银行业，民间资本控股的银行业机构已超过 3000 家。民间资本在股份制银行、城市商业银行和农村合作金融机构总股本中的占比分别超 40%、50% 和 80%。从我国商业银行的股权结构现状来看，在 373 家主流商业银行中，95% 都是中央政府、地方政府、大型国有企业和地方政府平台公司控股；在 12 家股份制商业银行中，只有民生银行、平安银行属于民营银行；在 144 家城商行和 212 家农商行中，仅在江浙一带有 14 家小型民营银行，民营银行在主流商业银行体系中仅占 5%。自 2014 年首批 5 家民营银行获批筹建后，截至 2020 年 6 月，已有 19 家民营银行开业运营。各类机构持续推动渠道建设，不断优化网点布局。银行业金融机构境内网点总计 22.1 万个，其中 5 家大型银行网点 6.8 万个，占比 31%，广泛分布在城市乡村。

截至 2019 年年末，在第一批成立的民营银行中，微众银行资产规模高达 2912.36 亿元，同比增长 32.36%；网商银行在 2019 年取得了重大突破，其资产规模为 1395.52 亿元，同比增长 45.57%。在第二批成立的民营银行中，三湘银行资产规模达 515.8 亿元，同比增长 63.55%，是第二批成立的民营银行中资产规模最高的银行，其资产规模在所有民营银行中排名第四位。新网银行作为全国第三家同时也是中西部首家互联网银行，在 2019 年年末，资产规模达到 441.53 亿元，同比增长 22.11%。截至 2019 年年末，在第三批成立的民营银行中，苏宁银行资产规模达 639.01 亿元，在整个民营银行资产规模排名中位居第三，资产规模扩张迅速，同比增长 97.14%。亿联银行、蓝海银行的资产规模超过了 300 亿元大关，分别为 313.21 亿元和 303.57 亿元，同比增长 133.11% 和 61.21%。

民营银行设立已进入常态化。银监会按照《关于促进民营银行发展的指导意见》有关精神，制定了相关操作细则，明确了有关原则、政策、标准和审批流程。据了解，相关工作正按照“成熟一家，设立一家，防止一哄而起”的原则积极审慎开展。

根据国家政策要求，民营银行积极向中西部省份倾斜。2016 年 8 月 26 日，重庆富民银行正式成立。截至 2019 年，重庆富民银行的存款余额为 289 亿元，贷款余额为 278 亿元。截至 2020 年 12 月 31 日，重庆富民银行的资产总额达 531.77 亿元。2020 年，重庆富民银行着力解决中小微企业融资难的问题。数据显示，截至 2020 年 11 月底，重庆市中小企业累计达到 91.4 万户，同比增长 8.4%；前 11 个月，新增中小微企业 13.3 万户，新增从业者 36 万人，融资需求激增。截至

2020 年年末，富民银行普惠小微余额 92.46 亿元，较年初增加 25.69 亿元，增幅 38.48%，普惠小微贷款增速高于其他各项贷款增速的 2.78%，普惠小微在贷户数超过 78000 户。

2. 非银行金融机构：多元化发展

2019 年 12 月 6 日，中国银保监会通过《中国银保监会非银行金融机构行政许可事项实施办法》。数据显示，截至 2016 年 3 月末，全国已开业由民间资本控股或参股的非银行金融机构 78 家，占对应非银行金融机构总数的 25%。其中包括 35 家企业集团财务公司，25 家金融租赁公司，6 家汽车金融公司，11 家消费金融公司以及 1 家金融资产管理公司。此外，还有已批准筹建、尚未开业的由民间资本控股或参股的非银行金融机构 10 家。

伴随着数量上的增多，民间资本进入非银行金融机构还呈现出多样的特点：金融机构类型逐步增多，民间资本介入程度由浅到深，参与产业类型不断丰富。据了解，采矿业、交通运输业、制造业、建筑业、金融业、批发和零售业等众多行业以及民营的电商平台、第三方支付公司等新经济业态，均逐步进入到非银行金融机构。

另外，相比过去民间资本进入非银行金融机构大多以财务投资为主，近年来，民间资本通过控股方式进入非银行金融机构的数量逐年增加。2013 年到 2015 年，批准开业的由民间资本控股的非银行金融机构分别为 4 家、7 家、15 家，分别占当年开业的非银行金融机构总数的 13%、23%、26%。

民间资本进入非银行金融机构，丰富了非银行金融服务的有效供给，促进了服务实体经济功能的发挥，提升了金融服务的可获得性，亦推动了非银行金融机构和入股民营企业的共赢发展。

央行发布的 2021 年一季度小额贷款公司统计数据报告显示，截至 2021 年 3 月末，全国共有小额贷款公司 6841 家，贷款余额 8653 亿元。

2021 年 5 月 10 日，河南省委、河南省人民政府发布《关于构建更加完善的要素市场化配置体制机制的实施意见》。意见提到，建立较为完整的市场化金融机构体系，依法推动发起设立民营银行。优化“信豫融”平台和省金融服务共享平台功能，完善平台金融产品体系，研发推广有针对性的线上信用贷款产品。建立覆盖全省的政府性融资担保体系。依法支持有条件的金融机构或大型企业集团发起设立企业集团财务公司、金融租赁公司、消费金融公司等非银行业金融机构，大力发展绿色金融。

3. 农村金融机构：强化支农支小基础

通过持续的政策引领和监管督导，农村中小金融机构始终保持民营机构特色，已经成为民间资本进入银行业的主要渠道之一，是民间资本参与最广泛、投资最便利的县域银行业金融机构。

农村中小金融机构承担了支持农村小微经济的重要职能，资产总额也在 2019 年达到了 372157 亿元。农村中小金融机构是我国金融体系的重要组成部分。截至 2019 年年末，全国农村中小金融机构共有法人机构 2228 家，占全国银行业法人机构总数的 48.4%；资产总额 35.6 万亿元，存款余额 24.8 万亿元，贷款余额 18.8 万亿元，分别占全国银行业的 12.3%、15.4% 和 11.9%；涉农贷款余额 10.3 万亿元，小微企业贷款余额 8.9 万亿元，分别占全国银行业的 29.3% 和 24.1%。

通过引进认同服务“三农”理念的民营股东，农村中小金融机构将支农支小理念全面嵌入发展战略、公司治理和绩效考核。强化了战略定位，提高了普惠金融发展水平。其中，民间资本积极发挥信息、资源优势，促进银行加快产品服务创新，在解决融资难、融资贵问题方面发挥了重要作用。

（二）我国民间金融的主要发展形态

我国的民间、非正规金融有许多种类和发展形态，从组织形态上，可大体分为“无组织”“有组织”两种民间金融类型。无组织的民间金融主要是没有民间金融机构作为中介的民间借贷，借贷双方直接发生一对一的金融交易关系，资金供应者要直接承担资金使用者违约风险和项目失败风险。一般来说，这类金融活动都是无组织且分散的，缺乏连续性，规模也较小。组织化的民间金融主要有合会、私人钱庄、农村合作基金会、当铺、民间集资、民间票据机构等形式。

目前，正规金融机构基本能够覆盖不同的需求范围。对于低收入户的生存性需求，运营性小额需求，建房、教育、医疗、婚丧嫁娶等需求以及所有的基础设施需求，一般由政策性金融机构提供金融服务；对于中低收入户到中高收入户的生存性需求，运营性小额需求，建房、教育、医疗、婚丧嫁娶等需求，生产性较大额需求以及中小型企业投资、经营需求，一般由合作性金融机构提供金融服务；对于中高收入户和高收入户的以上需求，一般由小型商业性金融机构提供金融服务；对于高收入户的大中型企业投资、经营需求，一般由大中型商业银行提供金融服务。但是以上金融机构并不能满足覆盖范围内的所有需求，因此民间金融必不可少。鉴于民间金融的体量和特点，其一般用于满足低收入户和中低收入户的基本需求，或者对中等收入户以上的大量资金需求予以补充。民间金融的作用使得规范民间金融发展、防范金融风险显得尤为重要。

（三）我国民间金融发展的积极作用

我国民间金融发展的积极作用如下：一是有力地支持了民营经济发展的快速发展，一定程度上提高了全社会的资源配置效率。民间金融高效率地将部分民间储蓄转化为民间投资，也在一定程度上提高了全社会整体的储蓄—投资转化效率。二是有利于解决三农问题，推进农村城镇化进程。正规农村金融（信用社与农村合作银行、农村商业银行）等不能够充分满足农村经济发展对金融支持的需求，民间金融顺应这种需求产生、发展，补充了农村金融体系的不足。三是为正规金融体系注入市场因素与竞争因素。民间金融的出现和发展也对正规银行提高经营效率提供了“倒逼机制”。

随着对民间金融的不断深入调查，越来越多的研究认为，我国的民间金融对非国有经济的发展起着重要的支持作用。民间金融可以优化资源配置，促进民营经济的发展，培育社会信用，缓解农村金融资源的匮乏，与正规金融形成互补，为金融创新积累经验，等等。

1. 民间金融支持了中小企业融资

融资难一直是近年来困扰我国中小企业发展的大问题。相较于发达国家，我国的中小企业选择民间金融进行融资有着更为深层的原因。正规金融出于成本考虑以及“规模歧视”和特有的“所有制偏见”，倾向于给资金需求规模大、实力强的国有企业提供贷款。而另一方面，中小企业由于规模小、资产少，其融资行为具有贷款数额小、抗风险能力弱和负债能力有限等特点，这使得中小企业处于国有商业银行青睐的主要客户群之外。因此，中小企业很难从正规金融得到所需款项。

而民间金融的特点恰好适应了中小企业的融资需要。为中小企业提供融资服务的最合适的金融制度安排是中小型金融机构，包括正规的中小银行和民间金融。民间金融内生于中小企业的融资需求之中，内生于中小企业面临的经济金融环境。这种内生性也使它能够最大限度地了解和掌握中小企业的各方面信息，也就决定了它同中小企业资金需求相互之间的适应性，以及其巨大的发展潜能，因而具有相对的交易成本优势。可以说，中小企业选择民间金融作为一种重要的融资途径，是金融主体内在的要求，也是中小企业在外部资金供给不足的情况下的无奈选择。

2. 民间金融对企业的信用强化效应

在我国国有金融制度安排下，政府信用错位使得政府成为整个融资活动的实际上的最后承担人，企业信用被极度弱化。在银行信用、企业信用缺乏约束的情况下，国有银行和国有企业之间的信贷行为进入一个怪圈。国有企业缺乏资金，自身可能又不满足银行的获贷条件，于是向政府求救，银行在政府的压力下，以及对政府信用的信赖，便贷款给企业，这也使得企业缺乏强化自身信用的动机。国有企业由于产权不清、缺乏激励机制，获贷后往往并不能实现发展和收益，有时甚至是投资失败，贷款没有收益和实现增值，国有企业自然无力偿还部分或全部银行贷款，银行不能顺利收回或者无法收回放贷资金必然产生坏账，银行收益和资产质量恶化。

由于银行给国有企业贷款的行为是授意于政府，再加上我国国有银行本身就存在着信用弱化，银行信用的保障也有赖于政府，最终政府不得不以政府信用来支撑银行信用。政府的影响贯穿融资活动的整个过程，政府信用错位导致银行信用弱化。在政府、银行、企业三者的利益互动中，国有企业自然会产生"赖账"行为，企业信用也随之丧失，而民间金融的运行机制可以从根本上扭转这种局面。拥有独立产权的民间信用实践了真正意义上的银行信用，银行信用的强化对企业信用形成了"硬约束"，使企业信用得到强化。

3. 民间金融对我国金融体制改革的促进作用

金融体制改革以来，我国作了很多尝试。例如对金融业进行了股权结构多元化、投资主体多样化的改革，但是以国有金融为主的框架仍未被打破，金融业的改革步伐远远赶不上民营经济发展的需要。与国有银行改制步步遇阻的情形相比，民间金融表现出了强大的生命力和竞争力，展现出金融市场的新气象。在这样的形势下，民间金融的发展为金融体制改革提供了一个新思路，在一定程度上改变了原有的金融机构格局，有助于构造多元化的金融体系产权结构和促进原有金融机构的创新与发展，形成多层次、多种所有制、富于竞争性的金融体系，自然也就有助于整个金融体系效率的提高。

民间金融能够有效弥补国有金融服务的缺口。由于金融体制的改革落后于经济体制改革，金融市场中存在着严重的供需矛盾。目前，我国资金供给突出表现为两个缺口：一是中小企业，二是农村地区。造成这一问题的原因是：一方面我国资本资源有一定的稀缺性，另一方面是现存国有金融体系没有很好地发挥融资功能。发展民间金融可以作为金融市场化以后农村地区和中小企业资金匮乏的必要补充。在我国经济主体“多元化”国情下，民间金融的存在具有一定的合理性和必要性。

（四）我国民间金融发展中存在的主要问题

民间金融作为一种非规范的融资形式，有其双面性，学界在肯定其正面作用的同时，对民间金融的负面效应也进行了考察，主要有：民间金融组织有自己特定的客户群，只能针对特定的区域展开，如果超出原有的地域范围和客户群，则对其运行机制提出更高的要求，丧失其交易成本优势。同时，民间金融缺乏有效的风险防范机制，缺乏对每笔贷款贷前、贷中、贷后严格的调查，缺乏规范的内部控制制度，没有严格的财务管理及审计稽核制度，若贷款者对借款者的信誉及贷款用途控制不力时，民间金融风险则会加剧。

民间金融属于非正规金融组织，它吸引了城乡居民大量闲置资金，长期游离于国家金融监管体系之外，形成监管真空，造成金融信号失真。民间金融的自发性必然蕴藏一定的风险性、盲目性、不规范性，对国家宏观经济运行及其调控造成冲击，还可能扰乱正常的金融秩序，甚至酿成相当大的金融风险。在缺乏相关法律约束、规范和保护的情况下，部分民间金融机构从事高风险的投机活动可能会引发局部性金融风险，影响当地的社会稳定。

民间金融在为民营经济服务的同时，也隐藏着巨大的风险，尤其是一些非法金融组织从事着大量的非法交易，对国民经济的发展造成巨大的危害。民间金融按其组织形式大致可分为三种形式：一是无组织无机构的个人借贷和企业融资；二是有组织无机构的各种金融会（如标会、摇会、抬会、合会、呈会）；三是政府没有认可的、有组织、有机构的各种融资形式，如私人钱庄、典当行、基金会等。民间金融按其从事的活动性质划分，可分为灰色金融和黑色金融，前者即不合法但合理，对社会有益的金融活动，如民间友情借贷、企业互相融资等；后者是不合法、不合理，对社会有害的金融活动，如非法集资进行金融诈骗、地下钱庄组织资金外逃等。

民营经济在我国经济发展中的地位作用是三分天下有其一，但是，民营经济在银行资金支持方面却受到不同程度的歧视。民营企业融资难的问题已被政府部门高度关注，政府部门经常鼓励银行借款给民营企业。然而，实际上效果不令人满意。一方面，银行绝大部分是国有的，一直深受意识形态的影响而对民营企业差别对待；另一方面，绝大多数银行并没有必要的能力去处理对中小民营企业的贷款。目前国家实行紧缩政策为国有企业提供了更好的保护，却对民营经济采取了不理会的态度，这与我国经济改革政策是相抵触的。这种现状就为我国民间金融的发展提供了一个无比庞大的空间和平台。

（五）制约我国民间金融健康发展的主要体制性因素

促使我国民间金融的健康发展迫切需要解决金融制度改革问题，虽然我国以自上而下的形式采取了一些措施，但是收效不大。目前制约我国民间金融健康发展的主要体制性因素如下：一是国有银行垄断的金融制度安排压缩了民间金融发展的空间；二是金融监管制度滞后使民间金融的发展缺乏政策与法律的规范、引导与必要支持；三是利益集团的阻挠加大了民间金融走向“合法化、规范化”的难度。

民间金融与社会的接触面较广，深入到经济社会的各个层面，但也存在着管理专业性不强、缺乏较好的风险预警机制等不足。从一些民间金融组织的内部管理来看，民间金融组织大多尚未建立正规的风控体系，风控专业人才也较为匮乏。解决这些问题，要求我们要重视对其的监管和引导。在现代市场经济条件下，金融机构在为实体经济提供服务的同时，也具有了相对独立发展的空间和可能性，这样使得金融中介机构的经营行为可能具有内在的膨胀动力和趋势。因而，金融业是一个充满风险且对整个国民经济影响巨大的行业。从20世纪90年代以来，一些经济体疏于监管，一些金融机构受利益驱动，利用数十倍的金融杠杆进行超额融资，在获取高额利润的同时，把巨大的风险留给整个世界。这充分说明，创新过程中的金融监管和宏观调控是极为重要的，金融机构必须建立良好的风险防范机制，必须遵守这一行业的行为规范和基本行为准则，保持良好的行业运行秩序，确保金融稳定和经济的健康发展。

（六）民间金融未来的发展趋势

发展民间金融并不是要替代或冲击正规金融的发展，而是完善了我国金融体系的必要组成。正规金融机构和非正规机构是互惠共生的，正规金融机构和非正规金融机构在金融市场上服务不同类型的对象，满足了不同层次、不同领域的融资需求。正规金融机构主要服务于城市的国有大中型企业，而放弃了广大的农村地区乡土社会，把很多民营中小企业和个体工商户排除在正规金融体制之外，造成了民营中小企业融资难的问题。

由于我国是一个典型的城乡二元经济国家，正在实现城乡一体化，但是真正完全地实现城乡一体化还需要相当长的一段时间，所以我国的城乡二元经济仍然存在。和发达国家比较，我国的城乡经济和金融发展极不均衡，这也就为民间金融的存在和发展提供了有利的宏观环境。农村是正规金融触及甚微的地方，众多的农户和乡镇企业对资金的需求都得借助于民间金融。同时，多种所有制成分、多种经营形式、多种经营层次并存的状况在我国将长期并存，数量众多的中小企业巨大的资金需求相当大的一部分仍要借助于民间金融，这为民间金融的发展提供了生生不息的原动力。

无可否认，民间金融的存在和发展，在正规金融力所不及的领域和范围起到了拾遗补阙的作用，其在扩大中小企业生产经营资金、活跃农村金融市场、提高金融效率，特别是在促进农村个体私营经济发展等方面起了积极作用。但是民间金融在其自身发展中存在着投机性强、行为短期化、抗风险能力弱、易引发经济纠纷等问题与弱点，一方面，民间金融的活跃会对国家宏观调控政策产生一定干扰影响；另一方面，部分民间金融机构从事高风险的投机活动可能会引发局部性金融风险，影响当地的社会稳定。2011 年，浙江省的温州民间借贷危机和河南省安阳的民间借贷风波都充分说明了民间金融的不完善、不规范，所以还需要国家对其进行进一步的规范和完善，具体措施如下：

1. 加强和规范对民间金融的监管，并将其纳入国家宏观金融管理体系

国家相关部门应该尽快制定规范和管理民间金融的法规法律，确立民间金融的合法身份。对民间金融融资双方的权利、义务、交易形式等加以明确，保护借贷双方的合法权益。建立有效的民间金融监管机制，并将其纳入国家金融监管体系。同时，还要严把市场准入关，维护市场主体的质量，建立健全市场退出机制。按照法律规定和市场原则实行破产，以保证中小金融机构健康高效地运行。

2. 建立有效的风险控制机制，将金融风险控制在可接受的水平

由于民间金融游离于国家正规金融体系之外，缺失国家信誉作担保，主要依靠道德的约束，因此很容易发生违约、破产倒闭等风险。针对于此，国家应该尽快制定并完善有关法律法规，给予民间金融正确的发展方向，降低违规风险。除此之外，由于市场利率的不断变化也会给民间金融的发展带来相应的风险，对此，

政府应该建立民间融资监测及风险预警制度。各地方的人民银行、监管局等部门要定期展开调查，获取民间融资的相关数据，特别要关注利率的变动；加强对民间融资主体、规模和利率水平的管理，有效防止过高的利率所带来的巨大风险，将金融风险控制在合理和可接受的水平。

3. 建立健全由市场供求决定的利率形成机制，推进利率市场化进程

我国现行的利率不能够反映出资金实际的供需情况，使得资金使用者对利率缺乏弹性，造成资金的过度需求和自己使用的巨大浪费。要使利率有效发挥功能作用，充分反映对资金市场的供求关系，应该加快我国的利率市场化进程，使正规金融和民间金融在各自所确定的细分市场上提供金融服务，既可以避免相互之间的无序竞争，又可以满足社会不同社会阶层对资金的需求。

二、民间金融发展的国际经验

（一）国外民间金融发展现状

1. 美国民间金融的发展

民间金融在发展中国家具有普遍存在性，即使在发达国家，民间金融也颇具规模。美国是世界经济大国，其经济发展速度及金融体系建设均处于国际领先地位。虽然金融体系完善，但仍不能充分满足所有企业或组织的融资需求。据统计，在美国有相当一部分家庭和个人无法开立银行账户，他们无法通过银行等正规金融机构获得贷款，不得不求助于小额贷款公司等获得融资。美国政府对此高度重视并努力解决这一问题，政府最终作出了让民间金融与正规金融共同发展的决策，以解决社会各界巨大的融资问题。美国采取的形式主要有小额贷款公司、信贷协会、信用社等。此外，美国针对民间借贷制定了完善的法律法规，并且有完整的监管体制，例如联邦政府与州政府共同负有监管责任，各区域指定专门的监管专员等。

美国的地方性金融机构种类、数量繁多，广泛分布于城市和乡村。第一类为数量众多的地方性商业银行，包括地方银行和家乡银行等。这类银行规模较小，具有独立性，属于私人商业银行的性质，主要服务于当地客户。第二类是合作金融机构，包括储蓄贷款协会、合作银行、信用合作社、储蓄合作互助社等。其中，合作银行在创建初期由国家出资，还清国家拨款后，完全归由农民组成的农业合作社所有。而对各种信用社，自愿入社者只要填一份入社表，交 5 美元股金，即

可成为信用社的社员，享有存贷款、获利分红和选举的权利。美国政府在实践中摸索出对于民间融资难的解决模式，是值得我国借鉴的，但是必须根据不同国情制定出不同的政策才能真正帮助我国民间金融走出困境。

2. 德国民间金融的发展

以德法为代表的欧洲国家发展民间金融的方法是，由政府设立相关制度、政策来引导企业健康快速发展，政府通过在财政预算中设置补贴以促进民间金融的发展。同时，积极鼓励民间金融机构为社会各界提供融资服务。其中，财政预算的补贴方式包括创业贷款补贴、咨询、培训补贴等，由政府出资或政府与各州政府合股创办成立专门提供民间借贷、融资服务的银行。法国也采取与德国相似的方式解决企业在发展过程中遇到的融资困难的问题。欧洲国家多采取提供资金帮助的形式，为新创办的企业创造良好的发展环境。

3. 日韩民间金融的发展

日本的民间金融发展非常发达，民间借贷市场发展程度较高，法律也赋予其合法地位。在日本成立的带有互助性质的组织，为个人或企业等解决融资需求，其形式包括互助银行、地方银行、在日国外私营银行、农业保险等，其中互助银行发源于农村的“无尽”会社（相当于中国的合会），信用供给只限于中小企业和参加无尽会社的相互信用业务（互助业务）。起初这种组织通常是自发性质的，政府对其不予管理，随着互助组织的规模和作用范围的扩大，日本政府出台了相关法案将互助组织纳入法律监管范围，并对其经营范围、准入条件以及对互助组织的奖惩办法等都予以详细的规定。借此，日本全国各地都有管理民间金融的专门机构，政府通过设立法律法规为民间金融的发展搭建完整的政策环境，并通过财政扶持帮助民间金融组织提升经营效率和业务范围。

日本是民间金融发展最完备的一个国家，从政府主导的合作金融组织，到非政府的自主合作金融组织，到合作性质的农业保险，再到民间商业银行，无所不包，这和日本发达的市场经济以及政府主导型的金融发展模式是分不开的。

韩国政府通过与民间金融机构合作，加大对社会各界尤其是优秀中小企业的融资支持力度，创造出“官民合作”的融资模式。韩国政府与中小企业签订官民合作计划，政府向中小企业提供部分研发费用，并且企业在技术研发取得成功时，大型企业就要购买中小企业所研制的产品。这种通过政府帮助企业进行融资的非正规金融形式也值得我国借鉴。

（二）国外民间金融发展策略和路径选择

民间金融发展事关经济金融和社会稳定大局，世界各国和地区政府对民间金融的认识与定位也逐渐从排斥到认可。而各国民间金融发展政策既有成功的经验，也有失败的教训。各国对民间金融、正规金融以及其与经济增长关系的认识不同，导致对民间融资采取了消极、中性和较为积极三种不同的评价，由此产生了三种具有差异性的民间金融发展策略。

1. 通过正规金融信贷扩张抑制民间金融发展

部分国家通过增加正规金融机构的数量和贷款规模，挤压民间金融的生存空间。20 世纪 70 年代开始，印度政府积极扩展商业银行在农村地区的分支机构。截至 2005 年 3 月末，印度全国分布在农村的各银行机构网点有 15.3 万个，平均每万名农村人口就有 2 个服务网点数，远远高于我国的 0.36 个。尽管以上政策对于农村经济的发展有一定帮助，但是这种直接干预农村信贷市场的做法不可避免地存在负面作用：如果支农贷款的违约损失一律由政府承担，那么就缺乏相应的激励机制去促使银行关注贷款申请人的风险；政府缺乏有效手段来识别各个信贷项目的实际资源配置效率，因此由政府主导的农业信贷补贴往往可能成为权力寻租的工具，造成金融资源浪费。

另外，有些国家和地区通过实行存贷款利率市场化，提高正规金融机构利率定价的自主性来抑制民间金融的发展，但实际结果往往是民间金融具有不可取代的地位，仍然是企业尤其是民营企业借款的重要渠道，在为中小企业提供金融支持方面仍然发挥着举足轻重的作用。

2. 规范并引导民间金融向正规金融发展

从国际经验看，各国政府通常针对民间金融采取积极引导和规范措施，并区别对待合理的民间金融活动与非法的民间金融活动。积极推动合理、合法民间金融业务的发展，逐步给予其政策支持，引导其向公开、规范的方向发展。如印度尼西亚于 1992 年发布的 71 号总统令要求农村信贷基金机构在 1997 年之前须转化为农村银行。在 1994—1999 年间，全国共有 630 家农村信贷基金机构转化为农村银行，约占转轨机构的三分之二。

3. 鼓励正规金融与民间金融进行业务合作

通过挤压民间金融的活动空间来抑制民间金融的政策措施效果并不理想，而规范和引导民间金融向正规金融转化，尽管有其合理性，但并不是所有的民间金融都能转化为正规金融。因此，一些国家开始考虑鼓励正规金融与民间金融进行业务合作。1988 年，斯里兰卡开始实行一种计划，即由该国两大国有商业银行向农村资信良好的专职放贷者发放年利率为 18% 的抵押贷款，然后非正规放贷者在 30% 的利率上限范围内向农村其他农户发放贷款。类似的经验也存在于 1989 年的印度尼西亚，该国 13 家银行在 12 个非政府组织的帮助下，向 420 个互助组织提供贷款，然后由它们向组织内成员贷款。

（三）对我国民间金融发展策略的借鉴与启示

世界各国发展民间金融的政策和经验表明，对民间融资采取“堵”的办法难以奏效，宜采取“疏”的办法，对民间金融的发展策略和路径也为我们提供了有益的借鉴和启示。

1. 民间金融在很多方面具有比较优势，不必强行抑制

民间金融在处理信息不对称和降低交易成本等方面具有比较优势，它不可能完全被正规金融所取代。认识到这一点，有助于纠正对民间金融的偏见和歧视态度。对于民间金融，应当着眼于其比较优势，因势利导，适当加以规范以促使其健康地发展。2005 年，中国人民银行发布了《2004 年中国区域金融运行报告》，首次正式承认了民间融资的合法性，并且将其定位为正规金融的补充力量，这表明政府和相关部门对民间金融活动的认识与定位逐渐从排斥到认可。2010 年 5 月，国务院发布《国务院关于鼓励和引导民间投资健康发展的若干意见》，鼓励和引导民间资本进入基础产业和基础设施、市政公用事业和政策性住房建设、社会事业、金融服务等领域。2017 年，《国务院办公厅关于进一步激发民间有效投资活力促进经济持续健康发展的指导意见》发布，鼓励民间资本规范有序参与基础设施项目建设，促进政府和社会资本合作（PPP）模式更好发展。2019 年 12 月，中共中央、国务院印发的《关于营造更好发展环境支持民营企业改革发展的意见》提出了诸多具有含金量的举措，力挺民企改革发展。这份文件引发了社会的广泛关注，充分肯定了民营经济在中华民族伟大复兴过程中的重要作用。

2. 在合理的金融体制下，民间金融和正规金融呈互补关系

正规金融与民间金融有各自的比较优势，在一定程度上是可以互补的，因此两者存在双赢的合作模式。通过正规金融和民间金融的联结，正规金融可以利用民间金融的信息优势，降低贷款的信用风险；而民间金融可以降低融资成本，改善中小企业的融资环境，正规金融与非正规金融的联结是金融体系发展的一个有

前途的战略。

3. 民间金融的发展形式灵活多样，往往可能成为金融创新的源泉

民间金融由于形式灵活多样，往往可能成为金融创新的源泉。20 世纪 70 年代以来，国际金融界所广泛采用的金融创新工具，如大额可转让定期存单、可转让支付命令账户、票据发行便利等，都是由民间金融交易活动为了逃避金融管制而发展起来的。这些金融创新工具经过逐步规范，最终成为世界各大知名银行所接受的完善的金融产品。

4. 合理科学引导民间金融，有利于完善融资体系

国外很多国家和地区的实践经验表明，对民间金融若政府能加以科学的引导，逐步完善针对民间金融的法律法规，执行稳定的政策，可以降低民间金融的交易费用，有利于建立完善的融资体系。稳定的政策预期与法律环境降低了未来的不确定性，从而降低交易费用。对民间金融进行法律规范与政府监管能降低民间金融的风险，防患于未然。

第二节 民间金融监管的研究意义

就目前而言，民间金融不属于社会法律制度的监督范畴，也没有完善的措施来对其进行控制，最为关键的问题是我国中小型企业由于融资困难的原因而面临崩溃的形式日益严峻，不难看出民间金融在社会经济市场中站在一个非常难堪的位置上。针对这一点，加强对民间金融市场问题的研究不容忽视。民间金融在进步发展的过程中会出现一些比较复杂的问题，越来越多的专家把民间金融看成金融发展研究中比较重要的一个对象。民间金融的发展不同于其他的金融发展，前者有自由和不受约束的特殊性，因此学者们对其进行理论问题上的研究有着非常大的意义。

中国人民银行和金融管理部门对民间金融的发展没有干涉与制约的权利，民间金融交易可以秘密进行，也没有严格的法律来对其进行管控，从表面结构来看，民间金融不能归于金融系统之内，也不能称民间金融部门为正式的金融机构。种种原因导致民间金融不能顺利而又快速地发展。为了更好地管理我国的经济市场，

进一步搞好社会大家庭的安定团结，有效减少非法金融活动的产生，必须制定、采取行之有效的办法。所以，要想降低民间金融给国有经济带来的不良影响，并将其变为具有积极意义的金融行为，就必须要加强对民间金融的隐患治理办法的研究。[①]

一、金融监管理论

美国2008年的次贷危机，令全世界认识到了经济的一体化、监管的缺乏、金融全球化的风险性，应当重新思考和定位，同时对金融改革及风险控制进行规划，并使人们重树信心。然而最近几年，金融自由化理论又遭到了不少人的质疑，加强金融监管的呼吁又高涨起来，各国也进行了必要的改革，金融监管理论在不断地发生演变。金融监管理论大致经历了以下几个发展阶段：

第一，20世纪30年代前，斯密的市场经济理论，令经济自由主义盛行并且占据了统治地位，政府没有过多干预和控制金融部门的经营行为。按照当时的自由化理论，金融监管并不被人们所重视，政府的任务就是设立基本的法律规章，保证公平竞争，金融监管的目标是管制，也就是把国家干预降到最低。

第二，20世纪30年代到70年代，出现了金融干预理论。由于20世纪30年代爆发的金融危机，令不少金融机构相继倒闭，股市崩盘，整个金融系统陷入瘫痪，政府不得不进行干预。从此，完全自由的金融理论无法适应发展形势，政府的控制和干预在金融发展中必不可少。基于市场失灵理论及金融脆弱性理论，金融监管主要对金融系统的安全性、金融市场的完备性，从法律、制度等方面进行了干预和管制。

第三，20世纪70年代到90年代末提出了"效率优先"的理论。20世纪70年代后，很多金融新产品问世，金融机构更加活跃，与此同时，金融业务交叉现象非常常见，各国更加重视金融效益，"金融压抑"及"金融深化"的理论提倡放宽对金融的管制，恢复金融领域的自由竞争。另外，布雷顿森林体系的破裂，令金融机构面临着更大的风险，竞争日趋激烈。

第四，20世纪90年代后，提倡效率与安全并重的金融监管机制。由于经济全球化的影响，金融监管所要考虑得更加全面，由此也出现了像亚洲、南美洲的金融

① 中国银行保险报评论员.金融监管"严"字当头——年中监管工作会议评述之四[EB/OL].（2020-07-30）.http://xw.sinoins.com/2020-07/30/content_355880.htm.

危机。各国在注重经营效益的同时，也更加注重安全稳定。最后，现阶段金融监管的关键慢慢向安全。稳定与效率进行转移。近年来，对金融监管的理论分析不仅仅局限于政府干预的层面，而是开始关注对金融机制的特殊性，从金融活动的深层机理中挖掘金融监管的手段及途径。同时，对金融监管的剖析开始向多方位、宽领域的路线思考。从金融监管的总体演进过程来看，我们可以发现，金融监管理论在不同时期会产生不同的金融理论及对应方案。民间金融作为国家金融市场的组成部分之一，其监管必须在结合金融监管理论的前提下，根据实际情况进行有效改革。

二、我国民间金融监管的现状

改革开放以来，随着经济市场化程度不断深入，民间金融的风险特征日益显现。一是民间金融市场的规模壮大和成长速度非常快。随着民营经济的快速发展，民间财富总量也在快速提高，经济快速增长刺激了企业融资需求，在这种条件下，民间金融呈现出快速发展态势。然而，因民间金融具有很强的规模不确定性和活动隐蔽性，政府监管部门难以掌握实际情况。二是民间金融呈现出更加营利化、专业化、机构化的特点。民间金融的业务逐渐集中到服务民营企业融资上，营利目的更加明确，专业服务和风险属性更加显著，同时，中介功能的发挥拓展了企业资金来源。三是民间金融重视非财务信息在风险控制中的作用，发挥社会习俗约束和社会声誉制裁机制对降低交易成本的独特作用，产生了比正规金融机构更高的交易效率，非常适合中小企业的融资需求，展示了民间金融与民营企业的内生性。四是民间金融的资金来源社会覆盖面广、融资链条长，同时也存在规范性和透明度不高的问题，缺乏风险防范和转移机制，发生区域性金融风险的临界点比较低，一些偶发事件都可能引发区域性金融风险，部分民间金融风险还会延及正规金融体系，影响金融稳定。

经济发展会催生出大量的民间自发互利行为，政府的职责之一就是让民间自发互利、积极自由的商业行为合法化，而不是把它们排除在法律体制之外。民间金融是基于个人信用而开展的交易行为，接受社会道德对交易行为的约束，属于民间自发生长的经济秩序，是有利于社会发展的信用力量，有强烈的合法化、正规化发展的要求。当前，民间金融还面临制度的刚性约束，法律把民间借贷限制在自然人之间的交易行为范畴，合法发挥应有作用的空间非常有限，多走一步就会触及制度的“天花板”。社会行为合法化就是积极推动自主自发、互利互益、积极向上的民间行为转化为合法的社会行为的过程。金融监管的目的是改善金融市场结构，防范金融运行风险，推进金融体制改革，而不是以抑制民间金融的手段来消灭风险。金融改革的基本架构是规范民间投融资机制，构建多层次的融资服务体系，防范系统性风险及危机处置机制，加强全周期金融监管机制。要以积极的态度解决民间金融面临的问题，疏通民间金融发展道路，规范发展民间金融，将金融改革的政策空间延展到民间金融体制，让民间金融在改革开放大潮和市场经济沃土中迸发出生机和活力。

现阶段，国内金融监管推行“一行三会”的分业监管体制模式，2003 年，国内首次确立了分业经营、分业监管、三会分工的金融监管体制。

20 世纪 90 年代末，包含商业银行、证券化及保险业的中国金融由人民银行统一实行监管；我国证监会和保险监察会成立后，人民银行对证券业及保险业的监管从统一监管中分离出来，构成了由中国人民银行、证监会及保监会三家分业监管的格局。以往由人民银行负责的银行、金融资产管理企业、信托投资企业和其他存款类金融部门的监管职能划分于银监会后，从此由中国人民银行、银监会、证监会及保监会构成的分业监管模式正式推行。

依据金融监管的分工，银监会一般负责商业银行、政策性银行、外资银行、农村信用社、信托投资公司、财务企业、租赁公司、金融资产管理公司等的监管。以银行业为口径，银监会设立了监管一部、二部及三部，相应自上而下地设立了省局、市局及县办事处的分级体制，内部则建立了对应的监管部门。银监会成立之后，人民银行更加注重货币政策及职能的强化，肩负着金融系统的支付安全，起到中央银行在宏观调控及防范、化解金融风险中的效用。

此种金融监管体系结构体现出除了中央银行对宏观调控的控制外，另外一些监管部门均集中于相对行业的微观控制层面。采用这种监管制度的有利之处在于提升金融监管的专业化技能，同时完成监管任务，有助于提升部门监管的效率。除此之外，中国人民银行、中央财政部、国家发改委等机构也都按照不同的职责明确分工，从多个层面对金融方针、金融部门及实际运行等方面进行干预。设定以上分业监管体制的目的在于集中金融监管人才，提升监管效率及监管水平，也有助于金融内部的均衡发展，使金融市场、金融部门间形成良性的竞争。现阶段，国内民间金融借贷政策基本上是由人民银行全权决策，银监会同时兼任政策的制定者、执行者、监督者及评估者等身份，对民间金融进行全面的管控，同时这也是一种宏观的控制，对省级以下没有根据本省市基本状况制定具体方案的，就算有，这些政策也基本下达不到基层，监管工作无法贯彻到关键的民间金融组织。若可以把民间金融监管从银监会中分离出来，那么设立专门性的民间金融监管部门开展监管工作，这种情况便能得到极大改善。

三、国内民间金融监管的重要性分析

（一）国内民间金融监管的缺失会影响社会经济的发展

总体来看，近来非法集资案件的规模越来越庞大，给整个社会和经济的安全带来了巨大的隐患。2019 年上半年，全国新立非法集资案件 2978 起，同比增加 18.5%；涉案金额 2204.5 亿元，同比增长 128.8%。从相关调查中能够看出，非法集资者的作案手段大部分为高息回报的承诺，借助当地的地下渠道快速筹集巨资，这种方式屡屡获得成功。然而这种不被允许的集资手段所暴露出的问题的根本原因就在于监管力度的缺失。媒体虽时常报道一些非法集资案件，当地政府却无从知晓，也不敢收受巨资善款。针对这一情况，证明这些地区经济管理机构的不足及金融监管部门的失职，不得不替公权监管感到遗憾。

（二）民间金融监管是民间金融市场化的具体需求

几十年来，国内一直推行以市场经济为向导的改革，令私营经济的总体水平大大加强，进而积累了大量的民间资本，由于很多要素的作用，国内民间融资趋于活跃。民间融资在活跃的同时，也体现出以下几个特征：融资活动半公开化、融资行为更加理性、生产性融资所占比重提升、利率水平显著提升。私营经济较为发达的区域，民间融资更为广泛。然而，在经济较为滞后的地区，当中具有区位优势、行业优势地区的民间融资活动也较为频繁。各个地区均不断促进民间金融的市场化进程，给本地中小型企业、私营经济提供发展的后备力量，打个比方，要想把水放出来，就应当提前挖好沟渠，若缺少规范的体系及健全的监管制度，一味地让大量民间资本完全放任其涌入金融市场，必然会对市场形成不小的冲击。

（三）城镇之间金融发展差距需要依靠监管进行调节

我们能够明确知道，经济发达区域及经济较为落后区域间金融发展的差距不断拉大，尤其是民间金融的发展差距。同时，总览全国的经济状况，越是经济发达的区域，民间资本所占 GDP 比重越大，民间借贷的活跃程度更高，而且越是能够推动当地的经济发展，形成一个良性的循环。政府介入是解决市场的有效方式，政府可以借助一系列约束政策的制定来约束金融行为，进而调节地区间、城乡间的金融差异，令金融的发展进入到一个均衡的状态。

2005 年，国务院批准通过了《深化农村信用社试点方案》，要求进行农村合作社的产权变革，依据股权结构的多样性、投资主体多元化的准则，在山东、吉林等八省区进行了不同产权形式的试点行动。这次改革把农村信用社的管理权限从以往的人民银行向地方政府转移，同时提出了很多扶持方案，目的是解决长期以来的农村信用社呆账、坏账等问题。另外，政府拿出超过一千亿元的资金帮助农信社走出困境，凭借重建农村信用社的方式来盘活供需失衡较为严重的乡村金融市场，促进乡镇经济的发展。对于农村非正规金融的推进一定要严谨，一方面是能够有效防范非法集资及金融诈骗现象的发生；另一方面，通过降低金融市场的准入门槛，给予民间资本充分的空间，把目前很多非正规金融纳入政府的正规制度安排中，令其具备合法性，进一步缩小城乡间的金融发展差距。

四、政府监管民间金融

对于民间金融也不会例外，政府的认可与否和认可程度直接决定了民间金融行业和民间金融机构的命运兴衰。从新中国历史上看，政府对民间金融不外乎三种态度，即“取缔”“默许”“管理”。

民间金融在中国存在了四千多年。新中国成立至 1979 年的计划经济时期，由于我们意识形态上排斥非公有成分，民营经济受到严厉禁止，与之相对应，民间金融也就没有了生存的空间。1955 年，通过公私合办的形式将所有的金融企业国营化，第一次彻底消灭了民间金融，包括钱庄等机构也被国家的储蓄所代替了，这段历史是民间金融被“取缔”的历史，是一段只有官方金融的历史。国家掌控银行进而掌握资本和资源的支配权力，这对于尽快完成社会主义初级阶段建设，是非常有效的措施。但是我们也要看到，随着社会生产力发展水平不断体改，生产关系不断调整，官办金融、国家垄断金融本身存在的问题十分突出：一是垄断机制带来的效益低下；二是垄断带来区域经济不平衡；三是限制了民营经济发展。所以，对民间金融一味地采取“取缔”态度，不利于经济发展，“取缔”的机会成本很高。

以十一届三中全会为标志的中国经济体制改革开始，中国经济逐步由计划经济向市场经济转轨。中国市场化改革进程中，民间金融这种几近消失的制度又得以重新产生。出现了政府对民间金融的第二种态度："默许"。默许其存在，不干涉其经营活动，也不给予民间金融机构合法身份。但是，一旦出现问题，就坚决取缔。这也是许多市场经济国家对民间金融所采取的态度。

随着私营经济的发展壮大和个人资产的不断积累，由于官方金融严格的准入限制，导致民间金融规模畸大。许多规模较大的民间金融机构渴望取得合法身份，但都被拒之门外。地下状态，抑制了这些民间金融机构的发展。从整个国家来看，畸大的民间金融，降低了整体的金融效率，降低了金融对经济发展应有的支持作用，加大了金融对经济发展的干扰。另外，我国金融业还面临着对内开放问题。按照入世的要求，金融业要逐步对外开放，同样，金融业也要对内开放。特别是2008 年国际金融海啸后，世界各大经济体流动性大肆放水，中国也实施了"四万亿"的投资计划，此后，中国的民间金融就进入了如火如荼的异常繁盛时期，对整个国家金融体系的监管难度越来越大，利用金融手段调控国家经济的难度越来越大。就是在这个过程中，政府对民间金融的态度在逐渐转变，即由"默许"转变为"管理"，希望传统的民间金融进步成为规范的民间金融。

所谓"管理"，并不是将现存的所有民间金融机构都管起来，而是区别对待。政府按照自有资金额或者存贷款额规定一个标准，超过这个标准必须合法化，转为官方金融机构；低于这个标准的，允许其继续保持民间金融机构身份不变。对于不符合官方金融机构标准的，地方政府要积极指导并规范其经营，并对其进行适度扶持和监管。对有问题苗头的机构要及时予以整顿。这样一来，民间金融好似"铁打的营盘"，民间金融机构则是"流水的兵"。不断有新的金融机构产生，加入这个营盘；同时也不断有民间金融机构转为正规金融机构，离开这个营盘。当然，也有一些民间金融机构达不到监管要求而被取缔，甚至有的破产倒闭。

2020 年 7 月，山东省地方金融监督管理局印发了《山东省民间融资机构监督管理办法》，主要内容包括规定了民间资本管理公司和民间融资登记服务机构经营规范，明确了民间融资机构的定义和范围，民间资本管理业务和民间融资登记服务业务的定义、开展业务的原则和服务方向，民间融资机构的监管体制等内容。

2020 年 8 月 20 日，新修订的《最高人民法院关于审理民间借贷案件适用法律若干问题的规定》要求，以中国人民银行授权全国银行间同业拆借中心每月 20 日发布的一年期贷款市场报价利率（LPR）的 4 倍为标准，确定民间借贷利率的司法保护上限，取代了原 2019 年《规定》中"以 24% 和 36% 为基准的两线三区"

的规定。以 2020 年 7 月 20 日发布的一年期贷款市场报价利率 3.85% 的 4 倍计算，民间借贷利率的司法保护上限为 15.4%。

2020 年 9 月，中国证券监督管理委员会就《关于加强私募投资基金监管的若干规定》公开征求意见。主要内容包括规范私募基金管理人企业名称和经营范围，从严监管集团化私募基金管理人，牢牢守住私募基金向合格投资者非公开募集的底线，强化私募基金管理人从业行为负面清单，明确私募基金财产投资的负面清单，形成了私募基金管理人及从业人员等主体的“十不得”禁止性要求。

从 2021 年 1 月 1 日起施行的《中华人民共和国民法典》第六百八十条明确规定：“禁止高利放贷，借款的利率不得违反国家有关规定。”

2021 年 4 月 15 日，国务院办公厅发布《关于服务“六稳”“六保”进一步做好“放管服”改革有关工作的意见》。该《意见》围绕推动经济社会持续健康发展的主旨，从 7 个方面提出了 40 多项政策措施，涵盖推动优化就业环境、推动减轻市场主体负担、推动扩大有效投资、推动激发消费潜力、推动稳外贸稳外资、推动优化民生服务、加强事中事后监管七大领域。

政府“管理”民间金融机构的目的是创造一个规范的民间金融，锻造出一批合理、合法、规范、阳光的民间金融机构，让中国的整个金融体系功能更加完备，使所有的中国百姓都有投资国家经济并分享其发展成果的公平机会。

五、金融监管的模式研究

（一）金融监管的模式

金融监管模式是指一国对金融机构经营所采取的监管方式。从世界各国的传统来看，主要有两种模式：即分业经营、分业监管模式和混业经营、集中监管模式。金融监管模式的确定，同一国金融机构的经营方式、金融监管水平和经济金融的发展状况密切相关。

1. 分业经营、分业监管体制

分业经营体制是指银行、证券、保险和信托等金融机构只能经营本行业的业务，不能兼营其他行业业务的一种经营制度。与此相应，分业监管体制是指一国按照不同的监管对象，由不同的监管当局行使监管职能的一种监管制度。20 世纪 30 年代大危机后，以美国、英国、日本、法国为主要代表的西方国家实行了分业经营和分业监管体制。

在分业监管体制下，监管当局对金融机构的业务范围一般有严格限制，主要包括：

（1）禁止商业银行从事投资银行业务。商业银行除了可以经营法律规定的债券外（如国库券等），不得从事购买股票或其他有价证券的交易。

（2）禁止证券经营机构吸收存款和发放贷款。

（3）银行、证券等金融机构的高级管理人员不得互相兼任。

2. 混业经营、集中监管体制

混业经营体制是指金融机构可以经营银行、证券、保险和信托在内的全方位金融业务的一种经营体制。与此相应，集中监管体制是指由相对统一的监管当局行使监管职能的一种监管制度。历史上，混业经营、集中监管体制主要以德国、瑞士等国家为代表。

混业经营体制有两种表现形式，一种是全能银行，即银行可以直接经营银行、证券、保险等金融业务；另一种是银行通过投资证券公司、保险公司等，持有股份或控股，间接地从事非银行业务。

另外，在世界上有些国家和地区金融机构的经营模式和监管模式并不是完全对应的。例如韩国金融机构实行的是分业经营模式，而金融监管则是集中监管模式；我国的香港地区则正相反，金融机构实行混业经营模式，金融监管则实行分业监管模式。

（二）我国民间金融监管模式的构建

1. 构建国内民间金融监管模式的基本准则

（1）遵循民间金融“阳光化”准则。要想对民间金融进行监管，首先必须要允许民间金融的合法化、阳光化，承认民间金融在金融体系中的地位。当前，随着一系列规章条例的施行，人们对民间金融阳光化的呼声越来越高。近些年，央行不断推出对民间金融利好的消息，然而大部分都没有被落实到位，之前拟定的《放贷人条例》草案（2014 年改名为《非存款类放贷组织条例》），激发了人们的欲望，尤其是那些早就在经营民间借贷的民间金融机构焦急地等待条例的正式颁布。

（2）坚持制度化的民间金融监管原则。由于民间金融活动自身拥有巨大的风险，在允许民间金融监管合法化的基础上，民间金融的安全发展及风险控制仍旧需要明确的法律依据，需要良好的法律环境作为支撑，也需要具备系统化、制度化、可持续的监管理念，构建一套符合国内现阶段民间金融特点的监管模式。国内民间金融形式多样，交易不透明，监管工作难度重重，因此必须具备健全的制度保障。

（3）把握金融监管主体明确的准则。从对国内外民间金融的监管情况分析来看，一些发达国家和地区民间金融监管的成功案例，我们可以总结出一个共性，那就是这些国家或者地区监管主体非常明确。因此，国内民间金融的监管需要有明确的主体，不然会在碰到问题的时候出现权责模糊、甚至相互推诿的现象，令整个监管工作陷入混乱，直接影响监管的对象。

（4）监管适当原则。民间金融在实际交易的过程中因为程序简便，成本不高，可以迅速形成交易，因此人们十分青睐此种金融活动形式。若对民间金融监管不当，便容易导致缺乏灵活性，难以符合民间金融市场的具体要求，进而影响民间金融的迅速发展。监管部门必须把精力集中到市场体制不能解决的方面，对民间金融的监管也应当采取适度原则。

（5）重视监管效益。在进行民间金融监管的过程中需要考虑监管费用及民间金融经营费用的问题。首先，无论选取哪种监管形式，监管成本必须控制在适当范围内，成本过高将增加监管部门负担，也不满足经济效益原则；其次，当民间金融被纳入监管时，民间金融活动的经营成本不应为监管承担太多的成本费用。

六、金融监管的意义

金融稳定与否，将对国民经济发展产生深刻影响。其作用主要体现在以下几个方面：

（一）维护信用、支付体系的稳定

金融是现代市场经济的核心，经济决定金融，金融反作用于经济，金融的发展影响着经济的发展。在市场经济中，金融机构作为信用中介、支付中介，其根本性质是发挥间接融资、直接融资的作用，调节资金余缺，促进资源的合理配置。因此，对金融机构进行监督和管理，防范和化解金融机构的风险，维护金融机构的安全稳健运行，实际上也就是维护社会信用中介、支付中介制度和货币体系的良好运行，促进商品价值的实现，保障国民经济健康发展。

（二）保护存款人和投资者的利益

按照信息不对称原理，存款人和银行之间、证券投资者和经营者之间的信息存在差异。存款人和证券投资者对市场信息的了解程度可能差于银行机构和证券经营者，因此，为了维护公平、公正的交易原则，客观上就需要产生一个处于中间位置的监管者。为了保证存款人、证券投资者获得足够的信息，金融监管制度设定了金融机构信息披露的各项规定和要求，使存款人和证券投资者可以全面了解金融机构的资本状况、资产运用、内部控制及管理能力，防止和避免金融机构的过度投资和投机行为，维护存款人和证券投资者的合法权益。

（三）保证金融机构依法经营

现代社会的经济活动包括金融活动是通过法律来加以规范和约束的。金融立法为金融活动提供了平等的法律基础，参与金融活动的各方必须按照相应的规则履行权利和义务，违反金融法律法规的行为必然给当事人造成损害。金融监管主体依照金融法律进行金融监管，可以约束金融机构按照国家法律、法规的规定合法经营。这样才能保证一国的各项金融法律法规得到遵守，促进宏观经济、金融政策的有效施行，维护金融活动各方的合法权益。

（四）促进金融机构之间的公平竞争

竞争是市场经济的重要特征之一，但竞争不是无序的，是在符合市场规则下的有序竞争。金融机构之间的无序竞争必然带来金融秩序混乱、金融市场的动荡，从而对整个经济活动产生不利影响。金融监管主体通过一系列的审慎监管法规，可以使金融机构在平等的条件下开展竞争，从而维护金融秩序、金融市场的稳定，促进金融业降低成本、提高效率，为社会公众提供高质量的金融服务。

第三节 研究思路和方法

一、研究思路

本书思路清晰，从理论与实证相结合的角度，以民间金融为切入点，围绕民间金融监管的实施路径进行研究，全书共分为七章：

第一章绪论，从宏观角度概括了我国民间金融的发展现状，同时介绍了一些民间金融的国际经验；分析了民间金融监管的研究意义，重点关注了政府对民间金融的监管，明确了金融监管的意义，对金融监管的模式进行了探讨建议；介绍了本书的研究思路和研究方法。

第二章民间金融的定义与性质探析。在文献资料研究的基础上系统地评述了民间金融的基本概述，包括民间金融的界定、组织结构、内涵和特征、民间金融发展的合理性分析，为民间金融的监管路径研究奠定了基础。

第三章民间金融中的民间借贷板块分析。分析了民间金融中民间借贷的作用和经济风险，指出了民间借贷市场运行存在的问题和司法实践中的难处。

第四章民间金融的运行机制分析。论述了我国现行金融监管体制下民间金融的运行机制，从现代契约经济学的角度分析了民间金融的履约机制，重点分析了民间金融与民营经济互惠共生的博弈关系特点，同时介绍了民间金融的风险防范。

第五章民间金融的监管政策分析。从政策方面梳理了我国民间金融监管制度的发展变化，同时指出民间金融监管制度的缺陷，并对民间金融的健康发展进行了可行性路径分析。

第六章民间金融市场治理的法制模式和监管启示。介绍了国外民间金融市场治理的法制模式，主要分析了民间金融管理模式与金融市场发展的相互影响，对新型全球金融治理模式下的中国选择提出建议。

第七章民间金融市场治理的法律完善与监管实施。以民间金融治理的法律制度构建依据和构建宗旨为基础，对我国民间金融治理的法律提出调整建议，以案例分析了我国民间金融治理的模式选择路径。

二、研究方法

经过查阅文献，对资料整理归纳，提出问题，分析问题，解决问题。文献、定性和定量研究法是本书在探索民间金融发展过程中会出现的规模变化和监管实际情况的有效方法，对民间金融的发展现状归类总结，并对其定义和特征提出明确的判断依据。

（1）文献分析法，是指对政策性文件和民间金融研究文献进行大量的收集、阅读，导出实际理论意义，对鉴别过的文件进行整理，总结出对研究民间金融有关的重要部分。

（2）定性分析法，是预测分析法中比较常见的一种，在定义民间金融和对其规模发展变化进行分析时，一般都是用大量的定性分析法。

（3）定量分析法，此方法主要是在对民间金融监管不足、自发性发展时出现的问题、给社会市场经济带来影响时使用。

第二章　民间金融的定义与性质探析

第一节　民间金融概述

一、民间金融产生的理论基础

民间金融的形成，最初源自民间借贷。人与人之间、个人与企业之间，或者企业与企业之间，当融资遇到阻碍时，就自然地出现了借贷。这种行为建立在大家的相互信任基础之上，正规金融无法满足企业的资金需求时，企业就会向业务往来密切的其他企业发起短期借款；或者企业采取向内部员工筹集资金的方式获得资金支持。这样的行为在金额、时间、空间上并不一定匹配，最初的民间金融组织便慢慢地有了生存空间，从小规模、无组织的形态中蜕化出有组织、有规模的民间金融形式。①

美国经济学家罗纳德曾指出，发展中国家的金融体制对经济发展有制约作用，即金融抑制理论。政府干预经济活动，就会抑制金融体系的顺势发展，金融体系不发达就会阻碍社会经济的发展，在这期间，政府就会通过控制利率、控制汇率、提高存款准备金率等方式，将大量的信贷资金分配到政府主导的产业上去。如此往复循环，在这种状态下，很多企业和个人无法从正规金融机构满足自己的资金需求，便主动寻求民间金融市场的帮助。改革开放以来，我国对金融机构的准入一直采取严格的限制，国有商业银行在金融市场的垄断作用，构成了我国金融抑制的基础。大部分金融资源都集中在垄断金融机构中，导致民营经济在融资方面困难重重，特别是中小企业在国有商业银行几乎很难获得贷款。在城乡二元体系之下，农户的资金需求同样巨大，但融资需求无法得到满足。巨大的资金缺口，使

① 樊纪相，李建强．金融科技、传统金融与金融监管 [J]. 青海金融，2021(2)：4-9.

得企业和百姓需要另寻出路。正规金融无法提供资金，催生出非正式的金融，即民间金融。民间金融的出现，极大地缓解了市场上资金供不应求的状态。

二、金融的界定

金融的概念是货币流通和信用活动以及与之相联系的经济活动的总称，广义的金融泛指一切与信用货币的发行、保管、兑换、结算、融通有关的经济活动，甚至包括金银的买卖；狭义的金融专指信用货币的融通。

金融的内容可概括为货币的发行与回笼，存款的吸收与付出，贷款的发放与回收，金银、外汇的买卖，有价证券的发行与转让，保险、信托、国内、国际的货币结算等。从事金融活动的机构主要有银行、信托投资公司、保险公司、证券公司，还有信用合作社、财务公司、投资信托公司、金融租赁公司以及证券、金银、外汇交易所等。

金融是信用货币出现以后形成的一个经济范畴，它和信用是两个不同的概念：一是金融不包括实物借贷而专指货币资金的融通（狭义金融），人们除了通过借贷货币融通资金之外，还以发行股票的方式来融通资金。二是信用指一切货币的借贷，金融（狭义）专指信用货币的融通。人们之所以要在“信用”之外创造一个新的概念来专指信用货币的融通，是为了概括一种新的经济现象；信用与货币流通这两个经济过程已紧密地结合在一起。最能表明金融特征的是可以创造和消减货币的银行信用，银行信用被认为是金融的核心。

三、正规金融与民间金融的概念

（一）正规金融

正规金融是指通过国有商业银行、政策性银行、股份制商业银行等正式金融中介机构和金融市场进行的资金融通。正规金融机构受法律约束并且接受专门的银行监管机构的监管。我国的正规金融机构包括银行、信托机构、保险公司、证券公司等。它们能够通过自身信用作媒介，在市场上筹集资金，然后再将筹集来的资金投资或通过借贷方式转向市场。人们普遍认为，正规金融机构是推动市场经济发展的重要工具。金融机构体系是一个庞大复杂的体系，在我国，金融机构按功能和地位主要分为四类：第一类是中央银行，即中国人民银行；第二类是银行，包括商业银行、开发银行、邮政银行等；第三类是非银行金融机构，包括保险公司、证券公司、信用合作社、财务公司等；第四类是在境内开办的外资、中外合资金融机构。各类正规金融机构的设立、运营、撤销都要严格遵循法律法规的规定。

（二）民间金融

金融是指个人、家庭、企业之间通过绕开官方正式的金融体系而直接进行金融交易活动的行为，它是尚未纳入政府监管的、未取得合法地位的金融形式。民间金融是没有得到国家法律认可、尚未正式纳入金融直接监管范围内的金融活动。它通常是指游离在银行体系之外，在民营等非公有制经济以及居民之间进行的以个人信用为基础的资金融通活动。它是除政府资本之外主要运用民间资本所进行的民间投资、民间借贷等民间信用活动。所以，有些人也把它称为“非正规金融”。

民间资本与政府资本的理论演变在古典经济学亚当·斯密的国家“第三项义务”就已开始，后来经过马克思、凯恩斯、罗斯托的公共资本形成阶段增长理论以及罗森思坦·罗丹的社会基础资本超前发展理论、赫尔希曼的有效继起理论等，都认为政府资本与民间资本的关系实质上是政府与市场的关系。民间金融在麦金农－肖的模型里被描写为一种效率低下的融资机制。在贫穷的国家，人们通过保险和信贷手段分散风险的市场机会是极其有限的，但他们却成功地创造了一些分担风险的“非市场制度”，其中最重要的就是广泛存在的民间金融（Besley，1996）。Arrow（1963）指出非市场的组织形式经常伴随着市场的缺失而出现。

民间金融产生于正规金融的边界地带，当国有银行对民营等非国有经济融资存在着信息不对称、市场失灵时，民间金融应运而生。加之它的供求关系、运行机制、交易行为与契约治理具有市场化特征，又与民营经济有着“天然”的体制姻缘，在大力发展非公有制经济的今天，民间金融作为一种过渡性金融安排具有广泛的发展空间。

民间金融是非正式金融的一部分。非正式金融是指不通过依法设立的金融机构来融通资金的融资活动和用超出现有法律规范的方式来融通资金的融资活动的总和。也就是说，非正规金融包括非法的金融主体进行的各种金融交易和合法的金融主体进行的非法交易。非正规金融除了包括民间金融（非法的金融主体进行的各种金融交易）外，另一部分就是正规金融机构之间及正规金融机构与其他经济组织之间开展的不合法的金融交易。虽然是尚未完全被纳入政府监管、未取得完全合法地位的一种非正规金融形式，但民间金融以其与生俱来的强大的市场经济适应力和生命力，已然异常活跃，成为近几年我国金融业关注的焦点。

民间金融既是一个现实问题，也是一个理论问题。虽然国内学术界已对民间金融作出了一定程度的深入的研究，但是对民间金融的内涵和外延界定并没有形成一致的观点。与正规金融相比，有关民间金融的文献不是很多，关于民间金融的界定也有很大的分歧，主要是范围大小的差别和侧重点的不同。

Atieno（2001）认为民间金融是游离于正规金融体系之外的，不受国家信用控制和中央银行管制的内生的存款、贷款以及其他金融交易。Anders Isaksson（2002）将民间金融描述为发生于官方监管之外的金融活动。Kropp（1996）认为，民间金融和正规金融是在同一国家中同时并存的，并相互割裂，正规金融处于国家信用和相关金融法律控制下，而民间金融则在这种控制之外进行运转，二者利率不同、借款条件不同、目标客户不同，更为重要的是，借贷资金不能跨市场流动。民间金融是相对于官方正规金融而言的一种金融活动或组织。Krahene 和 Schmidt（1994）认为，民间金融和正规金融之间的区别在与交易执行是所依靠的对象不同。正规金融活动依靠的是社会法律体系，而民间金融活动则依靠的是社会法律体系以外的体系。国内学者对于民间金融的界定也没有一个统一规范的认识，认为民间金融又称为地下金融、民间借贷、体外循环金融、灰色金融、场外金融、隐形金融等。

姜旭朝在其《中国民间金融研究》一书中对民间金融的定义为："民间金融，就是为民间经济融通资金的所有非公有经济成分的资金运动。"这一定义存在的主要问题是无法与国际接轨。按照该定义，在西方国家金融系统中居主体地位的是民间金融，这显然与事实不符。

复旦大学的张军教授对民间金融的定义为："一个非正规的部门，是指相对于官方的正规金融制度和银行组织而言自发形成的民间的信用部分。"这一定义指明了民间金融的非正规性，但是并未明确给出"民间"的含义，同时"官方"的含义也很模糊，致使整个定义相当含糊。

吉利斯（《发展经济学》，中国人民大学出版社 1996 年版中译本）认为，民间金融是指未纳入国家金融管理体系的非正规金融组织。该定义对民间金融的界定以是否纳入了国家的金融管理体系为标准，明确了民间金融的非监管性。但是在实际操作中又存在问题，许多金融组织获得了地方政府部门的审批，并在工商部门注册，但并未纳入国家金融组织管理体系的管理之下，将其归入民间金融显然不合适。

笔者在前述定义的基础上认为：民间金融是与正规金融比较而言的，指未在工商部门登记注册并从事资金融通活动的组织，主要包括民间借贷、民间集资、私人钱庄、合会等。这一定义兼顾了国际接轨问题，指明了民间金融的非正规性，增强了民间金融定义的可操作性。

综合来看，民间金融活动是一种复杂的经济金融和社会现象：它既包括民间直接融资活动，如民间直接借贷和民间各类合会，也包括民间金融中介类型的组织，如“钱背”、私人钱庄；既包括保障性质的互济互助，如救灾互助储金会，也包括商业性质的资金融通，如农村互助合作基金会和金融服务社；它既是一种提供资金融通服务的经济制度，又具有促进社会进步的社会制度的特征。

我国现代民间金融在不同地区呈现不同的特征：在发达地区，它属于一种商业性质的融资组织；在经济落后地区，它更多地带有互助合作的色彩。由以上分析可知，民间金融具有以下特点：一是民间金融主要依托地缘、亲缘支撑的信用体系。二是民间金融在解决信息不对称问题、交易方式、交易价格等方面具有正规“大金融”所不具备的特点和优势。首先，民间金融利用了私人相互信息和民间道德规范，构建了看不见的自选择机制，有效地解决了信息不对称的问题。其次，民间金融一般具有高效和灵活的交易方式。三是相对于“官办金融”，我国民间金融尤其具有“效率高、风险也高”的特点。长期以来，我国对金融领域实行较为严格的管制，民间金融是一个没有明确合法地位的敏感性话题。随着市场经济的发展，民间金融日渐活跃，规模不断扩大，对促进民营经济发展和满足人民生活需要发挥着重要作用，并已成为一种普遍现象。2005 年，中国人民银行发布的《2004 年中国区域金融运行报告》首次正式承认民间金融对正规金融的重要补充作用。2010 年，国家出台的“新三十六条”，在国家根本性政策的层面明确提出了鼓励民间资本进入金融服务业的方针，使民间金融发展面临全新的环境和机遇。

第二节　民间金融体系的组织结构

我国民间金融现存模式、民间金融的主要表现形式为资金供求者之间直接完成或通过民间金融中介机构间接完成的债权融资。在中国许多地区，民间金融都广泛存在，在很多农村地区，民间金融甚至比正规金融的融资规模更大。民间金融的形式主要有当铺、小额信贷公司、高利贷、民间集资等，以上民间金融的形式还可以进行分类，一种是初级阶段类型，即无组织的零散的民间借贷形式，包括私人之间的借贷及集资；另外一种是高级阶段类型，即有组织的金融机构，包括信息公司、互助基金会、当铺、合会等。近些年出现了第三方支付等新型的非金融机构支付服务。①

民间金融的主要运行形式主要有以下几种。

一、传统形式

（一）小额信贷

我国的农村小额信贷借鉴了孟加拉乡村银行模式，在操作上采用“政府 + 银行 + 扶贫合作社”的三线一体的运作模式，政府直接、主动的参与是我国农村小额信贷的一个突出特征。

小额信用贷款是以个人或家庭为核心的经营类贷款，其主要的服务对象为广大工商个体户、小作坊、小业主，贷款的金额一般为 10 万元以下，1000 元以上。小额信用贷款是微小贷款在技术和实际应用上的延伸,借款人不需要提供担保。其特征就是债务人无须提供抵押品或第三方担保仅凭自己的信誉就能取得贷款，并以借款人信用程度作为还款保证。由于这种贷款方式风险较大，一般要对借款方的经济效益、经营管理水平、发展前景等情况进行详细的考察，以降低风险。小额信贷是指向低收入群体和微型企业提供的额度较小的持续性信贷服务。小额信贷通过提供小额贷款，发挥金融的激励约束机制，改变了传统的财政转移支付方式，是一种有效的金融扶贫方式。

小额信贷的主要作用是为农村贫困人口提供信贷服务，是当前不尽完善的农村金融体系的必要补充，其在实现不同区域扶贫目标方面的重要作用是其他农村

① 田侃，王艳犟．民商法概论 [M].2 版．南京：东南大学出版社，2014.
曾波．金融监管与金融创新 [J]. 团结，2018(4)：37–38，46.
陈红．开放经济条件下的金融监管与金融稳定 [M]. 北京：中国金融出版社，2014.
邓小俊．民间借贷中金融风险的刑法规制 [M]. 北京：中国人民公安大学出版社，2016.
董洁．金融科技与金融监管 [J]. 中国商论 .2020(4)：60–61.
方意，张立莉．民间金融监管理论与实践 [M]. 北京：中国财政经济出版社，2021.

正规金融和非正规金融难以替代的。

（二）典当行

典当行，亦称当铺，我国的当铺早在南北朝时期就出现过，在悠久的历史中，典当活动十分普遍和活跃。有典故称，汉代时，司马相如就曾把自己的长袍拿去集市上赊酒喝，等有了钱再去把袍子赎回来。典当行是主要以财物作为质押进行有偿有期借贷融资的非银行金融机构。以物换钱是典当的本质特征和运作模式。当户把自己具有一定价值的财产交付典当机构实际占有作为债权担保，从而换取一定数额的资金使用，当期届满，典当公司通常有两条赢利渠道：一是当户赎当，收取当金利息和其他费用赢利；二是当户死当，处分当物用于弥补损失并赢利。

在国家政策的支持下，典当行的经营得到支持和鼓励。典当行的业务广泛，只要在资金的可操作范围内，便可囊括所有业务。甚至在楼市上升期，房产典当也一度成为典当行的热衷业务。在商业银行信贷政策紧缩的时候，就促使急需资金周转的客户由正规金融机构转向民间金融机构，对于资金暂时紧张的有房一族，选择房产典当就显得既方便又快捷。典当行业的主要服务对象是中小企业和民营经济，江苏、浙江、山东等大省的典当资金总额就十分突出。典当业的整体布局不仅在大中城市十分活跃，也陆续在向县、区、乡镇发展。人们对资金的需求越来越多，越来越广，典当行正顺应了这种需求，采取质押的方式，向资金需求者发放小额短期贷款。

与正规金融机构相比，典当行的优势也十分明显。典当行放贷不审核当户的信用水平，只注重典当标的价值及合法性。典当行业务的最大灵活性就是可以接受动产质押也接受权利质押，满足人们用物品换得金钱的融资需求。典当行对发放出去的钱款不限制用途，而正规金融机构如银行，是要求指定贷款用途的，例如助学贷款、汽车贷款等。典当业务基本不受地域限制，当户持有有效的证件就可以进行异地融资，免去了来回奔波之苦。

典当行作为一种既有金融性质又有商业性质的、独特的社会经济机构，融资服务功能是显而易见的。融资服务功能是典当公司最主要的，也是首要的社会功能，是典当行的货币交易功能。此外，典当公司还发挥着当物保管功能和商品交易功能。典当行还有其他一些功能，诸如提供对当物的鉴定、评估、作价等服务功能。

随着市场经济的快速发展，正规金融机构的私贷业务无法满足人们日益增长的融资需求，典当行作为民间金融的重要组成部分，通过其方式灵活、手续便捷的特点，成为正规金融机构贷款业务的有效补充。

（三）融资担保

融资担保是担保业务中最主要的品种之一，是随着商业信用、金融信用的发展需要和担保对象的融资需求而产生的一种信用中介行为。

信用担保机构通过介入包括银行在内的金融机构、企业或个人这些资金出借方与主要为企业和个人的资金需求方之间，作为第三方保证人为债务方向债权方提供信用担保——担保债务方履行合同或其他类资金约定的责任和义务。

在其业务性质上，融资担保具有金融性和中介性双重属性，属于一种特殊的金融中介服务。它通过利用自身的第三方信用为资金供给和资金需求方双方提供融资担保服务，以此促进双方交易的完成。在开展融资担保业务过程中，信用担保机构要完成两方面的工作：一方面，是对资金需求方的信用评估；另一方面是向资金供给方提供自身资信证明，取得其对自身信用保证资格和履约能力的认可。

民间融资担保是指民间放款人（即以自然人、法人为主体的贷款人）与借款人发生借贷关系，或通过银行委托贷款发生借款关系，公司依据与借款人签订的《委托担保合同》向放款人提供保证的融资类担保。

（四）民间借贷

民间借贷有广义和狭义的区别，广义的民间借贷是各种民间金融的总称，狭义的民间借贷指民间个人之间的借贷活动，民间金融活动总体上看是无组织的金融活动。民间借贷是资金需求方和资金供给方不通过任何第三方的介入，直接发送的借贷关系，它是民间金融最传统的存在形式，也是一种最简单的形态。民间借贷是建立在交易双方情感基础或血缘基础上的借贷行为，彼此掌握大量对方的私人信息，双方有十分默契的想法且相互完全信任，双方按约定的利率进行从借款、使用到归还的借贷过程。资金借出所获得的全部利息收益全部都归资金供给方，但同时资金供给方也要承担资金需求方违约或本息损失的风险。

根据利率水平的高低，通常把民间借贷分为三类：一种是友情借贷，也称作白色借贷，通常是指亲友之间的借贷关系，这种白色借贷的利率比较低，甚至是无息借贷；第二种是灰色借贷，它的利率一般高于正规金融部门的利率，但未高出常人可以接受的利率水平；第三种就是我们谈之色变的“高利贷”，也称为黑色借贷，其利率水平明显高于市场利率，甚至是在借款人偿还能力之外的超高利率。狭义民间借贷一般较分散、隐蔽，利率高低不一，借款形式不规范，管理难度大，其中黑色借贷风险较大。

农村民间借贷的形式大致包括以下几种情形：一是口头约定型。这种情况大都是在亲戚朋友、同乡、同事、邻居等熟人之间进行，他们完全依靠个人间的感情及信用行事，无任何手续，一般数额较小，而且双方关系密切。二是简单履约型，这种借贷形式较为常见，大都仅凭一张借条或一个中间人即可成交，一般数额不太小或双方关系不十分密切；借款期限或长或短，借款利率或高或低，凭双方关系的深浅而定。三是高利贷型。个别富裕农户将资金以高于银行利率借给急需资金的农户或企业，从而获取高额回报。

民间借贷最常见的是私人之间的借贷，这种借贷关系可以说是互助性质的借贷，借贷资金主要用于住房、就医、子女教育等方面。这些借贷资金通常数额较小，借贷程序也比较灵活，通常使用口头约定或者简单的履约形式。履约形式常见的就是借条，现在互联网的普遍使用，也使得短信、微信等成为借款的凭证。除了私人之间的借贷，企业在大量生产和销售旺季的时候，也会有大量的资金需求，这时有资金需求的企业就会寻求关系密切的企业提供资金进行周转。

民间借贷的资金筹集是多方面的。一般来说，一个民间放贷人是本人有一笔余款，还有就是放贷人信誉比较好，亲友或者其他人把钱放到这里，可以获得高于银行存款利息的利息收入。放贷人把这些钱贷出去，获得利差。这些民间放贷人有一种半机构化的特点。民间借贷机构的信用总体来看表现良好，大面积的倒会是一种例外情况。

（五）合会

合会是各种金融会的通称，这是在我国有着较为悠久历史的民间金融形式，是一种基于血缘、地缘关系的带有互动、合作性质的自发性群众融资组织。在国外称为“轮转基金”，在国内包括轮会、标会、摇会等。虽然叫法有多种多样，具体做法也五花八门，本质上都是入会成员之间的有息借贷。这是民间盛行的一种互助性融资形式，集储蓄和信贷于一体。一般有若干人组成，相互约定每隔一段时间开会一次，每次聚集一定的资金，轮流交给会员中的一人使用，基本上不以盈利为目的。其中，事先固定使用次序的称为“轮会”，按照抽签方式确定使用次序的叫作“摇会”，以投标方式决定使用次序的属于“标会”。这些合会一般以地缘、人缘、血缘为纽带，处于地下状态。

合会的名目虽多，但都不外乎遵循一套简单规则：一个自然人作为会首，出于某种目的（比如孩子结婚上学、造房子、买生产原料，等等）组织起有限数量的人员，每人每期（每月、每隔一月、每季、每半年、每年等）拿出约定数额的会钱，每期有一个人能得到集中在一起的全部当期会钱（包括其他成员支付的利息），并分期支付相应的利息。谁在哪一期收到会钱，由抽签或者对利息进行投标等方式来确定。

（六）私人钱庄

私人钱庄是没有经过审批而设立的类似银行的金融机构，以吸收存款的形式来发放贷款。私人钱庄分为两类：其一主要涉及从事外汇买卖业务的私人钱庄或者窝点的运作；其二涉及“非法集资”或“发放高利贷”。中国人民银行于 2002 年 1 月 31 日发出了《关于取缔地下钱庄及打击高利贷行为的通知》，专门提及近年来在部分农村地区民间信用活动活跃，高利借贷现象突出，甚至出现了专门从事高利借贷活动的私人钱庄。

从事融资和高利借贷的私人钱庄在 20 世纪 80 年代开始活跃，90 年代末的发展出现转折。国务院于 1998 年 7 月 13 日发布的《非法金融机构和非法金融业务活动取缔办法》宣布了一系列机构属于非法金融机构，私人钱庄逐渐地下化。在温州等地的经济金融活动中，私人钱庄甚至占据着相当重要的地位。

（七）民间集资

民间集资盛行于 20 世纪 80 年代，其在相当程度上满足了当时非公有制经济，特别是民营经济起步阶段对资金的需求，对民营经济的崛起和快速发展发挥了重要作用。大规模的集资特别是规模较大的公募资金，没有经过批准是不受法律保护的。在农村，有少数大户、专业户和有一定规模的乡镇企业都有可能产生对大规模资金的需要，出现民间集资的情况。集资包括生产性集资、公益性集资、互助合作办福利集资等，具体包括以劳带资、入股投资、专项集资、联营集资和临时集资等。

民间集资是由民间借贷逐渐演化并发展起来的，是企业或个人为了生产或投资通过一定的形式，满足自己对资金的需求，将社会上的闲散资金集中起来的融资行为。这种方式在获得资金的过程中，无须像正规金融机构需要的资质、资历、资产规模等审核条件，流程简单、方便快捷，民间集资为中小企业、乡镇企业、地方基础建设等方面提供了大量的资金满足，发挥了积极作用。但是，民间集资就像一把双刃剑，对于集资者而言，为了增大融资规模，可能不惜设定较高的利率水平以获得巨大的融资资金，并且使用这些背负高昂利息的资金去投资高风险项目，这也使出资者间接承担着损失的风险；对于出资者来说，对集资者的经营状况、信用水平、偿还能力都处于不太了解的情况，仅是在高利的诱惑下盲目参与到民间集资中，就很容易产生信息不对称而带来的资金风险。

由于某些民间集资的隐蔽性，很容易逃脱政府的监管和法律的规范，导致非法集资的事件频出。有些案件中的“集资人”实质上就是披着集资的外衣掩盖其诈骗的行径。例如“孙大午”非法集资案、“蚁力神”案，等等，这些组织者严重扰乱社会金融秩序，给社会造成巨大危害，使众多出资人受到金钱和精神的双重折磨。这些案件也警醒我们，要明辨集资与非法集资的差别，不要误入非法集资的深坑。

（八）私募基金

私募基金是指以非公开的方式向特定的投资者募集资金，然后以证券作为投资对象的证券投资基金。20 世纪 90 年代，大量的海外私募股权投资基金进入我国，先后掀起两次私募股权投资热潮，但是由于基金退出渠道不够顺畅，均以失败告终。私募基金在我国是受到严格限制的，因为“私募”很容易变成“非法集资”，两者的重要区别就是是否面向一般大众进行集资，并且资金的所有权是否发生过转移。如果募集人数超过 50 人，并将资金转移至个人账户，则被定为非法集资。

私募基金的募集对象不是社会公众，而是面向少数的、特定的投资机构或个人。私募基金不通过金融机构、公众平台、网络等进行公开发售，它的募集方式是非公开的，所以私募基金几乎不对外进行信息披露，具有较强的保密性。私募基金对于投资的品种、投资比例没有严格限制，完全由参与者在协议中进行约定。私募基金的投资门槛相对较高，证监会公布的《私募投资基金监督管理暂行办法》中对投资私募基金的投资金额作出明确规定，要求投资金额不得低于一百万元。

私募基金在国际金融市场上的发展十分迅速，并且占据十分重要的位置。2019 年底我国证投类私募产品数量已超过 58000 只，在所有私募产品中数量占比达到

53%。截至2020年7月底，在基金业协会登记的私募基金管理人2.45万家，备案私募基金超过8.8万只，管理基金规模14.96万亿元。在私募基金行业中聚集着大量的业界精英和经济学家。私募基金似乎是披着一层神秘的面纱，与老百姓的生活距离遥远无法触及，但是提到两个著名人物，索罗斯和巴菲特我们就不陌生了，他们就是私募基金培育出的投资大师。私募基金实力强大，正在秩序井然地发挥其对金融市场的推动作用。

二、新兴形式

（一）第三方支付

第三方支付又称非金融机构支付服务，主要包括网络支付、预付卡的发行与受理、银行卡收单等。其中，网络支付被定义为包括货币汇兑、互联网支付、移动电话支付、固定电话支付、数字电视支付等多种形式在内的，借助网络为付款人提供支付服务的行为。

通过互联网、移动通信等平台，第三方支付企业逐渐以多样化、个性化的产品，满足了诸多客户群体的支付需求，而这些领域可能是银行难以覆盖，或者并不重视的。近年来，第三方支付行业发展非常迅速，这既是由于市场规则不断完善，也是基于互联网与电子商务的快速发展。

（二）房地产“跟投”

为增强企业管理层员工的主人翁意识，很多知名房地产集团包括保利、万科、碧桂园等，均实行“跟投”制度，要求核心员工强制跟投，其余员工自愿跟投，将项目运营效益与员工个人收益直接挂钩，目的是实现员工与企业共享收益、共担风险。最早提出并应用跟投制度的是2012年碧桂园实行的“成就共享”计划，实践证明，企业提出的跟投方案，制定激励与制约条款，与企业的战略选择、管理模式、项目类型等息息相关，这些因素决定了跟投的范围和深度。跟投的额度通常在股权的5%～10%之间，跟投的分红多在项目盈利之后，从融资的角度看，跟投是成本最优、资金周转最快的方式。

（三）企业全员持股

全员持股，就是企业所有的员工都是企业股东。员工在职时拥有股权，按级别制定持股的标准，离职或退休时退回股权。企业主为了加强员工创新驱动力，使员工既获得满足感，又增加工作主动性，推行共享发展成果、共担市场风险的改制模式。这种模式使员工提高了劳动效率，为企业降低劳动成本，增加产能。华为是我国较早实施全员持股的企业之一，自 1990 年起，华为已进行过四次较大的股权分配。这样的方式收益显著，使华为一跃崛起成为我国通信设备生产、销售的领军企业。通过华为 CEO 新年致辞中的数据可得，2020 年华为销售收入近 8914 亿元，如此庞大的销售成绩，全员持股制度功不可没。

中小企业改制是企业发展中的一个重要历程，但全员持股不是万能药。如果全员持股的制度设计不合理，尤其是持股差距很小时，形成平均持股，就不能很好地发挥全员持股的激励作用。若企业运营发生风险，股权无法兑现，不仅是对企业信誉的巨大破坏，也会给员工带来经济损失。

第三节　民间金融的内涵和特征

一、民间金融的内涵

从金融监管角度来说，以是否纳入政府金融监管体系为标准来划分，将不受国家法律保护和规范，处在金融当局监管之外的各种金融机构及其资金融通活动统称为民间金融，即未在工商部门登记注册而从事资金融通活动的组织。

它的主要运行形式有：①农村信用社；②农村合作基金；③合会；④民间借贷；⑤私人钱庄；⑥民间集资；⑦小额信贷。

长期以来，民间金融因为一直没有合法身份，不得不处于地下活动状态。作为我国信用体系中的一种非正规信用形式，民间金融又称为草根金融、地下金融、民间借贷、体外循环金融、灰色金融等。Anders Isaksson 将民间金融定义为游离于正规金融体系之外，不受国家信用控制和中央银行管制的信贷活动及其他金融交易。世界银行认为，民间金融是没有被金融监管当局所控制的金融活动。J.Krahene 和 Schmidt 认为，民间金融和正规金融之间的区别在于交易执行所依靠的对象不同，正规金融依靠社会法律体系，而民间金融则依靠法律以外的体系。亚洲发展银行认为，民间金融是不受政府对于资本金、储蓄和流动性、存贷利率限制、强制性信贷目标以及审计报告等要求约束的金融部门。

二、民间金融的特征

当前我国民间金融的特征同以前相比已经有了更多的表现，主要有以下几方面：

（一）借贷手续灵活、简便

民间金融借贷双方一般不需要手续，有手续的也是简单载明借贷双方、日期、还款金额或利息的简要凭据。民间金融借贷中一半以上是私下达成的交易，对借方来说，手续简便，在急需资金时办理非常方便，备受急需资金者的青睐。①

（二）利率高、弹性大，城镇乡村有差别

民间金融的利率因组织形式不同、地域不同、接待对象及用途不同而表现出不同的特性，但都具有明显高于正规金融利率的特点。一般而言，民间融资城镇利率高，乡村利率低。城镇借出利率年息一般在 15% ~ 30% 之间，乡村借贷利率年息一般在 10% ~ 20% 之间，年利率相差 5% ~ 10%；城镇民间融资金额大，乡村民间融资金额小。城镇借贷趋向书面化，大多数需签订书面协议，协议条款包括担保人（中介人）、借款额、利率、归还期、违约金，数额较大的还需要以房屋等实物作抵押等，而乡村因借贷互助性质居多，且多为亲戚、熟人朋友之间发生的借贷行为，一般以口头约定为主。

（三）融资规模急剧扩大

在民间金融发展初期，只有少部分人将手里多余的钱拿出来用作他用，现在随着经济的发展，越来越多的人手里有闲散资金，伴随着物价的不断上涨，货币的贬值，金融机构利率的无竞争力，人们有强烈的货币增值愿望，民间借贷就愈演愈烈，甚至出现了温州几乎九成的人都成了放贷者。

（四）融资人主体发生变化

由于民间金融融资规模的不断扩大，资金募集对象的人数也迅速增加，出资人之间的“三缘”关系（即地缘、血缘、亲缘）相应地趋于松散。融资主体呈现

---

① 冯兴元，何广文，杜志雄，等. 中国乡镇企业融资与内生民间金融组织制度创新研究 [M]. 太原：山西经济出版社，2006.

多元化的特点，不仅有个人之间、个人与企业之间、企业与企业之间的融资，且出资人有工人、干部、工商个体户、企业等，甚至参与民间融资的还有金融机构的工作人员，涉及面较广。在迅速扩张的民间金融市场上，绝大部分出资人已不再是资金使用者，出资人逐渐演变为单纯的资金供给者，最终的资金使用者与出资人几乎没有密切的“三缘”关系，而只是与资金募集的发起人有相应的借贷合约关系，民间金融的融资方式由此演变为间接融资。

（五）民间金融资金用途发生变化

当前，民间借贷已从生活消费需求转向以经营投资为主，资金的用途不再是以消费和小本商业经营为主，绝大部分民间资金是作为企业的流动资金，甚至是固定资产投资的资金。

（六）融资行为渐趋理性

由于民营中小企业的发展对民间融资的需求日益旺盛，并能提供较高的投资回报率，从而拓宽了民间融资理性选择的范围。同时，民间融资相关主体的风险意识也在不断提高，对信誉要求很高，形成了特定的民间融资市场准入制度，因此违约现象很少；另外，生产性融资比重不断上升，而利率水平也明显上升。

（七）民间融资逐步呈现出专业化趋势

由于民间融资的种种便利和在社会经济生活中所普遍发挥的现实作用，这一行为已在社会公众的思想观念上获得了广泛的认同，使得其逐渐由“地下”“浮出水面”。特别是宏观调控措施实施和一些商业银行个人委托贷款业务的推出，使中小企业资金严重紧张，客观上促进了民间融资流动更加活跃，也使得由过去遮遮掩掩的“地下金融活动”逐渐转向半公开或公开。

（八）民间金融具有独特的优势效应

1. 规模优势，我国民间金融增长快、规模大

民间融资规模的迅速扩大，有效地缓解了信贷资金的供需矛盾，且自发形成的民间借贷不包含于国家信贷，实际上扩大了国家信贷的总量。

2. 效率优势

主要包括优化资源配置、提高金融体系效率两方面：

（1）民间金融具有一定的优化资源配置功能，有利于提高资金使用效率。民

间融资作为一种合约双方自愿达成交易的市场化融资机制，借贷双方信息相对对称，贷款人作为具有理性行为的“经济人”，能够在很大程度上作出正确的融资决策，并对借款人的资金使用情况予以监督。对于借款人而言，由于资金供给方是个人，相应地强化了其信用约束和还款责任，决定了其必须合理、高效地使用资金，以最大限度地发挥资金的使用效率。

（2）民间金融的发展，有利于提高金融体系的整体效率。民间金融交易手续简便、程序快捷，能使借款人迅速、方便地筹到资金，不仅能优化融资结构，为中小民营企业融资另辟蹊径，还可以减轻中小民营企业对银行的信贷压力，分散银行的资产经营风险；另一方面，完全以市场经济为依托的民间金融的产生和成长，打破了金融业原有的垄断格局，有助于构造多元化的金融产权格局，开创竞争性的市场环境，给正规金融机构施加强大的外部竞争压力，使其在经营理念、服务方式、内部运行机制等方面积极作出创新。

3. 利率优势

我国民间金融利率灵活、多层次，有利于促进利率市场化的形成。正规金融机构的贷款行为有时会受到行政力量等非市场因素的影响，贷款基准利率也是管制利率，而民间金融市场主要为中小企业和农户服务，利率主要由自身的供求关系决定（当然也会受到国家利率政策的影响），借贷双方可根据资金余缺情况自由商定利率，达到“借出者放心，贷入者满意”的帕累托最优状态。民间融资中的借贷行为和利率都是市场化的，民间金融是一种纯粹的市场金融形式和市场交易制度。民间融资利率是资金供求双方在自由协商的基础上确定的，是双方市场博弈的结果，因而是市场化的利率。

4. 福利优势

我国民间金融的发展有助于居民财富的增加、就业机会的增加，从而维护了社会稳定。首先，民间金融吸收存款的利率高于银行同期存款利率的数倍，将资金投入民间金融，可以得到远高于银行利率的回报，有利于居民积聚财富，保证经济、社会的稳定；其次，由于民间金融有助于解决民营经济的融资困难，而民营企业的发展壮大，必将创造更多的就业机会，从而提高就业人员的经济收入。

第四节　民间金融的合理性分析

民间金融的蓬勃发展首先是历史的产物。在中国经济发展的初期，民间金融对非公有制经济的发展起到重大作用，为大批民营企业提供资金支持，也带动了整个国民经济的发展。其次，在解决中小企业融资问题上，民间金融弥补了正规金融资金供给不足的缺陷，通过收集和调动民间资本，支持中小企业发展，缓解了中小企业的融资压力。最后，民间金融的出现减轻了农村地区和中小企业对银行信贷的压力，成为金融市场化以后缓解传统资金供给盲区巨大资金需求的必要补充。①

一、民间金融发展的原因

民间金融在我国已有悠久的历史，结合我国国情和民间金融的发展历史，我国民间金融比较活跃的原因可以归结为以下几点：

（一）民间资金市场供需两旺是民间金融存在、发展的内生性原因

民间私人财富的不断增长为民间金融的资金供给提供了源头。从需求方来讲，各类中小企业以及农户的迅速发展形成了对民间金融的强大需求。除了数量众多的中小企业为满足其自身发展需要对民间金融有巨大的需求，还有许多农户对民间金融资金的需求也很大。之所以需要大量的民间金融资金，主要是因为中小企业和农户由于受到自身规模和市场信誉的限制，很难在正规的金融机构筹集到大量的资金，所以不得不求助于民间金融机构。

（二）现行正规金融渠道的融资不顺畅

国有商业银行信贷管理体制改革和分支机构大量缩减，给民间融资活动提供了生存空间。正规金融机构出于恪守贷款条件和减少信贷交易成本、实现贷款收益最大化的考虑，只能以大企业作为主要的金融服务对象。特别是随着国有商业

① 冯兴元，何广文，杜志雄，等. 中国乡镇企业融资与内生民间金融组织制度创新研究 [M]. 太原：山西经济出版社，2006.

银行改革的深入，民间经济主体资金需求的满足只能依赖民间金融。民间金融填充了正规金融服务的一些薄弱点和盲区。

（三）政府实行的管制利率，造成大量资金流入民间金融市场

我国长期以来实行的是管制利率，且居民可选择的投资渠道有限，因此部分居民不是把资金存入正规金融机构，而是选择获利较高的民间借贷。还有一些居民采取借入的方式，再高息借出，从中牟取利差。

（四）民间金融的自身优势

首先，民间借贷手续简便、交易成本低。民间借贷大都建立在人情网络关系上，通常凭借一张借条甚至口头约定即可，交易成本低，而且交易过程快。其次，民间借贷对担保的要求不高。民间金融主要是以人际关系为基础，维系交易双方契约关系的往往是伦理、道德、传统、宗族等非正式制度，因此民间融资要求有一定的诚信度，很少要求有规范的担保。最后，民间金融的利率比较灵活，信息对称。利率由借贷双方根据资金的供求状况、正规金融市场利率水平、借贷主体之间的亲疏远近等因素确定。民间融资的利率一般随行就市，利率支付比较灵活，甚至不需要支付利息。民间借贷多在亲戚、邻里和同事之间进行，容易了解借款人的资信、收入、还款能力等情况。尽管民间借款采取打借条的形式，但借款人受到舆论和道德观念等无形约束，还款意愿强烈。

二、民间金融对经济发展具有支持作用

民间金融对经济发展的支持作用，主要表现在下述几个方面：

（一）支持了非国有经济的发展

在有些制度的压制下，国有的专业银行只能向非国有经济提供有限的资金服务，而民间金融可以弥补正式金融的不足。民间金融可以给非国有经济提供大量的资金，满足非国有经济在生产经营上缺少的资金，从而促进非国有经济的迅速发展，进而使国民经济得到发展。

（二）缓解了农村金融资源的极度匮乏

农村原本就是正规金融资源相对匮乏的地区，随着四大银行的商业化改革，农村地区的许多经营网点被撤销，正规金融资源更加稀少，金融资源供给明显不

足；而农业、农民、农村，因其所处的弱势地位，往往更加需要金融支持。这种供需上的极度不均衡，催生了民间金融。民间金融最先在农村产生，并迅速蔓延开来。民间金融在农村的蓬勃发展，缓解了农村金融资源供需上的矛盾，缩小了城乡之间在金融资源占有上的差距，推动了农村地区经济社会发展。东部地区农村的快速发展，民间金融起到了举足轻重的作用。

（三）为金融创新积累了经验

从某种程度上讲，民间金融的产生和发展，可以看作一种金融创新，既包括组织创新，也包括产品创新。这种创新完全是市场机制作用的结果，同时，它又根植于中国社会主义市场经济的土壤，因此，可以为我国正规金融体系的创新提供一些借鉴。即便我们可以在西方的教科书中找到金融创新的范式，但找不到联系中国实际的例子，民间金融的发展，恰恰可以弥补这方面的欠缺。

（四）为我国金融业对内开放奠定了基础

随着我国金融服务领域对外开放步伐的加快，金融业对内开放也提上了日程。但对内开放的开展是需要一定的基础的，第一是人才基础，第二是实际经验的基础，第三是组织基础，第四是资金基础。民间金融的广泛存在，为金融业对内开放奠定了上述基础。简单点说，就是一旦国家放松对金融业的准入限制，许多民间金融机构可以很快地转为正规金融，并顺利开展业务。

（五）某些形式的民间金融可能转化为正规金融

民间金融经过发展和规范，可能演变成一种正规金融制度，我国股票市场的产生是一个最好的案例。20 世纪 80 年代初，上海一些新办的集体企业以及一些想要扩大规模的老企业率先向职工集资。1984 年 9 月，上海第一家股份制企业华宇实业公司定向募集资金 300 万元，同年 11 月，飞乐音响股份有限公司成为上海第一家公开发行股票的企业。上述企业行为是典型的民间金融活动。股票发行后，持有人提出了转让要求。1986 年 9 月 26 日，上海建立了第一个证券柜台交易点。1990 年 12 月，上海证券交易所正式成立。从一定意义上说，我国目前正规的证券交易市场就是由民间金融演化而来的。

（六）民间金融发展为金融改革提供了一个新思路

我国的经济体制改革是一种由上而下的强制性制度变迁与由下而上的诱致性

制度变迁相结合的过程，但是在金融领域的改革，更多的是由上而下的政府主导的强制性制度变迁。无论是国有银行的改革，还是资本市场的改革都是如此。或者说是这样一种思维逻辑，即政府让干什么就干什么。而诱致性制度变迁的思维逻辑是：政府明令禁止的我不干，其他的都可以干。民间金融的发展，即是这种思维逻辑的产物。所以，民间金融的发展，是遵循市场需求、由下而上的诱致性制度变迁的结果，无疑是对金融改革方式的有益探索，为今后的改革提供了一个新思路。

三、民间金融在中小企业融资中的优势

（一）信息把握较为全面，拥有信息优势

民间金融主要是以地域为主，对周围以及区域地方企业以及个人进行贷款业务，民间金融能够对贷款对象进行较为全面的了解。对于正规金融公司而言，在贷款方面往往比较严格，需要了解企业的各种信息，尤其是财务状况，但是对于中小企业而言，由于自身管理机制以及信息披露机制有限，使得企业很多信息无法满足银行的贷款要求。与正规金融相比，民间金融则没有这样的特点，通过自己的方式就能够全面掌握贷款企业的信息，而且在信息获取方面所花费的成本要远远低于正规金融公司；此外，在长期信贷业务当中，民间金融能够与小微企业建立长久的借贷关系，并且中小企业还能够为其介绍更多的客户。

（二）融资效率高，具有成本优势

其一，运营成本低，民间金融还没有被纳入国家法律制度当中，处于灰色地带，所以民间金融在运行方面比较简单，没有过多的繁文缛节，而且操作也没有统一规范，这就使得其成本相对较低。而正规金融公司不仅需要遵循相应的法律制度，还需要严格作好风险控制，并且需要有专门的人员对贷款单位进行了解，并作好跟踪调查，确保贷款公司能够及时归还贷款。其二，交易成本低，民间金融在交易方面程序较为简单，操作灵活，在合同签署方面，只需要借贷双方经过协商确认即可，签署时间短，不需要过多人力参与，能够为民间借贷节省大量的成本。

（三）对担保没有过多要求，具有担保优势

第一，担保物品范围广泛。在银行贷款当中，对于担保物有一定的要求，一

些物品是无法作为担保物进行贷款的，但是民间融资则没有过于严格的限制，大多物品都可以作为担保物。第二，民间金融贷款过程中还具有无形的担保，很多贷款都是发生在熟人之间，出现违约的风险较小，能够为民间金融机构节省大量的成本。此外，在民间金融贷款中，一旦出现违约，不仅关系到贷款本人，与相应的担保人也有直接的关联性，贷款人很可能在整个关系当中受到谴责，给企业带来更大的风险。

四、规范发展民间金融的路径

规范我国民间金融发展的新途径可从两个角度来考虑：一方面，将民间金融活动纳入法制化轨道进行规范管理；另一方面，疏导民间资金进入地方中小金融机构。随着国家对民间金融态度的改变，在政策允许下，通过不断探讨尝试，在市场导向下，民间资本向除此之外的证券、保险等各种投资形式扩散，民间金融的规范化不难实现。多层次的民间金融规范途径，只不过是适应当地的经济环境、多种金融需求和不同的民间资金供给特点，是自发性的一种选择。为了克服民间金融所存在的先天弊端，发挥出民间金融对社会经济发展的促进作用，有必要对民间金融加以扶持和引导，形成较为完善的民间金融服务体系。

（一）大力促进民间金融公开化

合法化对一些确具备一定的注册资本金，能够依法经营，履约率较高的金融机构，应允许其在一定期限内转为合法民间金融机构，予以正式化，对其加强管理和监督，鼓励民间资金进入正规金融机构。

（二）加强发展民营金融的制度保障

在发展民间金融的同时，要严把市场准入关，维护市场主体的质量，建立健全市场退出机制。按照法律规定和市场原则实行破产，以保证中小金融机构健康高效地运行。同时应加快制定，完善和落实《放贷人条例》《民间融资法》《合同法》等法规体系，使合法的民间金融机构走上法制化轨道。

（三）促进民间金融与正规金融之间的有效合作和适度竞争

民间金融和正规金融可以发挥各自的比较优势开展合作，如可以利用民间金融部门的信息优势降低正规金融部门的信息搜寻成本；利用正规金融机构的资金优势弥补民间金融机构资金不足的缺陷，提高整个市场的金融交易水平。另外，两者可以利用各自的优势在一个好的金融秩序下进行公平有序的竞争，享有公平竞争的机会，满足不同层次的金融需求。

（四）大力发展由民间资本组建的各类股份制、股份合作制的民营银行

民间资本可以进入的中小金融组织的形式可以是多样的，要降低金融准入门槛，允许那些股东人数、资本金、经营者资格及其他条件达到法律规定标准的规模较大的私人钱庄、金融合会以股份制或股份合作制的形式进行注册登记，规范管理，接受监督，将其转变为正规的、合法的民间金融组织。总之，民间金融不仅能优化融资结构，为中小企业融资另辟蹊径，还可以减轻中小企业对银行的信贷压力，转移与分散银行的信贷风险。对于民间金融的现状和发展前景，我们应正确认识，尊重民间金融，客观认识民间金融，加强对民间金融的引导和管理，趋利避害，促进其健康发展。

第三章　民间金融中的民间借贷版块分析

第一节　民间借贷的作用

随着我国社会主义市场经济的不断发展，民间借贷游离于我国现行金融体制之外，以惊人的速度日益壮大。它犹如一把“双刃剑”，一方面作为正规金融的有益补充，满足了多层次的市场资金需求，对我国的经济发展及金融体制改革起到了促进作用；另一方面，又由于立法、监管等方面的不完善，缺乏制度支撑，而给金融稳定和市场经济的平稳运行带来了潜在的危险。因此，应尽快通过立法规范引导我国民间借贷健康发展，发挥其特有优势，以推动我国金融法律制度的完善，从而进一步促进社会主义市场经济的可持续发展。①

一、民间借贷的概念和特点

民间借贷，是指自然人、法人、其他组织之间及其相互之间进行资金融通的行为。民间借贷具有以下特点：

（1）民间借贷是一种民事法律行为。借贷双方通过签订书面借贷协议或达成口头协议形成特定的债权债务关系，从而产生相应的权利和义务。债权债务关系是中国民事法律关系的重要组成部分，这种关系一旦形成便受法律的保护。

（2）民间借贷是出借人和借款人的合约行为。借贷双方是否形成借贷关系以及借贷数额、借贷标的、借贷期限等取决于借贷双方的书面或口头协议。只要协议内容合法，都是允许的，受到法律的保护。

（3）民间借贷关系成立的前提是借贷物的实际交付。借贷双方间是否形成借贷关系，除对借款标的、数额、偿还期限等内容意思表示一致外，还要求出借人

① 傅为群．近代民间金融图志 [M]. 上海：上海书店出版社，2007.

将货币或其他有价证券交付给借款人，这样借贷关系才算正式成立。

（4）民间借贷的标的物必须是属于出借人个人所有或拥有支配权的财产，不属于出借人或出借人没有支配权的财产形成的借贷关系无效，不受法律的保护。

（5）民间借贷可以有偿，也可以无偿，是否有偿由借贷双方约定。只有事先在书面或口头协议中约定有偿的，出借人才能要求借款人在还本时支付利息。

（6）民间借贷具有灵活、方便、利高、融资快等优点，运用市场机制手段，融通各方面资金为发展商品经济服务，满足着生产和流通对资金的需求。

（7）民间借贷出于自愿，借贷双方较为熟悉，信用程度较高，对社会游资有较大吸引力，可吸收大量社会闲置资金，充分发挥资金之效用；且其利率杠杆灵敏度高，随行就市，灵活浮动，资金滞留现象少，借贷手续简便，减去了诸多中间环节，提高了资金使用率。这在目前我国资金短缺的情况下，无疑是一个有效的集资途径。

二、民间借贷的主体

最高人民法院《关于审理民间借贷案件适用法律若干问题的规定》（以下简称《民间借贷规定》）第一条第一款规定："本规定所称的民间借贷，是指自然人、法人、其他组织之间及其相互之间进行资金融通的行为。"

自然人是指在自然状态下出生的人。法人是指具有民事权利能力和民事行为能力，依法独立享有民事权利和承担民事义务的组织。其他组织是指合法成立、有一定的组织机构和财产，但又不具备法人资格的组织，主要包括：依法登记领取营业执照的私营独资企业、合伙组织；依法登记领取营业执照的合伙型联营企业；依法登记领取我国营业执照的中外合作经营企业、外资企业；经民政部门核准登记领取社会团体登记证的社会团体，法人依法设立并领取营业执照的分支机构；中国人民银行、各专业银行设在各地的分支机构，中国人民保险公司设在各地的分支机构；经核准登记领取营业执照的乡镇、街道、村办企业以及符合本条规定条件的其他组织。

三、民间借贷对经济发展的积极性作用

（一）民间借贷打破了垄断，使得竞争氛围形成

民间借贷可以将大量的资金加以吸收，这是对银行存款的一种分流，直接能

够挑战正规金融单位。然而与此同时，民间借贷引入金融竞争制度，这对正规金融单位增强信贷营销力度、搞好服务、改革经营手段以及增强自身的竞争优势是非常有帮助的。在市场竞争当中，民间借贷是一个重要的参与者，能够产生代替正规金融单位的一种效应，使得金融单位面临巨大的压力，不得不对自身的不足与问题进行反思，实施体制上的创新，从而获得更好的发展。

（二）民间借贷促进了市场化利率的形成

民间借贷利息率的特点是随行就市，因用途而异，因人而异，以及因地而异。比如在经济不发达的地方具有比较高的利息率，而在经济发达的地方具有比较低的利息率。与此同时，信用额度比较高的借贷主体具有比较低的利息率，因而能够比较容易地获取贷款。在某种意义上，民间借贷的利息率是民间闲置资金使用成本与供求关系的一种表现，它是接近于市场真实利息率的，这对形成市场均衡利息率是非常有帮助的。与此同时，民间借贷具有市场化利息率、快捷和方便的优势，这为银行单位提高服务水平提供了借鉴与参考。

（三）民间借贷优化配置了民间资金

民营经济与地方经济发展存在的主要问题就是资金供应不够充足。在某种意义上，民间借贷实现了非公有制经济的发展对资金的要求，这是正规金融所不能够实现的。改革开放以后，我国的非公有制经济因为受到金融结构失衡的影响，金融限制是非常严格的，不少的中小企业和私营个体经济缺少充足的资金支持，仅仅可以凭借民间借贷来获得资金。民营中小企业具有举足轻重的地位，然而，中小企业的发展却充满了困难，其中阻碍中小企业稳定、健康发展的一个重要问题就是融资难。在由银行主渠道难以获取资金和银根缩紧的前提条件之下，资金危机是大部分企业都存在的问题。鉴于此，个人与不少企业实施融资的一种主要方式就是民间借贷，尤其是针对一部分不具有向银行贷款资格的企业。这样，民间资金在民间借贷的影响下，能够快捷和方便地筹集资金，这使得资金的使用效率大大地提高，经济发展的空间也得以扩大。在一定程度上讲，民间借贷是正规借贷的有益补充。

四、民间借贷的市场现状

（一）民间借贷的总量变化

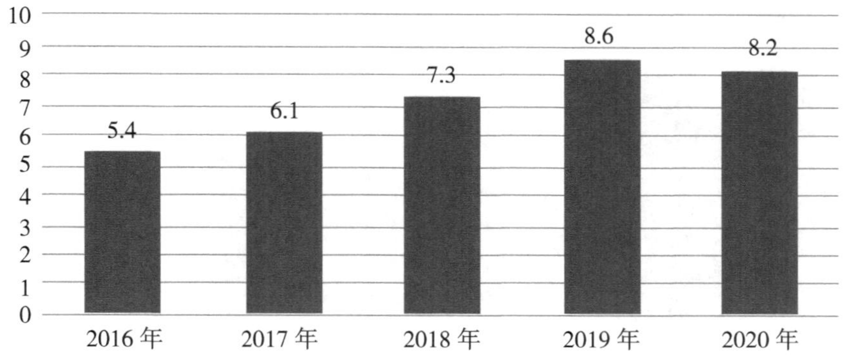

图 3–1 民间借贷总量（万亿元）

如图 3–1 所示，2016、2017、2018、2019、2020 年我国民间借贷的总量约是 5.4 万亿元、6.1 万亿元、7.3 万亿元、8.6 万亿元、8.2 万亿元，排除新冠肺炎疫情影响，可见其规模逐年增大，其中 2017 年的总量就约占银行贷款总量的 10%~20%。逐年增大的民间借贷贷款额基数会导致民间借贷的整体风险上升，为国家的管理带来难度。

（二）民间借贷形式分布

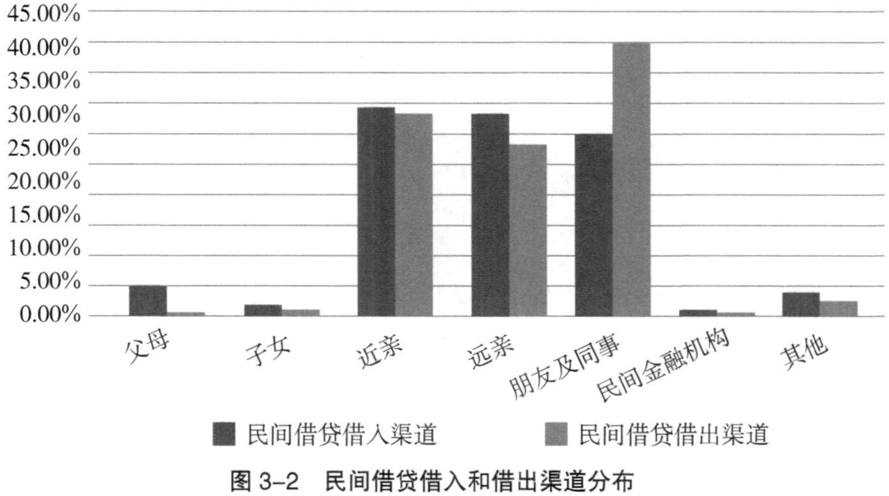

图 3–2 民间借贷借入和借出渠道分布

通过图 3–2 可以看出，民间借贷的借入渠道主要为亲戚、朋友以及同事，占比高达 80%。这是我国人情社会现状下的一个正常现象，但是这样的现象容易导致因相关手续粗糙而使借贷风险上升，坏账率远超金融机构。一旦出现问题，还容易引发经济纠纷、暴力事件、赌博等违法犯罪行为，危害社会安全。

（三）民间借贷的投资用途

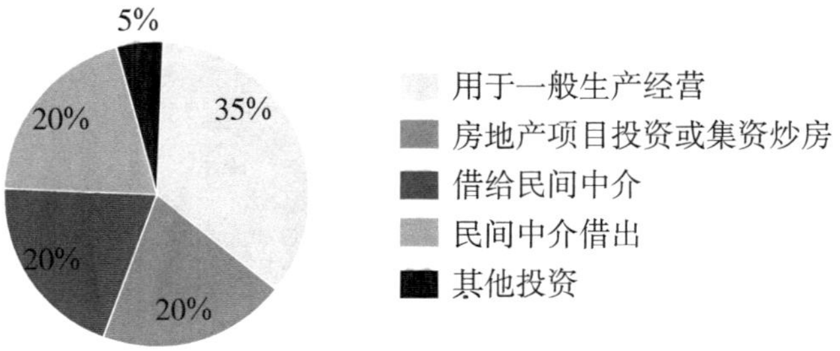

图 3-3　民间借贷投资用途分布

由图 3-3 可知，民间借贷的投资用途主要为一般生产经营，但是其余各模块的比重也较高，且分布均匀，说明我国民间借贷的投资用途呈现多元化发展，较为稳定。

（四）民间借贷的家庭用途

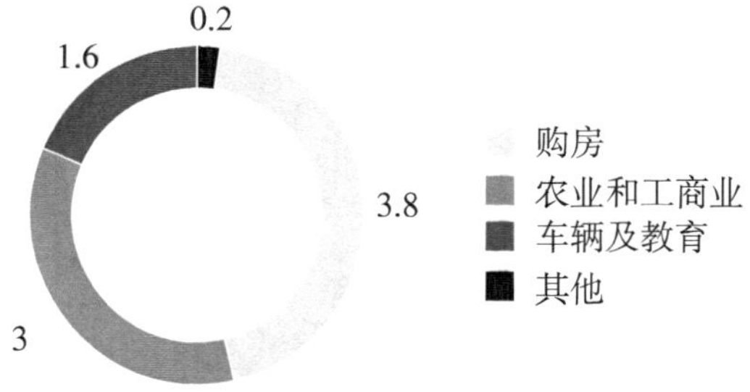

图 3-4　民间借贷的家庭用途

根据西南财经大学中国家庭金融调查与研究中心日前发布的《银行与家庭金融行为》调查结果显示，我国民间借贷参与率高，截至 2019 年，有 33.5% 的家庭参与了民间借贷活动，借贷总额达 8.6 万亿元，用途分布如图 3-4 所示。这样的数据结果说明我国的银行金融服务远远没有跟上家庭的需求，从银行获得贷款的难度大，所以才会有 1/3 的资金都是通过民间借贷渠道获得。

五、民间借贷的法律现状

（一）中国民间借贷案件数量变化

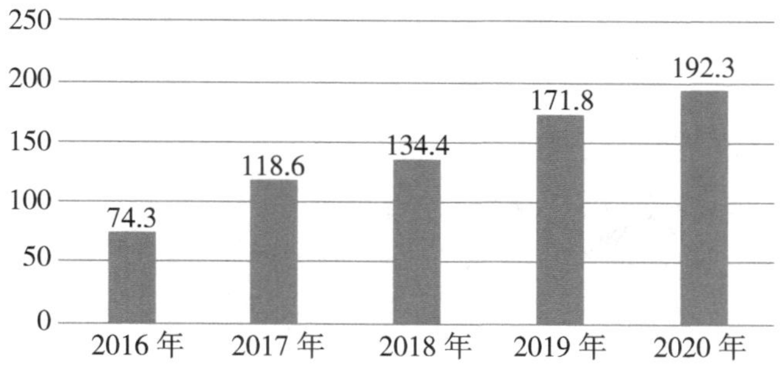

图 3–5　当年裁判的民间借贷案件数量（万件）

根据中国裁判文书网的公开数据，全国人民法院共裁判涉及民间借贷的一审民事诉讼案件占当期全部一审民事诉讼案件的 15% 以上。从历年裁判案件数量看，民间借贷案件呈现逐年上升趋势，当年裁判的案件数量从 2016 年的 74.3 万件增长到 2020 年的 192.3 万件，年均增幅高达 20.9%，远高于贷款总额 8% 的年增长率，说明我国民间借贷的早期预防制度不够完善，集中体现在中国公民的契约精神薄弱，法律常识稀缺，预防意识淡薄。

（二）民间借贷案件标的分布

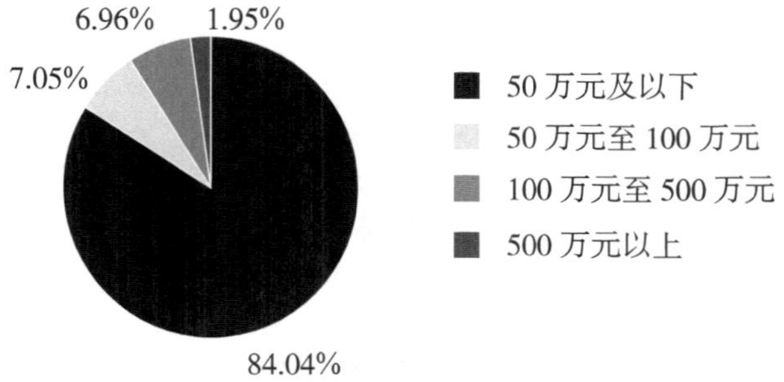

图 3–6　民间借贷案件标的分布

（三）民间借贷裁决的现状

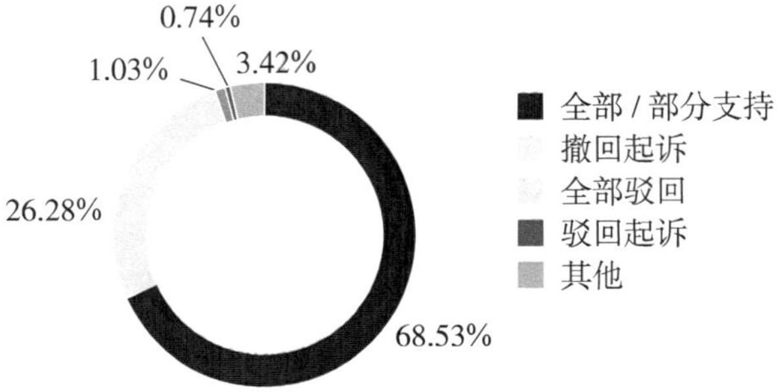

图 3-7　民间借贷裁决的现状

由图 3-7 可以看出，有高达 26.28% 的案件选择了撤诉，说明了司法对民间借贷赖账的震慑作用。但同时也有部分被驳回，原因主要集中在证据不足或者无证据、相关的法律诉求不够明确等。

（四）民间借贷虚假诉讼现状

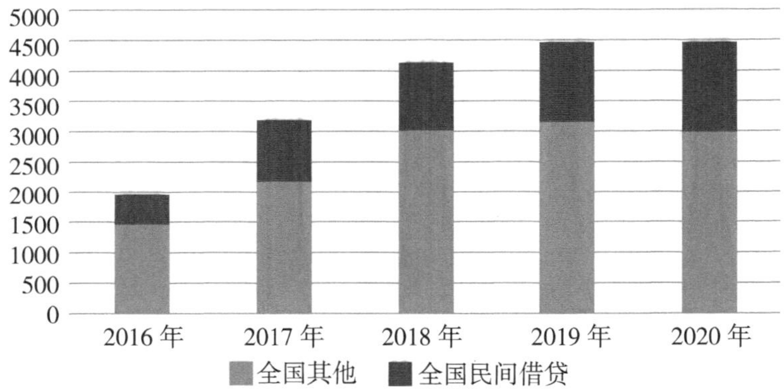

图 3-8　近五年全国虚假诉讼案件（件）

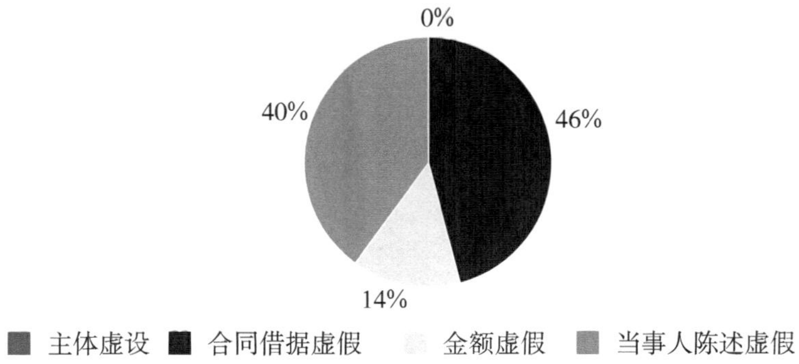

图 3-9　全国虚假诉讼情形分布

结合图 3-8 与图 3-9 的数据可以看出，2016 年以来，民事审判领域中的虚假诉讼案件呈现多发态势，数量逐年递增，其中民间借贷是重灾区。在这之中又以合同借据虚假为虚假诉讼发生最多的情形，间接反映我国民间借贷契约精神的淡薄。

（五）电子证据的有效性

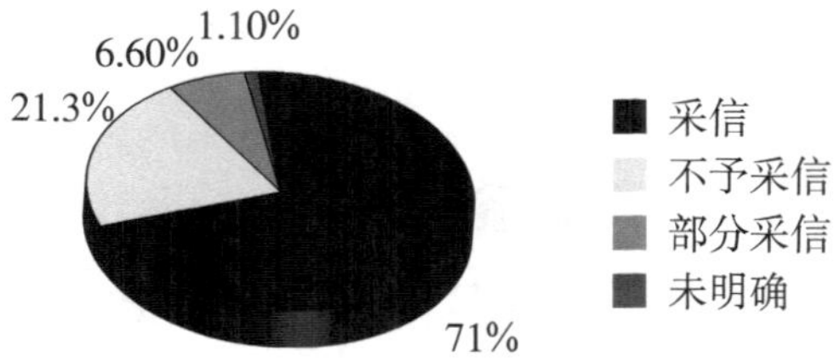

图 3-10　样本案例电子证据采信情况

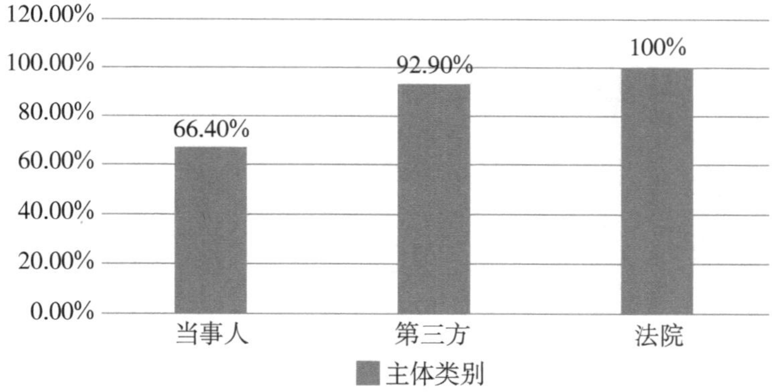

图 3-11　不同主体收集电子证据的采信情况

由图 3-10 可以看出，我国司法对于电子证据的采信程度较高，占全部案例的 71%，但是也可以看到有 21.3% 的电子证据不被采信。结合图 3-11 可以看出，当事人签署的无第三方担保的电子证据采信率显著低于第三方电子凭证以及法院电子凭证，说明了第三方电子凭证签署平台在司法认定中的可靠性以及有效性。

第二节　民间借贷的风险

民借贷是历史上的一个固化体，在中国传统社会，按照资本源不同，有官方和民间两种类型。前者的资金来源于政府或具有官方背景的金融机构提供，后者则是民间资本用于放贷。

民间借贷行为因其资金流动大、通过门槛低、承受风险高、支持范围广等特征，在中小微企业实际运作过程中起到了重要的资金支持作用。而民间借贷又是中国近代金融史上不可抹去的部分，因此也引起社会学家、经济学家、政治学家的密切关注。2020 年 8 月 20 日，最高人民法院再次发布了关于审理民间信贷案件的一系列规定，民间贷款行为更进一步得到重视。①

一、我国民间借贷市场存在风险的现状

货币政策严重影响民间借贷市场走势。在货币紧缩政策下，存款准备金率上升，银行信贷量降低，中小企业无法从银行取得足够的贷款，从而导致民间借贷市场火爆，民间借贷利率节节攀升。改革开放以来，我国银行体系信贷资金的配置一直属于“体制内企业”的资金配置，过度地将资金投入到国有企业、大型民营企业，然而从民间借贷的主体上可以看出，多数为实体经济的中小企业和房地产企业，还有一部分从事农业生产和自营工商业的微型企业。这些民营企业风险波动性大，且不具有银行授信资格，只能以民间借贷作为主要的融资方式。而高息负债虽然能解个别企业的燃眉之急，但沉重的负担带来的效果是有限的，当企业面临到期债务无法偿还，继而又借新的债务还上旧债或者选择“外逃”的方式躲避债务，这样的恶性循环严重影响了企业的正常健康运行发展。

近年民间借贷纠纷案件量呈递增趋势，且涉案金额总量巨大，涉案主体多样化从传统的多位亲友、同事、同学关系的自然人为主体转变为以个体工商户公司（法人）等中小微型企业为主体，并且个别担保公司、投资公司以及私人钱庄都纷纷加入放贷业务中，涉及人员广泛，范围渗入到社会的各个层面。借款周期多

① 高坤，范茹 . 浅谈金融监管的有效性 [J]. 商讯，2020(25)：76-77.

为短期，利率标准高低不等。从正常生活消费借款转向商业性较强的生产经营企业间借款，其中不乏以不法行为为目的的借款借款，而合同缺乏合法有效的条款。在民间借贷纠纷案诉讼前调解因被告多债台高筑、无力偿还，且被告不出庭应诉的现象较为普遍，不但延长了案件处理的时间，也降低了调撤率，使得案件调撤率仅在 40% 左右，较民事案件 70% 的调撤率明显偏低，案件执行过程中阻力大。

二、民间借贷是否可靠

民间借贷，是指公民之间、公民与法人之间、公民与其他组织之间的借贷。狭义的民间借贷是指公民之间依照约定进行货币或其他有价证券借贷的一种民事法律行为；广义的民间借贷除上述内容外，还包括公民与法人之间以及公民与其他组织之间的货币或有价证券的借贷。本文主要基于广义层面来探讨民间借贷问题。

民间借贷只要双方当事人意见表示真实即可认定有效，因借贷产生的抵押相应有效，但利率不得超过人民银行规定的相关利率。民间借贷是一种直接融资渠道，银行借贷则是一种间接融资渠道。民间借贷是民间资本的一种投资渠道，是民间金融的一种形式。自 2003 年以来，国家逐步放开了民间小额信贷的限制，并制定了一系列扶持政策，民间信贷产业得以快速发展。但不管是什么形式的借贷方式，都要严格遵守国家关于民间借贷的法律法规，尤其注意以下几点。

（1）借贷要合法，要知道借款人的借款目的，如果是用于吸毒或者赌博等，要坚决回绝，因为借款给这样的人不但无法保证资金是否能够收回，同时也不会受到国家的法律保护。

（2）利率应符合国家的规定。关于民间借贷的利率，借贷双方可以在国家规定的基础上协商。如果借贷的金额很庞大的话，借款人还得提供有效的担保抵押，办理担保手续，这样可以降低出借人的资金风险。

（3）民间借贷生成之后，出借人要及时催收资金。我国的法律也有规定，这种民间借贷的保护年限为 2 年，但超过 2 年的时候，出借人的这种合法权利很难受到保护，从而给出借人造成很大的损失。所以作为出借人，要在时效内经常的催收资金的借款，争取让借款人早日还款，保证资金快速回笼，从而避免很多不必要的麻烦。

（4）民间借贷是否需要收取利息或附加费用，需由借贷双方约定。只有事先在书面或口头协议中约定有偿的，出借人才能要求借款人在还本时支付利息。根据《中华人民共和国合同法》（以下简称《合同法》）第二百一十一条规定："自然人之间的借款合同约定支付利息的，借款的利率不得违反国家有关限制借款利率的规定。”同时根据最高人民法院《关于人民法院审理借贷案件的若干意见》的有关规定：“民间借贷的利率可以适当高于银行的利率，但最高不得超过银行同类贷款利率的 4 倍。” 有关民间借贷的规定还分散在《合同法》和最高人民法院 1991 年和 1999 年的两个司法解释中。在《合同法》中，借款合同作为一种民事合同被集中归入在第十二章中。其中，第一百九十六条规定：“借款合同是指借款人向贷款人借款，到期返还借款并支付利息的合同。” 第二百一十条规定：“自然人之间的借贷合同，自贷款人提供贷款时生效。” 第二百一十一条规定：“自然人之间的借款合同对支付利息没有约定或者约定不明的，视为不支付利息，自然人之间的借款合同约定支付利息的，借款的利率不得违反国家有关限制利率的规定。” 很明显，《合同法》对民间借贷合同是采取区别对待的，主要表现在借款主体和无息推定原则上。最高人民法院于 1991 年 8 月 13 日下发了《关于人民法院审理借贷案件的若干意见》（以下简称《意见》）。该《意见》可以说是人民法院在审理借贷案件过程中的一个最具直接意义的指导性文件，旗帜鲜明地承认民间借贷的存在与发展并且持积极支持的态度。从《意见》整个内容来看，尽管其中个别条款同样可以适用于金融机构的借贷纠纷，但所有条款都充满了一种专门针对民间借贷而为的精神。《意见》认为，其一，民间借贷法律关系主体的一方总是公民，民间借贷不可能离开公民一方面而存在；其二，公民之间的借贷纠纷、公民与法人之间的借贷纠纷以及公民与其他组织之间的借贷纠纷，应作为借贷案件来处理。后来，鉴于实践中公民与企业的借贷行为的效力认定混乱，最高人民法院于 1999 年制定了相关的批复，即《关于如何确认公民与企业之间借贷行为效力问题的答复》。该批复规定：“公民与非金融企业之间的借贷，属于民间借贷。只要双方当事人意思表示真实即可认定，从而将公民与企业之间借贷行为的含义进一步明确化。” 根据该批复，民间借贷可以理解为公民之间及公民与法人和其他组织之间的借贷。

对于民间借贷的利息，法律并无强制要求，有偿或无偿由双方约定。如当事人对利息有约定的，借款人应按约定支付利息；如当事人对利息没有约定或约定不明确的，视为不支付利息。因此，贷款人要想收取利息，必须对利息作出明确的约定，否则，按无息处理。即使是无息借贷，借款人逾期不还款，贷款人有权要求偿付逾期利息；或不定期无息借贷经催讨不还，贷款人要求偿付催后利息的，可参照银行同类贷款利率计息。

三、民间借贷易引发非法集资类犯罪

非法集资是指行为人以非法占有他人财产为主观目的，采用诈骗方法进行非法集资，且数额较大的行为。近几年，各地由于民间借贷而引发的恶性事件愈演愈烈，例如，孙大午非法吸收公众存款案、浙江省吴英集资诈骗案等。我国《刑法》对非法集资类犯罪的惩罚力度比较大，具体涉及四个罪名，分别是非法吸收公众存款罪，集资诈骗罪，欺诈发行股票、债券罪和擅自发行股票、公司、企业债券罪。这里将重点分析前两项罪名，即非法吸收公众存款罪和集资诈骗罪。

（一）非法吸收公众存款罪

现实生活中，许多企业因为不当、不规范的民间借贷行为常常触犯“非法吸收公众存款罪”，并因此受到刑事处罚。我国《刑法》第一百七十六条规定了非法吸收公众存款或者变相吸收公众存款，扰乱金融秩序的，构成非法吸收公众存款罪，并对此罪规定了比较重的刑罚。触犯非法吸收公众存款罪的大致有两种行为：一种是借款方不清楚法律法规的具体规定，难以区分何为合法、何为非法；另一种是行为人浑水摸鱼，妄图给非法借贷活动披上合法外衣。前者以不懂法为由为自己开脱，认为自己的行为是合法的民间借贷行为；后者心存侥幸，试图成为漏网之鱼。究其原因，很大程度上是由于《刑法》对该罪的规定过于简单、不明确，导致该罪极易和合法的民间借贷相混淆。

如何区分合法民间借贷行为和非法吸收公众存款罪，将成为规范民间借贷活动的重中之重。在司法操作中，二者之间的“度”很难把握。究其根源，很大程度上是因为现行法律规定的不完善，比如在认定非法吸收公众存款罪时，比较少的考虑犯罪嫌疑人的筹款用途和实际的社会危害性。“孙大午非法吸收公众存款案”正是相关法律不完善的一个有力体现：河北省徐水县（今徐水区）人民检察院以非法吸收公众存款罪对河北大午农牧集团有限公司（以下简称“大午公司”）及孙大午提起公诉，根据《刑法》第一百七十六条规定，法院当庭作出一审判决：判处大午公司及孙大午本人非法吸收公众存款罪。大午公司在辩论中则认为，其吸收的资金并未用于非法用途，而是用于该公司的生产经营以及教育事业。大午公司吸纳资金的行为不仅没有社会危害，反而增加了社会财富，解决了当地1500多人的就业问题，带动了该地其他产业的发展。据此，有不少理论界人士曾公开为孙大午一案喊冤。正如孙大午案的律师所称，《刑法》第一百七十六条没有对非法吸收公众存款的行为进行清楚的界定，相关的法律法规也未能明确区分该犯罪行为与合法的民间借贷的界限，认定非法吸收公众存款罪，不应教条地套用法条，还应结合筹款用途和社会危害而定。

（二）集资诈骗罪

一般的民间借贷只要借款方按约偿还了借款，且利率不违反法律的禁止性规定，就视为合法的民间借贷；一旦没有按约履行借款，除了上文所述的非法吸收公众存款罪，还极易涉嫌集资诈骗罪。

集资诈骗罪有四个基本构成要件：第一是以非法占有为目的；第二是使用诈骗方法；第三是非法集资；第四是数额较大。其中第一点“以非法占有为目的”的争议最大。这里认为“以非法占有为目的”作为非法集资类犯罪的构成要件欠妥。什么行为属于“以非法占有为目的”？本要件历来是学界争论的焦点。“目的”存在于人的内心世界，外界很难客观去评判。“以非法占有为目的”往往存在于人的主观世界，很难直接判定，只能通过事后的、间接的证据来对事前的心理状态进行推定。在具体的司法案件中，要是借款人起初有偿还的主观目的，但到期后又无力偿还，这时如果机械地将事后的无偿还能力视为事前的“以非法占有为目的”就有些牵强，法官若要认定犯罪嫌疑人符合上述主观要件，也非易事。

四、民间借贷易引发高利贷

民间借贷本身是民间资金融通的一种方式，其利率偏高的现象被俗称为“高利贷”，该现象不同程度地存在于我国各个历史时期。高利贷，顾名思义，是指高额利息的借款，最为常见的是所谓“驴打滚”“羊羔息”，以极其严厉的复利计算形式而为大众所熟知。放高利贷者都是资金比较充裕的人群，有专门的民间放贷机构，也有家境殷实的个人，黑社会组织也经常会参与其中，甚至有一些公务员也利用其灰色收入来放贷。

中国人民银行下发的《关于取缔地下钱庄及打击高利贷行为的通知》第二条对借贷的利率也有类似规定和限制，并且对何为高利贷行为进行了界定，具体规定为：“民间个人借贷利率由借款双方协商确定，但双方协商的利率不得超过中国人民银行公布的金融机构同期、同档次贷款利率（不含浮动）的 4 倍。超过以上标准，应界定为高利贷行为。”我国现有的法律规范并未对超过规定利率的行为设定合理的惩罚措施，这就导致在民间借贷中高利贷现象严重泛滥，也对我国的金融秩序构成了潜在的威胁。

五、民间借贷对经济发展的消极性作用

（一）民间借贷具有随意性与自发性的特点，能够减弱我国的宏观调控能力

由于我国民间借贷的迅猛发展，在正规的金融体系当中，日益增多的资金分流出来，因此从某种意义上来讲，这不利于我国宏观经济策略的实施，使得我国的宏观调控变得比较困难。从理论上来讲，非正规金融与正规金融的和就是国家的金融总量，因此在民间借贷与正规金融间，资金的配置是此消彼长的。倘若在民间借贷市场流入过多的资金，那么就会直接冲击到我国的正规金融单位，且能够对地方经济金融与宏观经济金融运行状态的判断产生不利的影响，进而使得我国的货币政策难以达到理想的效果，最终减弱我国的宏观调控能力。

（二）导致债务上的纠纷

因为绝大多数的民间借贷是发生在亲戚朋友间的，很多人未能够引起重视，在不了解信息的基础下，只是凭借着所谓的信任，缺少相应的法规与一定的管理作为支持，具有不可靠性、不规范性和盲目性。在不断扩大的当事人的影响下，规模变大，违约率明显升高，导致信用上的风险。在民间借贷当中，有些是未签订合同的，尽管也有签订合同的，可是规定不清晰，仅仅依靠口头协商和打借条的形式。以及不了解民间借贷的利息率能够比银行的利息率高，然而需要保持在相同贷款利息率的 4 倍以内，对于超过部分的利息不实施保护的相关法规，未能够在有效的期限之内主张债务，容易导致债务上的纠纷。

（三）导致企业出财务危机

由于民间借贷的成本较高，针对企业而言就是“饮鸩止渴”，尽管能够解决当时的资金问题，可是由于企业的资金成本率要远远地超过资金的利润率，由投入企业的资金再到退出，如此实现资金的循环。企业所增值的那一部分跟企业所支出的比较高的利息是没法相提并论的，这会导致企业出现财务风险。在企业不能够以其他的形式获取资金的前提下，仅仅能够再次以民间借贷的形式筹集资金来还清负债，这就使得企业资金的恶性循环形成，财务风险进一步加剧，从而使得企业的资金链断链，到最后就可能发生 2011 年温州企业老板“跑路”的情况。由于民间借贷的回报是比较高的，一部分企业的老板不再经办实业，而是去搞投机、炒楼、放高利

贷，从而使得“空心化”的企业形成，这不利于社会经济的稳定和健康发展。

（四）金融秩序混乱

在民间借贷不良发展的影响下，它的规模也日益变大，逐步形成了一种灰色的金融体系，这跟正规金融是不一样的。在我国调整信贷规模与货币政策的影响下，中小企业的资金主要是来源于民间借贷，这使得地方金融的“二元结构”得以形成，从而不利于建设与平衡金融生态。除此之外，由于我国调整了产业政策，金融单位限制了产能过剩企业的信贷，为了求得生存和发展，这一部分企业就仅仅可以通过民间借贷吸收资金。这就以不正规的方式使社会资金流入本来需要淘汰的企业，进而不能够有效地控制闲置资金，较难监控放款的流向，导致所谓的“体外循环”，对发展社会经济与调整经济结构是不利的，也不利于我国信贷政策在金融单位的实施。与此同时。在比较活跃的民间借贷的影响下，在民间市场转入了大量的银行存款，银行较难吸收资金，会难以避免地出现实物补贴和高息揽储等一系列不良竞争，长此以往，可能导致金融秩序的混乱，对宏观金融的稳定造成不良的影响。

民间借贷是具有两面性的：一是民间借贷大大地推动了农业经济与民营经济的发展；二是民间借贷是缺少有关外部约束的，直接能够冲击着正规的金融单位，不利于我国实施宏观调控。为此，我们一定要明确民间借贷的积极性作用和消极性作用，在国家的金融体系当中通过法律的形式加以明确，积极地规范与引导，使得消极性的作用日益消除，最终促进社会经济的可持续发展。

第三节　民间借贷市场运行的主要问题

一、民间借贷市场的概况

经历了 50 多年的改革、发展、探索，我国的农村金融体系在与“三农”经济发展的互动下，可把我国农村金融体系分为正规金融体系和非正规金融体系两个部分。其中非正规金融体系在目前还占据着主要位置，常以多种民间融资形式构成，民间借贷作为民间金融的主要形式之一，它的发展对于农村经济来说具有不可替代的作用。[①]

（一）民间借贷市场的概念及产生的背景

民间借贷融资是一种直接融资渠道，是民间资本的一种投资渠道。20 世纪 80 年代，在农村实行的以家庭联产承包责任制为主的经济体制改革中，农户替代集体成为独立的财产所有者或生产经营者，农民的生产积极性大大提高，农村经济快速发展，农村的金融需求旺盛，但是农村的正规金融体系却没有得到相应的发展，这为农村民间借贷市场的发展提供了空间。

国家对金融的垄断控制是我国民间借贷产生的基本制度性原因。所有制形式多元化孕育出一批新的资金需求主体，是民间借贷行为产生的直接原因。从供给的角度来看，民间的资金供给能力的增强及其越来越明显的趋利性，为民间借贷的生成和发展提供了动力。农村正规金融体系的缺位也为民间借贷的发展提供了发展空间。从农村经济主体的贷款需求特征来看，正规金融部门很难满足他们的贷款需求，而民间借贷因其具有灵活性等特点，能够满足农户贷款需求的季节性、临时性等特点，为农村的金融发展提供了重要的载体。

（二）农村非正式金融的需求

在利率管制下，实际利率高于均衡利率，如图 3-12 所示，S、D 分别代表信贷资金的供给和需求曲线，若不存在利率管制，两者相交决定的均衡利率为 I，而在利率管制下，实际利率为 I_1 低于 I，这时的资金需求量为 Q_D，资金供给量为 Q_S，资金短缺量为 Q_D-Q_S。在这种情况下，民间借贷的需求就很大。因此利率管制下的资金供求缺口需要非正式金融来弥补。

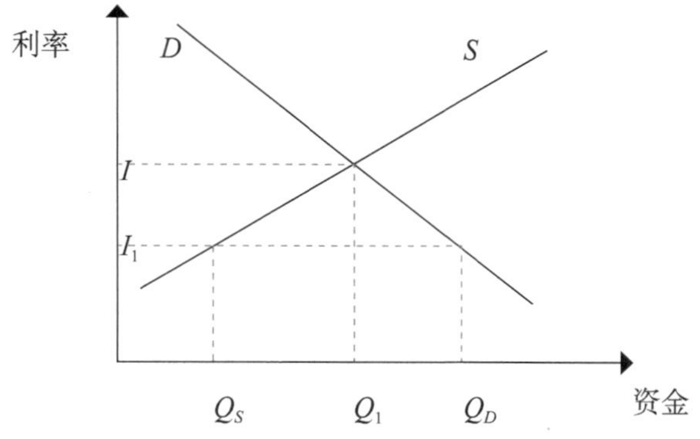

图 3-12　利率管制下信贷资金的供求曲线

① 葛晓萌．论金融审计与经济监管协作框架构建 [J]. 当代经济，2018(12)：122-123.

随着中国农村的城镇化、工业化以及农业产业化、现代化、科技化的发展趋势日益加快，在一些较为发达的农村地区，已经显现出了新的农村金融需求的多元化、规模化、有效性的发展趋势。

二、民间借贷市场的现状及问题

我国民间借贷日益发展壮大，在形式、规模上都较从前有较大的发展，主要表现在以下几个方面：

（一）民间借贷在形式上多种多样

民间借贷的形式主要有：私人间借贷、合会、合作性小额信贷、农民资金互助组等，借贷形式灵活、手续方便，可以很好地满足中小企业的需要。私人借贷出现了新变化，借贷金额扩大，生产性借贷增加，“友情借贷”减少，“资金价格”形成。民间融资增长快，融资规模巨大，融资主体多元化，但是也蕴藏着巨大的风险。

（二）民间借贷规模日益扩大

有资料显示，现在农村民间借贷规模已经超过了正规的信贷规模，而且每年以很快的速度增长。据国家统计局农调队的调查数据显示，农民从正规金融渠道获得的借款占全部借款渠道的比重不到 1/3，当前农户取得借款的主要渠道是民间私人贷款。据表 3–1 可知农户借贷资金的来源构成。

表 3–1　1995—1999 年农户借贷资金来源构成（%）

时间	1995	1996	1997	1998	1999
银行、信用社贷款	24.23	25.42	23.94	20.65	24.43
合作基金会贷款	5.52	3.46	2.91	3.42	3.48
私人借款	67.75	69.27	70.38	74.29	69.41
其他	2.50	1.86	2.78	1.64	2.68

根据全国农村固定观察点系统对 31 个省市自治区 2 万多名农户的跟踪调查显示，农户借款中，历年所占比例最高的都是私人贷款，民间借贷在农村中占据主要地位。

（三）民间借贷利率较高并且具有弹性

农村民间借款利率总水平高于银行同档次贷款利率，与此同时，民间借款利率又具有较大的弹性，具体每笔借贷的利率水平又与借款人的信誉、期限等因素密切相关。民间借贷利率弹性很好地反映了农村资金供求状况和民间借贷的风险性。

民间借贷凭借其自身的优势和农村中的具体情况，正在逐步发展壮大，而且不断创新。创新的民间融资方法——个人委托贷款。所谓个人委托贷款，即银行作中介，为民间贷款的双方牵线搭桥，由个人委托人提供基金，银行作为受托人，根据委托人确定的贷款对象、用途、金额、期限、利率等代为发放、监督使用并协助收回贷款的业务。个人委托贷款开辟了一条利用民间资本的渠道，对启动民间投资的积极作用显而易见，不仅能够解决中小企业的融资问题，还可以实现投资人、银行和地方政府的多赢。新型农村金融机构，尤其是民间金融机构，通过先进的经营理念和成熟的产品技术，提高了当地农村金融市场的竞争程度和运行效率，当地“三农”多层次、多元化的金融服务需求得到进一步满足，有效地提升了农村金融服务质量和水平。

三、民间借贷市场的规范和引导

农村非正规金融的产生与壮大，一方面弥补正规金融的不足，对农户融资、农村经济增长以及农村金融市场完善等方面起到积极作用；另一方面，它的存在又会扭曲国家宏观调控政策，扰乱金融及社会秩序。因此，应该对农村非正规金融发展进行有效的诱导和规范，正确认识农村民间金融的地位，针对不同形式的农村民间金融类型采取针对性措施，对条件成熟的农村民间金融组织适时地使其逐步正规化。

（一）对民间借贷市场的正确引导

由于民间借贷的产生与发展有着深刻的经济社会及历史文化背景，所以在其进行意识的规范过程中，要注意诱导和规范的基本原则。在长期的探索中，不断地累积经验，其基本规则可以归纳为以下几个原则：

1. 疏堵结合原则

对于我国的民间借贷而言，它的存在和发展有着深刻的历史根源，对其并不能简单地取缔了事，而是应该倡导“疏堵结合”原则，以扬其长避其短。所谓“疏”就是制定完备的法律和政策，对其经营基本原则作出明确规定；所谓“堵”就是堵住非正规金融活动的负面影响，严厉打击“黑色金融”，抑制纯属诈骗性质、扰乱经济金融秩序的非正规金融活动。

2. 区别处理原则

我国地域辽阔，更重要的是区域之间的社会经济发展水平差异很大，民间借贷市场在各个区域的经济地位和作用不同，担负的功能差异也比较大，同时，民间借贷市场并不是一个统一的市场，因此对其进行规范治理时，不能忽视本区域社会经济发展水平的差异，要结合当地的实际特征制定相应的疏导措施。

3. 正规金融与非正规金融并举原则

民间借贷产生和发展除了其自身所具备的制度优势外，还与农村正规金融制度设计上的不足有关,因此导致农村二元金融结构现象。民间借贷具有信息优势，利用灵活的激励约束机制确保较高还款率，但其资金规模有限，不能很好地满足农户信贷需求。所以，在对民间借贷市场进行诱导和规范的同时，也应该对正规金融制度进行调整，以更好地满足农户的借贷需求。

4. 监管与创新平衡原则

相对于正规金融来讲，民间借贷的经营透明度较低，金融监管的有效性较低，容易积累金融风险，因此民间借贷的发展应与金融有效监管同步进行。

（二）促进民间借贷市场发展的对策

民间借贷以其独特的优势弥补了农村正规金融机构的不足，对于促进地方经济的发展，解决个人、企业生产及其资金急需，弥补金融信贷机构的不足，缓解农村市场对资金的大量需求,加速社会资金流动和利用发挥了非常重要的作用。但是民间借贷自身所具有的缺陷，如组织自发性和盲目性特征明显，内部管理制度不规范，相应的风险管理与约束机制不健全等加大了运营风险，影响了其健康发展。因此，对规范民间借贷市场的健康发展就有重大的建设性意义。首先，应该放松管制，放松金融管制是农村金融制度供求均衡的基本前提。从外部条件看，民间借贷市场的产生和发展的基本诱因在于农村客观存在的资金供求矛盾；从改革的长期视角看，有效解决农户融资困境，应该放松农村金融市场的准入“门槛”，并且使这种“门槛”能适应本地区的经济社会等特征，发挥民间借贷的比较优势，让非正规农村金融浮出“地下”。其次，应该优化民间借贷市场发展的政策环境，非正规金融发展需要以市场规则进行运作，并要从金融政策方面为民间借贷创造市场环境。由于非正规金融经营范围和空间的有限性，相应的贷款风险不能在更大的空间得以转移和分散，所以从政策层面上要积极探索民间借贷风险的分散机制。

在政策设计上可以从借贷两方面来考虑，积极发展非正规金融活动的服务中介，发展非正规金融借贷行业协会，为借贷双方提供咨询和指导，加强民间借贷的行业自律管理和借贷机构自身管理；鼓励非正规金融组织按股份结成区域性借贷联盟，以增强实力和抗风险能力，并建立健全借贷联盟组织的各项规则和运作机制。

第四节　司法实践中民间借贷的主要问题

一、我国民间借贷监管法律制度的缺陷

（一）民间借贷的法律地位不明确

从我国民间借贷监管法律制度的规定可知，民间借贷既得不到法律的充分肯定，又没有被彻底打压。当中最重要的原因是，由始至终都没有正式出台《民间借贷法》或者是直接相关的法律法规，条款相对模糊，涉及面较窄，缺乏统一而完整的规定。由于民间借贷得不到有效监管，容易滋生非法融资、高利贷等问题，借贷双方的权益也无法得到足够有效的法律保障，同时也限制了民间借贷的健康发展。我国涉及民间借贷的法律条文分布较散，只是散见于《民法通则》《合同法》《公司法》《担保法》《证券法》《商业银行法》《刑法》和国务院《非法金融机构和非法金融业务活动取缔办法》等规范中，各个法律法规中与民间借贷相关的规范甚至出现矛盾。例如，最高人民法院《关于贯彻执行〈中华人民共和国民法通则〉若干问题的意见（试行）》第一百二十四条规定："借款双方因利率发生争议，如果约定不明，又不能证明的，可以比照银行同类贷款利率计息。"而《合同法》第二百一十一条规定："自然人之间的借款合同对支付利息没有约定或约定不明确的，视为不支付利息。"由此可以看出，这两条规定是有矛盾之处的，缺乏统一的科学性。①

（二）民间借贷的合同形式不规范

民间借贷发生时通常缺乏适用较为正规的借款合同。民间借贷具有程序简单、

① 管保臣，王华峰，杨海燕．民间金融研究 [M]. 郑州：郑州大学出版社，2017.

操作简便的特点，可以采用口头或者书面的形式订立合同，而民间借贷多发生在亲友之间，所以大部分民间借贷都采用了口头协议的形式。尽管有的采用了书面形式订立合同，但多数仅为借条、欠条之类的简单形式，而且格式各异、很不规范。民间借贷具有如此大的随意性，而进行民间借贷的公民通常风险意识比较淡薄，这种随意性与淡薄的风险意识相互作用，为借贷双方尤其是贷款方埋下了巨大的权益安全隐患：如果借贷双方都严格按照约定履行义务，这种随意性带来的就是方便；但是如果发生借贷纠纷，这种随意性所带来的不仅是取证困难，而且很容易造成贷款方彻底的损失。

（三）缺乏有效的民间借贷监管机制

早期国务院颁布了《非法金融机构和非法金融业务活动取缔办法》，规定民间借贷的监管主体以中国人民银行为主，地方政府为辅。后来于 2003 年实施的《银行业监督管理法》又规定，由银监会负责履行对民间借贷的监督管理职责，这就导致了央行与银监会在对民间金融组织进行监管的过程中产生冲突，监管主体职责范围不明晰，进而出现各个监管主体在履行职责中互相推诿或是争相监管的混乱局面。

另外，中国金融监管制度起步晚，而民间借贷处于正规的金融机构之外，相关金融监管机构凭借现有的监管手段，难以获得有关民间借贷真实有效的信息。为了维护国家正常的金融秩序，相关金融监管部门只能以事后加强管理的方法来达到监管目的。政府对民间借贷的严格管制使得民间借贷不仅得不到健康发展，而且还受到极大的抑制，名不正言不顺，进而可能导致畸形民间借贷。

二、我国民间借贷监管法律制度的完善

（一）完善针对民间借贷的专门立法

鉴于我国现行立法中有关民间借贷的法律法规过于零散，不但没有专门的法律法规对其进行调整，甚至连民间借贷的法律地位都是不明确的。笔者认为，要完善我国民间借贷的法律监管体系，当务之急应先以全国人民代表大会立法的形式尽快出台《民间借贷法》，或者与其直接相关的法律法规，如《民间融资法》等。

1. 明确民间借贷的合法地位

明确民间借贷的合法地位是完善我国民间借贷法律监管体系的最大前提，是

把民间借贷从灰色地带带到阳光之下的首要步骤。

2. 规范民间借贷的相关规定

最高人民法院于2015年8月6日发布《关于审理民间借贷案件适用法律若干问题的规定》，涉及民间借贷的诸多方面，主要有以下三大突破：一是在一定程度上认可了企业间借贷的合法性。《民间借贷规定》第十一条规定："法人之间、其他组织之间以及它们相互之间为生产、经营需要订立的民间借贷合同，除存在合同法第五十二条、本规定第十四条规定的情形外，当事人主张民间借贷合同有效的，人民法院应予支持。"这意味着企业之间为了生产经营需要而相互拆借的资金，自此有了司法保护。

最高人民法院于1991年颁布的《关于人民法院审理借贷案件的若干意见》对民间借贷主体的规定仅限于至少一方是公民（自然人），而对于企业与企业之间的借贷，按照中央人民银行1996年颁布的《贷款通则》和最高人民法院相关司法解释的规定，一般以违反国家金融监管秩序而被认定为无效。这一制度性规定在司法界被长期遵守。

多年来，企业为了规避企业间资金拆借无效的规定，多通过虚假交易、名义联营、企业高管以个人名义借贷等方式进行民间融资，导致企业财务风险大幅增加，民间借贷市场秩序受到破坏。而此次司法解释的这一规定对企业来说是重大利好，基于生产经营需要的、正当的企业间资金拆借自此可以公开地进行，不必在地下或绕道操作，降低了企业为规避法律所产生的成本。但同时，允许企业之间融资，绝不意味着对企业之间的借贷完全放开。作为生产经营型企业，不得以放贷为主要业务，否则必然会严重扰乱金融秩序，造成金融监管紊乱。为此，《民间借贷规定》专门对企业间借贷应当认定无效的其他情形作出了具体规定。

（二）规范了P2P等互联网新型民间借贷业态

近年来，随着互联网及其相关技术的发展，互联网金融在中国得到了迅速发展。P2P网络借贷更是出现井喷式发展，在一年之内由最初的几十家增长到几千家，不仅实现了数量上的增长，借贷种类和方式也得到扩张。

我国已经形成了有别于国外的P2P网贷模式，同时也产生了平台角色复杂、监管主体缺位、信用系统缺乏、法律规范缺失等新问题。为了更好地保护当事人的合法权益，进一步促进中国网络小额借贷资本市场良好发展，司法解释分别对

P2P 涉及居间和担保两个法律关系时，是否承担以及如何承担民事责任作出了规定。《民间借贷规定》第二十二条规定："借贷双方通过网络贷款平台形成借贷关系，网络贷款平台的提供者仅提供媒介服务，当事人请求其承担担保责任的，人民法院不予支持。网络贷款平台的提供者通过网页、广告或者其他媒介明示或者有其他证据证明其为借贷提供担保，出借人请求网络贷款平台的提供者承担担保责任的，人民法院应予支持。"

（三）民间借贷利率突破同期贷款利率 4 倍，最高不超过 36%

利率的规制是民间借贷的核心问题，也是此次司法解释的重要内容之一。对此《民间借贷规定》明确：借贷双方没有约定利息，或者自然人之间借贷对利息约定不明，出借人无权主张借款人支付借期内利息；借贷双方约定的利率未超过年利率 24%，出借人有权请求借款人按照约定的利率支付利息，但如果借贷双方约定的利率超过年利率 36%，则超过年利率 36% 部分的利息应当被认定无效，借款人有权请求出借人返还已支付的超过年利率 36% 部分的利息；预先在本金中扣除利息的，人民法院应当按照实际出借的金额认定为本金；除借贷双方另有约定的外，借款人可以提前偿还借款，并按照实际借款期间计算利息。这一规定远远突破了以往民间借贷利率不得超过同期银行贷款利率 4 倍的规定，是对 1991 年最高人民法院《关于人民法院审理借贷案件的若干意见》的重大修改。

上述规定中出现了两个数字 24% 和 36%，这就是所谓两区三限原则，即年利率的 24% 是民事法律应予保护的固定利率；24% ~ 36% 则作为一个自然债务区，如果要提起诉讼，要求法院保护，法院不会保护，但是如果当事人愿意自动履行，法院也不反对；超过 36% 则是无效区，在利率无效的情况下，是可以要求返还的。

（四）严格区分合法的民间借贷与违法犯罪的不同

例如，民间借贷与非法吸收公众存款：《刑法》对非法吸收公众存款罪并未规定其具体的构成要件，并且对非法吸收公众存款的概念也未作明确的界定，因此在司法实践中经常将民间借贷以非法吸收公众存款罪予以认定，这将抑制其发展，甚至会使民间借贷畸形发展，使法律欠缺其应有的可预测性。又如，民间借贷与非法集资罪：明确民间借贷与非法集资的判断标准，正当地区分民间借贷与非法集资行为对于减少经济性犯罪、保护社会主义市场经济、规范社会主义管理秩序具有重要的意义。

（五）制定专门有关民间借贷合同的法律

在实践中，之所以民间借贷纠纷频频发生，其中一个最大的原因就是民间借贷的合同要件问题。《合同法》第二百一十条规定："自然人之间的借款合同，自贷款人提供借款时生效。"这表明，民间借贷合同是实践合同，无论是以书面形式还是口头形式订立合同，其生效要件都是"提供借款"。尤其是自然人之间的民间借贷行为，多以口头形式订立合同，当发生纠纷时，双方当事人各执一词、举证困难，导致很多民间借贷纠纷案件解决不了。对此，《民间借贷规定》第九条规定：具有下列情形之一，可以视为具备合同法第二百一十条关于自然人之间借款合同的生效要件：（1）以现金支付的，自借款人收到借款时；（2）以银行转账、网上电子汇款或者通过网络贷款平台等形式支付的，自资金到达借款人账户时；（3）以票据交付的，自借款人依法取得票据权利时；（4）出借人将特定资金账户支配权授权给借款人的，自借款人取得对该账户实际支配权时；（5）出借人以与借款人约定的其他方式提供借款并实际履行完成时。

一方面，可以制定专门法律对民间借贷合同的样式按照规范程度进行等级划分，分为规范文本、一般文本、简单文本三级，以供借贷双方合意选择使用。简单文本至少包括借贷合同的主要条款，例如借贷的金额、还款日期及当事人的签字。对于主要条款不明确的，可视为可撤销合同，这样可以促使双方当事人正确履行义务，有效行使权利。而规范文本除了有上述主要条款以外，还应该有利率条款、违约条款、迟延履行条款、担保条款等。另一方面，也可以按照借贷金额的大小对借贷双方选择何种文本进行合理干涉，如借贷 1 万元人民币以下的可以使用简单文本，借贷 1 万 ~ 5 万元人民币应当使用一般文本或规范文本，借贷 5 万元人民币以上的应当使用规范文本。此外，政府应该加大对民间借贷的法律宣传工作，鼓励民间借贷双方当事人尽量采用具体的书面形式完善法律手续，从而培养公民的借贷法律意识以减少民间借贷纠纷，以便在诉讼过程中有更多有效证据来保护当事人的合法权益。

（六）建立多层次的监管体系

民间借贷属于金融体系的一部分，由于其在国民经济中的特殊地位，需要政府对其日常经营进行监管，在构建民间借贷监管体系时，应当注意以下几点：

（1）对于专门从事民间融资业务的企业，作为其中一方当事人的民间借贷，应该从立法途径制定严格的民间借贷准入制度。各地相关职能部门应该根据当地经济发展状况，制定与之相适应的民间借贷准入条件，从企业的组织形式、经营范围、最低注册资本、职员任职条件、组织机构和管理制度等方面予以设定，并必须提供相关材料，经过监管机构审批后方可成立。

（2）将民间借贷纳入现行金融监管体系中，由人民银行负责监管，银监会和行业协会予以辅助。经过多年来银行业的发展，银行账户几乎成为每一个公民的生活必需品。同理，民间借贷的交易活动也大多通过银行转账功能完成。因此，央行可以充分利用各个商业银行或其分支机构，对每一笔民间借贷业务进行详细记录和密切跟踪，从而构建一个覆盖全面、全国联网的民间借贷登记系统，将民间借贷纳入正规金融监管体系中。银监会应对接央行的民间借贷登记系统，一旦发现该笔民间借贷业务出现异常或涉嫌高利贷行为，立即联合有关职能部门进行查处，务求将高利贷扼杀在摇篮之中，切实担负起金融监管职责。此外，行业协会应广泛做好宣传工作，充分配合人民银行和银监会对民间借贷的监管。

（3）将征信体系辐射到个人投融资者身上，建立个人征信体系、信息共享机制和信息披露机制。民间借贷多发生在个人与个人之间，缺乏健全的个人征信体系，导致其局限于亲戚朋友之间，有碍民间借贷的发展。建立个人征信体系，便于贷款方对信用度较高的人群进行自主选择，同时还能约束借款方在借贷期末依约还款，形成一种良性循环。个人征信体系应该是一种社会公共资源，只要通过双方合意并提交相关申请材料，即可及时查询借款方的信用状况，提高民间借贷效率。此外，可以借鉴台湾地区农村民间金融监管的启示，坚持“适当监管与放松管制”理念。因为行政干预过强会导致民间借贷失去其高效率、低成本的优势，从而丧失其对解决公民生活经济困难或中小企业融资困难的巨大促进作用，所以加强民间借贷监管与适度放松管制应该探寻一个比较有效的平衡点。

三、民间借贷法律规制体系司法适用原则和方法总结

1999 年《合同法》借款合同一章，主要是以金融借款合同为蓝本，多条规定都可以体现这个特点。比如，对借款人提供业务活动和财务状况要求的规定、对借款人借款用途的规定、对贷款人检查和监督借款使用情况的规定，这些都是针对金融借款合同为蓝本来制定立法的。

因为《合同法》中对民间借贷涉及的较少，导致司法实践中金融借款合同主要

适用金融法，而民间借贷纠纷，主要适用《民间借贷规定》。但《民间借贷规定》仅是司法解释，没有上位法的支撑，难免会存在一些法律空白的地方。《民法典》分则借款合同一章最大的亮点在于明确提出了禁止高利放贷，以及严格利率限制这两个原则。一方面，对合法的民间借贷进行保护，另一方面，又对违法的民间借贷行为予以规制，确立了保护与规制并行的一个司法方向。在《民法典》颁布和实施之后，如何适用民间借贷法律规制体系，可能是我们司法实务亟须解决的一个问题。

谈到适用民间借贷法律规制体系适用的原则和方法，笔者认为，需要考虑三点原则和方法：

（一）保护与规制并行的司法适用方向

《民法典》第六百六十七条延续了原先借款合同的一个定义，对于合法的借贷以及相应的利息，国家是保护倾向，而《民法典》六百八十条第一款又确定了对于违法放贷的行为，对超出国家法定利率上限的行为是规制态度。司法实务应把握“保护与规制并行”的方向，认清法律关系的本质。

（二）严守利率红线

严守利率是一个非常重要的原则。关于民间借贷是否要设置利率上限，其实在理论界一直有争议。有的观点认为民间借贷资本市场自由化，利率不应该被限制，而有的观点认为，如果利率不进行限制的话，可能会存在一些市场失范的现象。实际上，从不同的国家和地区来看，大部分的国家和地区对最高利率都设置了一定的限制：我国《民法典》对最高利率进行了一定的限制，《民间借贷规定》和《民间借贷新规》设置了一年期 Ipr4 倍的利率上限，最高人民法院《关于依法妥善审理民间借贷案件的通知》中也强调了严守利率红线，《关于办理非法放贷刑事案件若干问题的意见》把年利率 36% 作为认定情节严重的一个条件，由上至下的法律都表达了我国对于严守利率红线的决心。

（三）要具有穿透性的审判思维

穿透性审判思维是最高人民法院专委刘贵祥提出的理念，他认为就是要在准确揭示交易模式的基础上，探究当事人的真实交易目的。笔者认为，在民间借贷司法实务当中，也应该树立穿透性的审判思维，对于一些当事人通过各种创新模式、各种利率规避形式违反法律规定的行为，要探究当事人的真实意思表示和交易目的，运用穿透性的审判思维，对民间借贷的司法适用作出准确的认定。

四、我国民间借贷市场的立法规范完善建议

金融体制和制度变革需要相关法律的进一步修改与完善，从而为促进实体经济的发展创造出规范良好的法治环境。

（一）加强借贷相关立法，完善民间借贷监管机制

立法部门应制定适合我国国情的专门的民间借贷法律法规和条例，维护民间借贷市场对我国经济发展的推动作用，明确规定民间借贷行为的方式，条件禁止内容包括贷款主体的资格、贷款额度、放贷金额来源、利率上限标准、担保及违法主体应承担的法律责任等具体内容。监管部门应明确区分营利性借款和生活消费性借款，根据法律规范实施管制政策，将民间金融置于依法监督之下；预防不法分子利用法律漏洞扰乱我国金融秩序，保障借贷主体的合法利益。政府可以增加结合产业政策和就业政策，促进其良好发展；出台责任追究制度，监管国家公职人员涉嫌高息转贷行为；加强行政监督、社会监督的管理机制警示，教育引导广大公职人员恪守职责严守法规。

（二）加强设定合理利息，确保签订有效借款合同

民间借贷利率的设定根据司法解释规定可以适当高于银行利率，但不得超出银行同类贷款利率的 4 倍。禁止将利息计入本金计算复利，超出额将不受法律保护。借款合同最普遍的方式是以书面形式记载借款金额、借款用途、借款时间、还款时间、还款方式、币种、利率及利率计算方法等明确条款，作为借贷双方当事人权利义务关系的最有力证据，双方一式两份，在发生借贷纠纷情况下，以确保双方的合法利益，同时签订抵押质押或保证合同。鉴于目前的电子技术的发展，电子证据也已经获得了法律上的认可并在民间借贷交易纠纷中广泛应用，如电话录音、短信、邮件等形式都可视为借款证据。制定合理的民间借贷利率，签订有效的借款合同是改善金融市场秩序的重要条件。

（三）加强抵押担保制度，降低借贷交易潜在风险

缺乏信用担保是中小微企业融资困难的重要因素，为了确保借款人在民间借贷交易中的债权能够更好地实现，加强抵押担保是重要环节。借款人可以预先评估贷款人的清偿能力从而设定不同的担保方式，明确生效要件、担保力度以及实

现方式来确保债权的运行。在民间借贷纠纷案件中，很少有设立抵押质押等物权担保的交易债权实现，严重缺乏保障，当债务不能偿还的情况下，会发生一系列连锁反应。加强抵押担保制度可以有效提升民间借贷市场的稳定性，降低潜在的交易风险成本。政府应着力支持和发展融资担保市场，建立再担保机制，提升融资担保的杠杆系数，通过财政拨款的方式成立中小微企业的信用担保基金，信用审批部门对符合要求的企业提供有效的担保证明。

（四）修改金融犯罪法条，维护借贷市场合法稳定

在我国民间借贷纠纷案件中，常常会出现将非法集资和民间借贷混淆的情况。我国针对非法集资主要刑法有"非法吸收公众存款罪"最高刑10年和"集资诈骗罪"最高刑死刑，"集资诈骗罪"需具有以非法占有为目的的破坏金融管理秩序的特征。同时我国涉及民间借贷的法律主要是《刑法》第一百七十六条的非法吸收公众存款罪与第一百七十九条的擅自发行股票、公司债券罪。我国《刑法》虽然规定非法吸收公众存款罪，但并未说明其具体构成要件，并且包括全国人大及其常委会最高人民法院、最高人民检察院对于非法吸收公众存款或变相吸收公众存款均未作出明确的规定和司法解释，因此对于公众存款的概念、非法吸收公众存款行为的犯罪要件以及犯罪的法定数额、经济损失等都应在立法上作出明确的规范，可以采取刑事责任、民事责任与行政责任共同协调定罪。

五、我国民间借贷的完善建议

（一）健全我国民间借贷的法律规制

民间借贷的合法地位要确立。我国的民间借贷市场的特点是具有自发性、非正规性和独立性。由于没有完善的法律体系，很多合理的民间借贷的行为法律身份不明确。我国民间借贷在很多方面是具有合理性的，在一定程度上促进了经济的发展；但民间借贷游离于金融监管体系之外，这样就导致了一些民间机构的资金规模和运行方式不够透明，民间借贷所具有的优越功能难以发挥有效作用。这种状况恰恰会产生反作用，我国调控政策的实施作用将会受到限制。首先，国家对民间借贷应给予规范和引导，对保护个人和社会的利益是必不可少的，并且也有利于保护借款人和放款人双方的利益。其次，制定民间借贷的特别性法规。我国民间借贷的相关法规的制定可以包括以下内容：一是明确民间借贷借款人和放

款人双方的权利义务和法律身份地位。二是创新监管制度。应该加快建设民间借贷相关的风险防御措施与征信体系，将民间借贷纳入金融宏观调控体系，使金融交易市场中的内在风险得到很好的防范，为我国的民间借贷交易市场提供稳定的保护。三是制定合理的民间借贷利率。民间借贷交易市场的利率要宽松，各地区的发展情况不同，以各地区的发展情况为依据，来确定民间借贷合理的利率范围。最后，完善我国民间借贷的法律法规制度。

目前，我国民间借贷存在较为普遍，并且呈现出融资规模逐渐扩大趋势，我国的民间借贷市场正处于不完善的发展阶段，因此，在法律制定的过程中，可以参考一些国家在民间借贷方面的立法经验，从而使我国的民间借贷得到规范，填补我国民间借贷交易市场发展的漏洞。与此同时，还应该增强相关配套措施的设置，以此促进民间借贷市场健康有序发展，明确借款人和放款人两方的权利和义务。

（二）建立健全民间借贷的相关配套措施

对我国的民间借贷市场的合理规制，不但要健全相关的监管制度和法规，而且还需要健全完善相关的配套措施，只有这样才能使合法的民间借贷交易活动安全、顺利地进行，发挥其在我国金融行业稳定健康发展方面的促进作用。

（三）建立和完善中小企业征信体系

需要将征信服务的范围扩大，将企业和个人也包括进来，实现资源共享，让民间借贷主体通过征信系统掌握对方的信用情况，将我国民间借贷交易市场的风险降到最低，使我国民间借贷交易市场稳定地发展。

（四）构建多层次的监管体系

我国金融市场风险的防范需要有完善的金融监管体制。只有建立良好的金融体制，才能够更好地发挥金融发展对我国经济发展的促进作用。由于民间借贷本身具有随意性和自发性，所以民间借贷活动给我国的金融市场带来很大的风险。一直以来，我国的监管体系主要是为正规的金融机构服务的，没有完善的民间借贷监管制度。为使我国民间借贷行为更加规范和完善，我国应该设置多层次的监管体系。首先，明确地方银监局的监管。中国人民银行和中国银保监会是我国的主要监管机构，但是由于我国各地的经济发展情况不同，因此监管难度较大，难以顾及基层的每个地方，这时地方监管局就起到了重要的作用。其次，重视行业协会的监督和引导作用。行业协会作为金融机构的一部分，应起到小河小溪汇聚大海的作用，协助地方监管局管理好当地金融。

（五）建立透明公开的民间借贷交易信息平台

首先，需要为我国民间借贷交易市场建立透明的交易信息平台，使合理的民间借贷活动得到保护和约束。现阶段，我国民间借贷的形式出现多样化趋势，逐渐增多的民间借贷交易形式出现在金融市场。民间借贷市场的主要风险是信息的不对称，我国民间借贷交易市场中的放款方，在取得借款方的贷款信息方面是相对于容易的。但是，民间借贷具有分散性的特点，在资金的长久跟踪和共享信息方面还存在较大难题，因此，我国需要创建民间借贷交易信息平台，以此来引导借款人和放款人通过该平台交流借贷供求双方的信息，使交易更好地达成。

民间借贷广泛地存在于经济发展中，它在地方经济发展中起着积极作用；但民间借贷本身存在着多种问题，借贷双方的交易风险较大。因此，健全民间借贷行为的相关法规是我国金融交易市场急需解决的问题，对民间借贷交易市场实际问题的解决、引导民间借贷交易市场稳定发展具有很重要的意义。

第四章 民间金融的运行机制分析

第一节 民间金融运行的控制机制

一、民间金融监管协调机制条件

（一）传统分业金融监管下存在民间金融监管空白

现阶段，我国采用的分业经营以及分业监管的金融监管体制为民间金融的发展提供了广阔的空间，进一步催生了民间影子银行的出现和运行。当前民间影子银行类型主要包括：一是以第三方理财机构以及网络金融公司为代表的没有金融牌照、完全没有监督的信用中介机构；二是以小额贷款公司以及融资性担保公司为代表的没有金融牌照、监管不足的信用中介机构；三是以资产证券化以及货币市场基金为代表的具有金融牌照、监管不足的金融业务。在对民间金融以及非传统金融业务采用传统的分业监管体制很容易出现金融监管空白，造成对于某些金融业务谁也管不了，谁也不想管的情况，同时在对某些金融业务进行监管的过程中，不同部门之间的协调难度大，监管成本较高。①

（二）对互联网金融监管力度不够

近些年，互联网金融在我国得到了快速的发展，基本上颠覆了传统的金融模式，促使银行、保险以及证券之间的界限更为模糊，甚至出现了混业经营的情况，造成传统的单一体系金融风险与系统性：金融风险融合在一起，加大了金融风险防范的难度。针对互联网金融的监管，我国也出台了一系列的法律法规以及规章办法，但是由于互联网金融发展过快，在一定程度上导致了我国互联网金融监管

① 郭向军．经济监管机构的法律地位 [M]. 北京：中国金融出版社，2013.

建设的相对滞后。就目前我国互联网金融监管效果来看，互联网金融缺乏有效监管措施，同时尚未建立有效的互联网金融监管协调机制。我国现阶段的互联网金融行业基本处于无门槛、无标准以及无监管的状态，因此从某种程度上说现有的部分互联网金融创新是基于互联网金融监管的漏洞的创新，这些业务是不规范的，不利于互联网金融行业的整体健康发展。

（三）民间金融监管缺乏明确的法律依据

我国现阶段对于金融行业的监管法律法规主要为授权中国人民银行、证监会以及银保监会对现有的正规金融机构以及相应的金融业务进行监管，但是对于民间金融机构以及民间金融机构业务的开展均没有涉及。而对于一行三会的监管职能和监管范围，则采用分业经营以及分业监管的模式，由于在金融监管实际操作过程中缺乏有效的协调机制，很容易造成金融监管空白的出现。

从国家层面来看，尚未建立真正科学有效的金融监管协调制度，因此难以对民间金融机构的参与主体进行有效监管，更无法开展金融监管协调工作；从地方政府层面来看，由于缺乏明确的法律依据，因此对民间金融的监管往往难以取得理想的效果。

二、民间金融监管协调的基本定位

在金融监管领域，金融监管协调机制对于单一的金融监管以及多部联合金融监管均具有重要的意义。对于单一的金融监管模式，金融监管协调机制主要是协调中央银行与综合性金融监管机构之间的工作；对于多部门联合的功能性监管模式，金融监管协调主要是协调牵头金融监管者与功能金融监管者之间以及不同功能监管者之间的工作。具体来说，金融监管协调机制主要包括四个方面的内容，分别为事前开展协商、遵守监管规章制度、构建冲突解决机制以及建立信息共享机制。

基于我国《人民银行法》以及《银行业监督管理法》相关规定，我国主要的金融监管协调机制主要包括两种形式：一是一行三会之间的金融协调管理机制，主要是开展信息共享；二是由国务院牵头，涵盖人民银行、财政部、银保监会以及证监会等其他相关金融监管部门的金融协调管理机制，其主要职能为促使各金融监管部门之间能够有效配合。

基于我国目前正规金融监督管理协调机制的分析，形成我国民间金融监管协调机制的基本定位，主要包括六个方面的内容：一是对金融监管职责以及金融监管协调合作机制通过立法形式进行明确，包括地方政府对于民间金融的监管职责、中央与地方政府之间的金融监管协调机制、地方政府各不同金融监管部门之间的金融监管协调机制以及地方政府与中央监管分支机构之间的金融监管协调机制。二是对民间金融的牵头监管机构进行明确。在民间金融众多的监管主体中对民间金融的主导监管者进行明确，对监管牵头人、不同功能监管主体的监管职责和监管分工进行明确，有效解决监管空白问题。三是联合检查执法行动。在具体监管执法的过程中，对于那些经营业务非常复杂的民间金融机构，比如典当行、担保公司、小贷公司以及互联网金融公司等，采用工商、商务、发改委、公安以及税务等多部门联合检查执法行动。四是建立信息共享机制。通过充分广泛收集监管对象的相关数据信息，并汇编成统一的数据报表，有助于不同的金融监管部门能够及时准确地了解到金融机构的相关信息。五是对金融风险进行协调防范。各金融监管部门在牵头金融监管部门的统一协调下对金融单体风险以及系统性风险进行有效防范。六是建立民间金融投诉和纠纷解决机制。地方金融监督管理部门通过与公安部门、工商部门以及法院等进行协调，对民间金融投诉与纠纷进行有效处理。

三、分业经营条件下金融三大监管机构协调合作的机制与途径

我国虽然实行的是分业经营、分业监管的模式，但混业经营已初露端倪，如何结合中国的实际情况，借鉴发达国家的经验做法，寻找金融三大监管机构协调合作的机制与途径，是目前金融监管的重中之重。

首先，通过立法形式使金融监管联席会议法制化。笔者认为，可以借鉴美国监管模式的经验，构建混业监管和分业监管相结合的金融监管体制。即按照功能监管原则，在维持现有监管结构的基础上建立牵头监管制度。这样一方面可以最大限度地降低改革成本，另一方面也可以给市场足够的时间消化、吸收。2003 年 9 月，中国银监会、中国证监会、中国保监会召开了第一次监管联席会议，讨论并通过了《中国银行业监督管理委员会、中国证券监督管理委员会、中国保险监督管理委员会在金融监管方面分工合作的备忘录》（简称《备忘录》）。《备忘录》内容包括指导原则、职责分工、信息收集与交流和工作机制等几个方面。按照分业监管、职责明确、合作有序、规则透明、讲求实效的原则，确立了对金融控股公

司的主监管制度，明确了三家监管机构对其监管对象的信息收集与交流制度。为提高金融监管工作效率，银监会、证监会和保监会在省以下不设分支机构。对有些业务和有些领域，应当实施联合监管和综合监管，尽快建立银、证、保之间有效的、政策协调的信息共享机制，通过“三方”的统一标准，联手行动，制定国内、国际预警指标体系，实现非现场监管检查的电子化、规范化，就可以从整体上降低监管成本，提高防范和化解金融风险的能力。三大监管当局应进一步完善金融机构的金融信息报告和披露制度，增强金融机构经营及财务状况的透明度，明确报告与披露的基本数据、指标、范围及时间频率等。同时，金融监管部门应与有关经济综合部门积极配合，建立对金融机构有关的信息质量公告制度，增强金融机构会计、统计和审计打假力度，以过硬的金融机构会计、统计和审计质量与国际金融接轨。

其次，对金融控股公司的监管应建立主监管制度。从目前趋势看，模仿美国的金融经营模式，建立金融控股公司是中国未来金融混业经营的一个主要方向。目前中国不仅已经存在中信、光大、平保公司等金融企业直接控股金融企业的公司，也存在通过各种形式参股证券、保险、城市信用社等金融企业的工商企业集团。在中国分业监管、各自为政的格局下，金融控股公司应由哪个监管部门监管？为了减少“踢皮球”和重复监管等现象，应指定某一监管机构为主监管部门。主监管部门的具体身份应根据金融控股公司的具体业务性质和不同业务相对重要性来确定。以银行业务为主的金融集团以银监会为主监管部门，以证券、保险业务为主的金融集团分别以证监会、保监会为主监督部门。主监管部门负责对整个金融控股公司进行监管并对风险和管理状况综合评价，也可以考虑建立对有实质性、重大影响的金融控股公司高级管理人员的资格审查制度。要研究建立金融监管部门之间的定期非定期信息通报制度，并实施金融监管市场化的激励方式。具体做法：一是监管机构要准确确定由市场失灵造成而需要解决的问题和风险，是重大市场还是潜在市场失灵。如果是重大市场失灵，就得分析市场失灵的类型，找出监管的方式；是潜在的市场失灵，则应该让当事人通过协商谈判方式，以低成本的办法解决。二是要以选择性的方法替代传统。命令式的监管办法，依靠市场激励，使用绩效标准。金融监管不是经济主体的枷锁，而是如何更有效地满足经济主体的偏好和企业利润最大化时，实现社会公共利益最大化的工具。三是金融监管规章的推出，必须通过监管的成本收益分析，并证明这种监管方式是有效率的。

只有这样才能真正让金融监管转变到市场激励的方式上来。

再次，引导和鼓励银行、证券、保险经营部门业务方面的相互融合。来自银行、保险和证券业的高层人士强烈希望能打破政策上过于严格的界限，实现彼此间的交融，从而壮大实力，能够较为从容地应对入世后激烈的竞争。在分业监管条件下进行混业经营作为目前最现实的选择更成为银行、证券、保险业内有识之士的共识，可以整合现有金融机构，实施分业前提下的混业经营战略。中国现有的金融机构种类繁多，有利于形成竞争，但也过多地加大了竞争成本，尤其是在分业经营的前提下，其无差异性竞争成本更大，中国金融业的普遍不景气状况也就难以改变。而整合现有金融机构，在分业的前提下实践混业经营，实施一行三制或一行多制即可改善这种局面。一方面，可以在境外设立多个分支机构，并实行混业经营，发展全能银行；与此同时，则减少境内分支机构。另一方面，可以在境内重组金融机构，实行商业银行、投资银行、证券和保险机构的相互并购或相互参股，并以一业为主，他业为辅；他业则以独立子公司形式存在，并分别设立账户，分别核算经营成果，分别进行风险控制，建立系统内垂直管理体系，从而防止银行资金直接进入股市。而此时的银行则成为金融集团控股公司，也就是综合性的金融超市，成为一行三制或一行多制。中国加入 WTO 后，涌进的外资银行都是全能型银行，是“混合编队”，中资金融机构以现有的“单兵作战”形式是无法应对的，实施一行三制或一行多制重组现有金融机构是比较现实的选择。同时，中国商业银行可以在现行法律框架内拓展以下业务：开展基金业务，如基金托管业务、基金资产的投资管理业务，适当时候可设立金融产业基金并上市；开展与资本市场有关的中间业务，如办理股票质押贷款、为证券公司资金往来提供清算、代理股票发行、市场申购款的收缴与结算等；开展项目融资业务，如进行项目的评估和资金安排；开展企业并购业务，如帮助企业诊断和评级，帮助其制定兼并战略，帮助其设计企业产权结构等；开展代客户理财业务，如为个人理财和为公司理财提供咨询服务；开展投资银行业务，如发行金融债券等。金融并购不再是简单的同业合并，而是银行、保险、证券、信托等跨行业的强强联合、优势互补的并购，特别是产业资本和金融资本的结合表现出强大的发展势头。在政策允许的范围内，我们应鼓励银行、证券、保险经营部门实现全方位的合作：一是加快金融机构的上市工作，充分利用证券市场。推进金融机构资本规模的快速扩张，以应对百货公司式的外资金融机构竞争。按国际惯例，大型商业银行、证券公司、保险公司一般都是上市公司，中国金融监管当局应鼓励金融企业上市，提高金融资源的配置效率。同时更要鼓励以银行为主体的混合购并和强强联合，使金融企业的产权结构、技术创新、资产质量、制约和激励机制及服务效率等合乎国际标准。二是鼓励银行、证券、保险经营部门试行混业经营，鼓励金融。工具的创新，向客户提供一个银行、证券、保险、投资和理财业务等全方位的金融服务。三是在机构设置、业务经营和资本管理等方面为银行、证券、保险经营机构提供便利，鼓励国内具有雄厚资金实力、资信度高的金融企业到国外设立分支机构，在全球范围内开展全能化业务，培育出资金雄厚、具有国际竞争力的全能综合型金融企业。

最后，构建主体多元化、多层次的监管体系。必须理顺证券监管体制的接口，减少摩擦机会，提高执法效率。金融市场监管的接口问题，最突出表现在两类接口环节：一是立法、行政与司法部门之间；二是行政部门之间，包括中央与地方政府之间以及各种不同行政部门之间。实践中，全国人大对金融市场的介入主要体现在颁布、修订相关法律，监督法律执行方面。包括：对政府颁布的行政法规、行政规章进行监督，并在已有的立法授权模式下，寻求一种对行政立法工作的有效监督与回应机制；对司法机关的司法活动及法官造法行为进行监督；作为《证券法》的立法机关，作为国家最高权力机关，对于行政机关、司法机关在行政执法与司法过程中的冲突与歧义，全国人大应当通过法律解释等方式，起到协调行政权力与司法权力冲突的作用。在中国人民代表大会制度框架下的立法、行政、司法等国家权力架构中，人大制定法律好比是播种，立法的种子必须经过行政部门的全力栽培，最后还需要司法机关的精心呵护，方可长成参天大树。至于中央政府与地方政府之间、政府各部门之间存在利益摩擦，相应的解决方案不是政府结构性调整，而是通过公正的程序设计，及时、正确地展开协调。同时，在中国金融市场供求极不平衡的情况下，如果中国中央政府要继续保持对资源予以集中配置的方式，就必须赋予集中统一的监管部门足够的监管职权，以平衡乃至消除地方保护主义的不利影响。

第二节　民间金融的履约机制

一、契约治理理论综述

现代契约经济学认为所有的市场交易实际上都是一种契约关系，每一项经济交易都是由显性或隐性契约协调完成的，但是由于道德风险机会主义以及不确定性的存在，契约往往面临难以治理（执行）的困难。我们可以运用博弈论中的囚徒困境对这一问题的产生作以简单说明。在一次博弈中，选择招认是个体理性选择，但不能达到双方总收益的最优，即合作博弈的结果（集体理性）。这样，即使签订一个符合集体理性的契约，个人机会主义也将使得符合集体理性的契约难以执行。从这一角度来看，契约治理（执行）的目的在于使交易双方避免囚徒困境，实现交易双方交易收益的最大化，即合作博弈的结果。所以，契约治理（执行）本质上是通过对签约方机会主义动机的约束使契约诚实履约。新古典契约理论认为契约具有完全性，契约当事人对其选择的条款和契约结果具有完全信息，缔约双方能完全预见契约期内可能发生的重要事件，愿意遵守双方所签订的契约条款。在这一假设下，交易双方存在的冲突可以通过完善的法律体系使契约得以有效执行。如果没有法律对合同的执行，人们之间的交易就很难进行，法律是唯一与契约实施相关的制度。作为规范契约执行的一种外在制度，法律在契约治理中的作用表现在：

（1）限制当事人的选择空间，减少机会主义行为；（2）为契约设置形式要件，起到甄别和筛选契约参与人及优化契约的作用；（3）改变个人行动的预期从而促进契约的实现。①

现代契约理论从新古典契约理论完全契约的假设出发，分析了其与现实条件不一致的地方，提出了不完全契约的概念。认为由于个人的有限理性外在环境的复杂性和信息的不对称，契约当事人无法证实或观察一切，因而契约是不完全的。对于不完全契约的执行，威廉姆森（1979）认为："法庭秩序本身不可能是克服

① 曲钦歆．金融监管沙盒机制及对我国金融监管的启示[J]. 市场周刊，2020(2)：124-128.

机会主义行为的唯一依靠，很明显，法庭也受机会主义行为和有限理性的约束。因此，如果可能，法庭秩序会被私人秩序取代或补充。”青木昌彦（2001）指出：“法庭裁决需要有违反契约的证据，这是法律规则作为一种市场治理机制在实际运用中的局限性。”在大多数发达的市场经济国家，市场交换的治理结构不仅仅局限于法律规则系统，它还需要许多其他私人裁决的治理结构作为补充，社会学家Macaulay（1963）强调：“正式的法律制度在保证契约执行中仅发挥很小一部分作用，契约执行不仅仅依赖正式的法律制度，还依赖于交易双方的声誉。”

以上的论述说明了不完全契约法律执行的困难，促使不完全契约的执行需要寻找其他的治理机制。克莱因（Nein）教授就此指出：“在现实中大多数交易是依赖习惯、诚信声誉等方式完成的，付诸法律解决往往是不得已的事情。”根据这种情况，有必要创立一种自动履约机制，使交易顺利进行。一个自动履约的契约可以利用交易者的性质和专用关系将个人惩罚条款加在违约者身上。青木昌彦则对自动履约的私人机制进行了更加深入的分析，认为：“这些机制包括个人信任交易者社会规范、惠顾关系俱乐部规范、自我实施的雇佣合同道德约束等。”私人机制一般通过两个途径促使契约自动履行，一是终止与交易对手的关系，给对方造成经济损失；二是使交易对手的市场声誉贬值，使与其交易的未来伙伴了解其违约前科，对该交易者不再信任。这样一来，交易者会比较违约带来的潜在收益与个人惩罚条款给予的违约损失，如果潜在收益小于违约损失，那么交易者会按照约定的契约目标一致行动，反之，自动履约机制失灵。在契约自动履行过程中，“预期”具有重要的意义，交易者对违约成本的认识是建立在“预期”基础上的，如果没有稳定的预期，长期的契约关系或者隐性契约将很难维持。由此看来，契约治理与执行存在两种互相加强的机制：基于声誉的私人治理机制和基于法律的公开治理机制，前者包括道德社会规范习惯习俗、信任声誉互惠和集体惩罚，后者包括法律和政府行政管制等，这两种机制共同促进契约的实施。

契约治理理论为我们解释农村民间金融不完备的金融契约与高履约率并存现象提供了理论基础。农村民间金融契约一般没有正式的法律上的有效文件协议或凭据，表现出很大的不完全性，在既有的法律体系内没有追索权，所以基于法律的公开治理机制的作用极其有限，其保持高履约率的“秘密”在于高效的私人治理机制。

二、农村民间金融契约治理机制分析

（一）信息与信任机制

农村民间金融能够维持较高的履约率，首先应该归因于其内生的高效的信息机制。民间金融往往发生在邻里之间，贷款人对借款人的资信收入状况、还款能力比较了解，放贷人选择授信对象时会进行事先筛选，贷款会提供给那些“合格”的成员，“不合格”成员将被排除在外。同时，由于血缘、地缘和业缘关系，农村民间金融的借贷双方保持着紧密的联系，这种联系不仅有利于加强情感的交流，还能帮助彼此了解最新的信息，监督对方的行为。即使是聊天这种最普通的交流方式也会成为信息交换的有效途径，农户之间的信息和信用状况内化在了当事人平常的生活中，借贷双方能够以较低的成本获取相对完全的信息。信息上的优势较好地解决了信息不对称带来的道德风险和逆向选择问题，促进了贷款的及时归还信息上的对称性为信任机制的建立奠定了基础。

信息上的对称性为信任机制的建立奠定了基础。Bartber（1983）将信任描述为“对自然和道德的秩序的坚持和履行的期望”，认为其包含对他人能力的信赖和对他人履行义务和责任的信赖两层意思。卢曼（1979）将信任分为人际信任（interpersonal trust）和制度信任（institutional trust），前者以人与人交往中建立起的情感联系为基础，后者以规范准则法纪制度的管制和约束为基础；韦伯（1951）则把建立在血缘共同体上的信任称为特殊信任（articuaristic trust），把建立在信仰共同体基础上的信任称为普遍信任（universal trust）。信任机制对于保证交易的持续进行具有重要作用，经济学家阿罗（K. J. Arow，1974）曾指出，信任是经济交换的润滑剂，是控制契约的最有效机制。

我国农村民间金融的信任机制有两种产生路径：第一种是依赖于家庭血缘关系产生的特殊信任，即血缘关系—特殊信任—人情借贷。费孝通先生（1998）曾将我国农村社会描述为“一个熟悉的社会，没有陌生人的社会”，社会结构和人际关系具有以自己为中心由近及远外推的“差序格局”特征。在这种格局的社会中，基于家庭和宗族血缘关系存在着一种特殊的信任感和安全感，这种特殊信任促成了农村民间金融的人情借贷，借贷不但无息而且不需要任何合同或契约，特殊的信任感和安全感确保了人情借贷的“有借有还”。

农村民间金融信任机制依赖的第二条路径是基于村落及乡镇社区熟人关系形

成的人际信任，即地缘关系—人际信任—非正式合约借贷。我国农村社会相对闭塞且人口流动少，这种特殊的乡村社会为人际信任的形成提供了良好的条件。人际信任极大地约束着借贷者的行为：如果借债不还，这种违约信息会以人们流言蜚语的方式在村子之间广为传播，不仅借款人自己名誉受损，人际信任消失殆尽，还会累及子孙后代。对自己及家族名声的追求和对延续的人际信任的渴望，保障了借贷双方契约的有效履行。正如费孝通先生所言："乡村社会的信用并不是对契约的重视，而是发生于对一种行为的规矩熟悉到了不加思索时的可靠性。"

（二）重复博弈与声誉机制

声誉理论由 Kreps 和 Wilson 于 1982 年创建，该理论认为声誉能够增加承诺的力度，是保证契约实施的重要机制。声誉的作用在于为关心长期利益的参与人提供一种隐性激励以保证其短期承诺行动，声誉可以成为显性合约的替代品。声誉机制作为一种行为约束机制，其作用机理在于不履行诺言的签约者不仅会受到终止长期合作关系的制裁，而且随着违约信息的扩散，潜在的合作者也会拒绝与之合作，违约者会失去未来获利的机会。为了追求未来持久的获利机会，签约者会克服"短视"，自觉"严于律己"。民间金融授信方根据受信方的初始信誉选择授信策略，如果受信方信誉差，授信方选择不授信，双方的收益为 0；如果受信方初始信誉好，授信方选择授信，受信方得到授信后有两种选择：一是守约，这时双方的收益为（10，10）；二是违约，授信方的净收益为 10，而受信方将失去良好的社会声誉，但是可以得到 15 的现时收益。如果授、受信双方的交易是一次性的，那么受信方会选择违约。但是，基于血缘、乡缘和业缘关系进行的农村民间金融，属于典型的特定关系群体内熟人借贷，交易关系相对稳定，借贷双方有着长期互动与合作的预期。借款人一旦违约，违约信息会迅速传播，违约者将面临从特定关系群体内被驱逐出去的严重惩罚，资金的再次获得更永无可能。因为惧怕被视为"坏人"而付出巨大的社会与经济成本，参与民间金融交易的每个人都会有充分的激励遵守契约。正是对"再借不难"的向往与长期博弈收益的追求，民间金融的参与人有激励建立自己的社会信誉，在金融交易中自觉限制机会主义行为而选择合作与守约。

声誉机制发生作用需要一定的条件：

（1）博弈必须是重复的，重复博弈下声誉的破坏有损今后的利益，签约者会自觉避免违约发生；

（2）当事人必须有足够的耐心与长远的预期，耐心与长远预期会促使其建立自我声誉，只注重眼前利益而不考虑长远的人是不会关注声誉的；

（3）当事人的不诚实行为能被及时观察到；

（4）当事人有足够的积极性和可能性对交易对手的欺骗行为进行惩罚。

（三）灵活的抵押担保机制、抵押的灵活安排是农村民间金融维持较高履约率的又一重要原因

农村民间金融交易的担保可分为有形担保和无形担保。从有形担保来看，许多在正规金融市场上不能担保的物品，如房产、土地、农机具、牲畜等在民间金融市场上均可以担保抵押。在正规金融市场上，这类物品要么政府法规规定不可以抵押，要么正规金融机构嫌管理和处置成本高而不愿意抵押。但是在民间金融市场上，借贷双方却能够绕开种种限制将其作为抵押品。无形担保在农村民间金融契约治理中发挥着重要的作用。农村民间金融的无形担保主要包括社会联系、其他市场上的关联交易、社会地位、头衔名声等，这类担保品对借款人而言意义重大。就社会联系而言，它能够创造出“信任”的社会关系，给当事人带来物质和精神收益。社会联系一旦和借款人的还款行为挂钩，就会成为一种无形的抵押机制，促进经济交易契约的实施。如果借款人及时足额地还款，社会联系能够得到很好的维持，物质和精神收益得以延续；一旦借款人违约，社会联系被破坏，借款人将付出无人理睬、无人信任、人际信任断裂的高昂成本。社会联系抵押机制的存在，对借款人的行为构成了经济制裁之外的约束，促进了契约的有效执行。

关联交易也是一种有效的无形抵押品。借贷双方其他方面的合作，使得借贷合约与其他交易合约捆绑起来，扩大了双方的合约谈判空间，在一定程度上提高了借款人的违约成本，有助于改善借贷合约的均衡。农村民间金融借贷双方的关联交易非常普遍，除了信贷交易外，他们还存在商品购销、劳务技术服务等广泛而复杂的合作和交易关系，资金交易中的违约会使其遭受其他方面的损失，这在一定程度上牵制着借款人的违约行为，加强了借款人正确使用贷款以及履行还款义务的激励。借贷双方的关联性交易在相当程度上提升了农村民间金融的交易水平。

1. 暴力手段

与正规金融机构对违约者的惩罚主要借助法律力量不同，农村民间金融通常

会借助暴力手段直接对违约者实施惩罚。一旦违约行为发生，放贷者会强行拿走借款人的财物，对借款人大打出手，甚至威胁其身家性命。从法律角度讲，通过暴力获取别人财产用以抵债的行为是对私人财产的侵犯，是一种违法行为。但是在农村社会，放贷者认为使用这种追债手段理所当然，乡村居民一般也认为其无可厚非。正如费孝通先生所讲：乡村社会中法律是无从发生的。当然，笔者在这里不是宣扬暴力手段，仅是想说明这样的惩罚机制确实存在。

2. 群体惩罚

群体惩罚意味着违约发生时，所有放贷人会联合起来，不再与该借款人从事任何交易。群体惩罚会产生强烈的“排挤效应”，它会使违约方失去与周围人交易的机会，面临在其居住的村落难以开展交易的困境，对借款人而言，违约无异于自断生路。群体惩罚的做法强化了契约约束，部分解决了契约的执行困难问题。

三、结论及政策建议

通过对农村民间金融契约治理机制的剖析，可以为不完备的金融契约与低违约率并存现象提供了一个分析视角。农村民间金融契约执行主要是依靠私人治理机制来实现的，私人契约治理机制的有效性是其违约率较低的关键所在。农村民间金融的私人治理机制主要包括信息与信任机制重复、博弈与声誉机制、灵活的抵押与担保机制和多样的惩罚机制。这四种机制充分体现了农村民间金融契约执行方面的比较优势，也解释了农村民间金融顽强生命力的内在根源。农村民间金融内在高效的契约治理机制有利于强化农户和农村企业的信用意识，优化农村信用环境，对农村金融生态的改善有着积极意义。此外，由于民间金融以血缘、地缘和业缘关系为依托，借贷在一定的地域范围和人员范围中展开，也有利于促进农村资金的本土化循环利用，对缓解农户和农村企业资金短缺难题意义重大。为此建议：

（1）摒弃对农村民间金融的歧视性认识，赋予其合法的生存地位，允许民间金融组织（如互助储金会贷款协会、资金经纪人及各种形式的合会等）合理开展业务，引导民间金融为农民增加收入和发展农村经济服务。

（2）完善相关法律，对农村民间金融借贷双方的权利义务、交易方式、契约要件、违约责任和权益保障等方面作出明确规定，为农村民间金融规范运行提供制度保障，促进农村民间金融规范化运行。

（3）建立相应的监测系统或管理机构，定期采集农村民间金融活动的有关数据，及时把握民间金融的借贷规模、利率水平和资金投向，将农村民间金融纳入金融监管系统，防范由于借贷规模扩大，参与人数增加，以及地缘、乡缘关系打破而带来的金融风险。

（4）降低农村金融市场的准入限制，鼓励正规金融与农村民间金融的有效联结，将正规金融机构的资金优势和非正规金融的履约优势结合起来，构筑正规金融与民间金融和谐共存的一体化农村金融市场体系。

第三节　民间金融履约机制的博弈分析

一、民间金融与民营经济共生博弈分析

民间金融与民营经济基于融资界面进行资金融通活动，双方均受益于这一过程，进而增加了整个共生系统的能量总和。双方在结成依存演进的共生关系的同时，也由于其生态模式存在自发性和无序性的特点，个体之间存在竞争，彼此均追求自身利润最大化，导致出现博弈、唯利是图等秩序问题。本节运用一定的模型推导分析民间金融与民营经济在进行资金融通活动过程中的博弈行为。

（一）民间金融与民营经济共生博弈机理

民间金融与民营经济基于融资界面的存在进行资金融通活动，彼此间存在共生关系。但是，由于民间金融与民营经济作为共生系统内部相互独立的共生单元，均以追求自身利益最大化为目标，在进行资金融通活动的过程中，导致两者不可避免地存在博弈行为。①

对于民间金融机构而言，持有资金存在相应的成本，提供资金融通服务则要承担相应的风险。因此，民间金融机构会考虑是否能够通过为民营经济主体提供贷款而获利，以及在协议达成后选择遵守合同约定的条款是否是对自身最有利的选择。如当央行收缩银根，进而正规金融机构减少贷款的发放，导致市场对于资金的需求提高，民间金融的资金就可能会成为稀缺资源。在这种情况下，如果民

① 石良平，等．经济大国的贸易安全与贸易监管 [M]. 上海：上海交通大学出版社，2015.

间金融机构为了获取更大的利润而选择不再为已经签订合约的民营经济主体提供承诺的资金融通服务，就有可能导致民营经济主体由于资金链的突然断裂而显现出颓势，甚至引发倒闭的风险。

对于民营经济主体而言，其是否选择信任民间金融机构并选择民间金融机构提供的资金融通服务,关系着民间金融机构是否能够赚取生存发展所必需的利润。民营经济主体的资金需求具有周期短、次数多的特点，因此融资活动可能持续不断地发生。当民营经济主体存在短期、多次的资金需求时，民间金融机构是否具备相应的资质和能力能够为其提供安全稳定的资金来源，是民营经济主体需要考虑的问题。

当民营经济主体的经营环境发生变化带来经营危机时，民营经济主体是否能够遵照合同的约定偿还本金和利息,是民间金融机构不得不考虑的问题。首先,假定民间金融存在完善的契约和法律保障，能够为投资者提供稳定的投资回报，因此民营经济能够放心地将闲置资金投放到民间金融机构，进而使得民间金融具有充分的信贷资金来源。设 r_1 为民间金融的贷款利率，r_2 为正规银行贷款利率，一般而言，同等条件下，民间金融的贷款利率较高，因此有 $r_1 > r_2$。当民营企业由于自有资金不足，导致其存在融资需求时，通过民间金融机构获取贷款支持的成本要高于通过正规金融机构进行借贷的成本。但是，由于正规金融机构无法充分满足民营经济的融资需求，在这种情况之下，急需资金支持的民营企业不得不求助于对民营经济相对友好的民间金融机构。民间金融机构不同于正规金融机构，其基于地缘、血缘、亲缘结成融资关系的特点使得其对借款方的约束大多处在道义层级。因此，民间金融机构在选择与民营经济进行投融资关系时，最关心的问题就是民营经济主体是否会保持诚信，如期履约。设民营企业通过借贷资金进行生产建设所能获得的收益率为 π。当收益率 $\pi \geq r_1$，时，无论是出于诚信至上的角度还是出于对未来再融资活动的考虑,大部分民营企业会选择遵守合同约定,按期偿还本金和利息；当 $\pi < r_1$，由于民营企业投资的回报收益率低于借贷资金成本，这种情况下可能导致部分企业的正常经营都难以为继，部分民营企业可能就会选择不遵守合约内容，最终只能通过借款方延期偿还或是不偿还本金和利息结束合约关系。这样的情况之下，民间金融机构贷出的资金就会面临无法收回的风险，导致本利皆无。如果存在大量的违约民营经济主体，投融资关系中的违约概率较高，那么民间金融机构就算面对高额的利息回报，也会考虑是否值得为了

不稳定的利息回报而承担巨大的本金流失风险。

民间金融与民营经济互利共生关系的结成，既有助于民间金融的健康发展，也能够使得民营企业资金供求矛盾，尤其是“融资难”问题得到一定程度的缓解。但是仍不可避免会由于外部环境的变化以及某些主体的行为，导致双方或某一方作出不利于共生关系发展的选择，进而使得双方走上“偏利共生”的歧路。本节围绕民间金融机构与民营经济主体间投融资活动，展开两者间的行为博弈分析，希望通过博弈模型证明民间金融与民营经济作为共生单元，只有“互惠共生”才是对“双边关系”的最有利发展方向。

（二）互惠共生

民间金融与民营经济“互惠共生”关系会促使双方的信息积累逐步增加，交往更加频繁，能量产出更加高效，实现共生单元的协同进化和发展，各方效益最大化，两者间的共生相依关系得到进一步巩固和发展。民间金融与民营经济结成的“互惠共生”关系主要有以下几点特征，如图 4-1 所示。

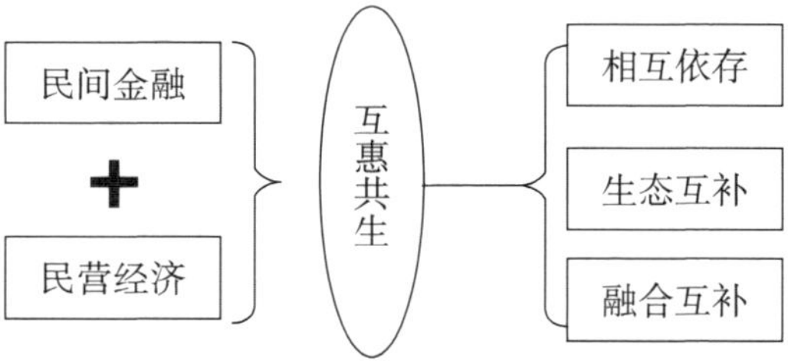

图 4-1　民间金融与民营经济互惠共生关系特点

1. 民间金融与民营经济相互依存

民间金融与民营经济基于融资界面的存在创造利润（能量增加），双方依存演进、互利互动，结成“共生相依”关系。对于民间金融而言，其资金的供给需求以及经营活动赚取的收益均需要依靠民营经济的存在，缺乏民营经济的支持，民间金融将失去生长的空间和土壤。对于民营经济而言，民间金融的存在缓解了其资金供求矛盾，尤其是“融资难”问题。民营经济越发达，意味着越来越多的民营企业会需要民间金融提供的融资服务；民间金融市场活跃度的提高，也在一定程度上反映着民营经济的蓬勃发展。民间金融和民营经济就是依靠着彼此之间的紧密联系，从而彼此间结成共生相依关系。

2. 民间金融与民营经济生态互补

随着经济社会内部的技术进步和行业发展，现阶段，不同产业间的避障越来越明显。相比较民营经济部门而言，民间金融部门拥有更加专业的人才和组织构架，可以提供优质的金融服务。民营经济充裕的盈余资本，能够为民间金融提供源源不断的资金供给。民营企业发展规模的不断壮大，会进一步凸显我国尚不完善的金融体制带来的民营企业融资难问题。民间金融与民营经济通过业务互补，明确各自市场定位，彼此在完善自身业务能力的同时，利用对方提供的优质服务，实现生态互补。基于生态互补关系，共生单元既加强了自身的实力，也在付出较小成本的情况下享受了对方提供的优质服务。由于业务能力不同而产生的民间金融与民营经济的生态互补，为两者结成相依共生关系提供了动力。

3. 民间金融与民营经济融合互动

从共生理论的角度来看，驱动民间金融与民营经济结成共生关系的主要原因是两者之间存在“互惠互利”关系。由于彼此的业务优势不同，民营经济将自身盈余资金剥离，授权给专业的民间金融机构代为运营；民间金融以提供金融服务赚取的利差为生存动力。民营经济的盈余资金为民间金融机构提供了用于放贷的资本，而民间金融机构的资金融通服务又反哺存在融资需求的民营企业，使得闲置的资金仅仅是在民营经济部门内部流动，并没有资金的净流出。资金融通活动的展开提高了民营经济的资金使用效率，实现了资金由闲置方向需求方的流动，从而增加系统内各主体的收益，提升彼此的生存和发展能力，巩固了民间投融资市场。民间金融与民营经济结成共生关系，使得民营经济部门在资金总量不变的情况下，缓解了资金供求矛盾，提高了资金使用效率，通过源源不断地产生新的能量，使生态系统本身和共生单元均受益于这一过程，民间金融与民营经济通过融合互动，结成共生相依关系。

4. “互利共生”是共生发展的最优路径

民间投融资共生关系是所有投融资关系中最具效率和最具稳定性的，两者之间的共生关系会随着时间的推移向“互利共生”的方向发展，具体表现为民间金融与民营经济作为共生单元，基于以分工和合作为基础的共生经济系统，彼此通过提升各自的物质、信息和能量的生产能力和交换率，提高系统内部的信息利用效率和资金的利用效率，进而使得共生系统更加稳定和高效。而且，“互利共生”模式具有将系统内的不良个体自行消化、废弃排除的能力，减少了系统性风险发生的可能性。民间金融与民营经济随着双方共生关系的不断稳定，其发展会按照唯一的方向前进，即不断地通过互惠互利形成优质联动，最终使全部共生单元都能够获得同等的进化发展程度，实现共生单元规模的对称化，防止某一方发展过度导致共生关系失衡。发展程度相同的共生单元会帮助对方实现营运能力最大化，实现整个生态系统的效益最大化。因此，“互利共生”是民间金融与民营经济共生发展的最优路径。

（三）偏利共生

所谓“偏利共生”，具体表现为共生关系中一方受益，另一方不受益或遭受损失，最终可能引起共生系统发展不稳定，共生系统破灭。随着时间的推移，“偏利共生”要么回归正轨，走上“互利共生”的道路，要么导致共生关系崩塌，所有共生单元的利益均遭受损失。当根据共生发展规律，在民间金融与民营经济结成共生关系的同时，可能会伴随有“偏利共生”“衍生”和“寄生”，容易引发金融安全和秩序问题。由于选择民间金融进行融资的民营经济主体一般规模较小，投机性较强，抗风险能力较差，容易产生经营风险，这就使得这类经济主体一旦面对内部或外部因素导致的经营风险，极易出现逃废债务的情况，进而导致民间金融机构贷款业务出现坏账，影响民间金融机构的正常运营，资金提供者的资金也可能会面临流失的风险。对于民间金融机构而言，当市场环境发生变化，如央行收缩银根，致使商业银行紧缩发贷时，此时民间金融机构的借贷资金在市场上存在庞大的需求，进而带来贷款利率的提升。短期来看，违反已经签署的协议，将资金重新投入借贷市场带来的收益可能大于按期履约的收益。类似情况的发生，可能诱使部分主体出于对更丰厚利润的考虑选择违约。这样的选择会使得急需资金支持的民营经济主体面临资金链断裂的风险，进而引发一系列的连锁反应，导致“偏利共生”情况的发生。

基于以上几种情况为分析背景，违约主体在短期内均可以获取超额收益，但从长期来看，一旦违约主体丧失了诚信，很可能在未来无法再参与民间投融资活动，导致长期利益受损。而且违约方很可能会由于受害方运用法律武器而在未来面临一笔大于通过违约获取的超额收益的赔偿支出，最终使得自己的行为得不偿失。因此，对于共生双方而言，通过损害对方利益而使自身获益是不可取的。假如共生系统中部分主体选择“损人利己”，最终的结果要么是自身被民间金融与民营经济共生系统清理出局，要么破坏整个生态系统的秩序，使生态系统走向灭亡，最终的结果仍然是损害自身的利益。因此，应该避免出现“偏利共生”现象。

二、民间金融与民营经济博弈结果分析

（一）民间投融资关系的实现有利于各方发展

由于民间金融机构具有一定的信息优势，更易区分低风险资金需求方和高风险资金需求方，并且民间金融机构能够提供更为专业的金融服务。因此，民营经济部门将闲置资金投入民间金融部门，可以获取比自身运营时更高的得益。对于缺乏资金支持的民营企业，内生于民营经济的民间金融模式对于民营企业更加友好，能够为缓解民营经济资金供求矛盾尤其是“融资难”问题作出更大的贡献。而在民间金融机构将从民营经济获取的资金使用权转移给民营经济部门内部需要资金的民营企业的过程中，以提供金融服务的方式赚取利差收益，能够实现自身的进一步发展。根据对双方博弈行为的分析，民间金融与民营经济紧紧依靠投融资活动结成共生关系，有利于各方发展。

（二）降低违约概率，避免“偏利共生”

虽然民间金融与民营经济选择“互惠共生”道路对于双方的长远发展均有好处。但是，由于部分主体出于对自身利益最大化的考虑，博弈过程中可能由于各种各样的原因导致不遵守协议、拖欠债务等问题的发生，进而导致出现“偏利共生”现象。根据共生原理和资本的逐利特性，由于民间金融与民营经济共生发展过程中某些主体的不当行为，以及行业监管不足现象的存在，可能会导致民间金融与民营经济结成的共生系统出现“偏利共生”情况。“偏利共生”会破坏共生系统的稳定，危及全体共生单元的利益。民间金融与民营经济共生关系体，作为支持我国民营经济健康发展的关键一环，一旦出现问题，将会影响我国整体经济形势，造成严重的系统性危机。因此，对于民间金融与民营经济共生发展过程中可能导致出现“偏利共生”现象发生的情况，要给予足够的重视。但是，不能因此便否认民间金融与民营经济共生系统对于我国经济发展的促进作用，而是应该防范民间金融与民营经济走向“偏利共生”的歧路，指导民间金融与民营经济实现“互惠共生”，这是实现两者之间共生关系健康发展的必要前提。

避免民间金融与民营经济走上“偏利共生”的歧路的关键，就是要降低博弈过程中违约行为的发生概率，促使民间投融资履约关系的达成。而投融资双方履

约关系的达成，需要以彼此之间的相互信任为基础。在双方信任程度较低的情况下，策略方不愿选择履约策略，更多是出于担心自身履约策略被对方牺牲，导致自己需要承担更高的成本；双方信任程度较高的情况下，策略方不愿选择履约策略，则主要是由于对单方面通过违约策略可以获取额外得益的考虑。因此，信任程度的提高可以消除策略方对于自身履约策略被对方牺牲的担心，对履约关系的达成具有积极影响。但是，由于策略方单方面通过违约策略可以获取额外得益，仅仅依靠策略方之间的相互信任还不足以促进履约关系的达成。因此，实现民间金融与民营经济履约关系的顺利达成，进而促进我国民间金融与民营经济"互惠共生"，除了需要双方具有一定的信任基础之外，更重要的是通过对行业监管使行业内部更加规范化等手段，提高对于违约行为的惩罚力度，降低单方面通过违约策略能够获取的额外得益。

三、金融监管行为的诸派别经济学分析

（一）主流经济学的行为研究观点

经济学的行为研究最早可以追溯到亚当·斯密的古典经济理论，他认为经济人的行为可以简单地归结为赚钱或谋利，但出于个人自私目的进行的市场交易可以达到最佳的社会效果。新古典经济学也注意到研究人及其行为对经济学发展的重要性。罗宾斯认为，经济学把人类行为纳入目标与具备多种用途的稀缺手段之间的关系中加以研究。马歇尔指出，经济学与日常经济生活中人的行为有关。斯蒂格勒也强调，经济学分析的主要因素是人。

（二）制度经济学的行为研究观点

制度经济学是建立在行为研究的基础之上的。经济发展更需要协调人与人之间的行为，人与人之间需要合作，合作需要制度支持。新制度经济学派归根结底研究的是左右人们行为和社会走向的激励机制。一方面，这一学派沿袭主流经济学的成本收益分析（如借助交易成本、产权、历史分析等概念），从制度与行为的关系角度开辟了行为研究的新视野，提出制度的存在是为了建构人们在不确定性世界中的互动。另一方面，制度经济学以博弈论为工具推导制度的成因，认为制度是各个主体采取理性最大化行为所达到的博弈结果，主体的行为对制度的演进有直接作用，制度的演进是对理性行为结果的反映，从而为行为研究的模型化找

到了可行的突破口。

（三）实验经济学的行为研究观点

实验经济学试图在可控的实验环境下，对某一经济现象通过控制某些条件、观察决策者行为和分析实验结果，以检验、比较和完善经济理论并提供政策决策的依据，从而有助于将宏观经济学理论的检验建立在微观行为的基础之上。

（四）行为经济学的行为研究观点

行为经济学是以人类行为作为基本研究对象的经济理论，即通过观察、调查和实验等方法对个体和群体的经济行为特征进行规律性的研究。它以现实为基础来构造理论，摆脱了传统理论以抽象的假设为基础的分析方法的束缚，在对主流经济学的假设现实化的基础上进一步提出人的行为的非理性，通过实证方法验证传统理论的有效性，同时建立能够正确描述人类行为的研究框架和经验定律。可见，行为经济学中许多重要的思想、观点和理论，可以借鉴到对金融监管行为进行的研究中去。

金融监管行为是一个复杂的过程，它实际上是诸多因素综合作用的集合体，这个综合作用的结果导致了金融监管行为的差异。从人的行为角度分析，金融监管行为需要建立在人性假设的基础上，即假设人是有限理性的和自利的，人的有限理性使得金融监管的授体和受体在金融监管行为中存在管理与被管理的协调问题。因此，建立或选择合理的组织体制及其制度，是从根本上消除或减弱这两类问题的重要途径之一。这对于我国建立合理的金融监管体制和制度，从而加强金融监管，促进金融稳定发展具有积极的意义。金融监管行为主体（即授体与受体）的不同，导致不同的金融监管行为结果，这种结果经过市场等因素的评判和筛选，进而又影响到金融主体日后的再次金融监管行为。在这个复杂的博弈过程中，需要分析相关的金融监管行为才能深入到监管的微观层面。综上所述，行为经济学对于行为的研究，使经济学逐步朝人性化的方向发展，“人及其行为”的微观研究正在成为经济学研究的核心和热点。作为人类经济行为重要形式之一的金融 监管行为，是一个存在多样化和个性化的复杂行为，对金融监管行为的研究也需要由先验推导向有限理性回归。

第四节　民间金融的风险防范机制

一、金融风险的特征

金融风险有以下一些特征：

第一，客观存在性。金融风险是客观存在的。虽然金融风险可以通过衍生金融工具进行一定程度的化解或消除，但是每一次金融工具的创新也意味着新风险的产生，而且，或许因为杠杆作用，使得风险从一个主体转移到另一个主体时积聚的总风险变得更大。[①]

第二，可能性。金融风险只是一种可能性，确定无疑的收益或损失不是金融风险。人们在金融活动中参与各种金融交易，有时对交易结果的各种可能性的概率会有一个大致估算，有时则无法估算这些概率，这都是金融风险。随着时间的推移，各种条件在逐渐完备，获得的信息越来越充分，不确定性因素将逐步消除，金融交易的结果得以实现，金融风险也就变成了实际的收益或损失。

第三，普遍性。金融风险是客观存在的，又是无处不在的。不论是整个国家，还是金融行业、部门，乃至某个企业、个人，都存在着金融风险。金融风险是金融体系自然和内生的，是不可避免的，只要存在市场经济，只要有金融交易存在，金融风险就必然存在。

第四，隐蔽性。金融风险是普遍存在的，但又是隐蔽的，只有当风险聚积到一定程度，超过金融体系所能承受的范围时，金融风险才会以金融危机的形式爆发出来。

第五，可度量性。金融风险是可以衡量的，因为创造一种金融工具通常不会只为了某一个特定的经济主体，从而当大量的金融商品的需求者在使用同质金融商品时就满足了大数定律，金融风险就可以通过概率进行度量。

第六，系统性。首先，金融风险是由相互作用、相互依赖的若干组成部分结合而成的，是一个特定的有机整体。其次，金融风险的各组成因素之间是相对独立、

① 宋晓燕．金融监管的价值取向 [J]. 金融服务法评论，2019，10(1)：77-79.

相互作用而又相互联系的。从金融风险的内容看，政府风险、金融机构风险、企业风险等，各有独立的含义和表现，但它们之间又是相互联系、相互影响的。最后，金融风险具有层次性。从全国性的金融风险到地区性的金融风险，均是由若干层次组成的。此外，有学者还提及金融风险的扩散性、可抗性及相关性等特征。

二、金融风险的种类

金融风险可以从多个角度、多个层次予以分类。

（一）按照遭受风险的金融企业的面积划分

按照遭受风险的金融企业的面积，金融风险可以划分为系统性金融风险和非系统性金融风险。系统性金融风险是整个金融系统都可能遭受的风险，如市场风险、法律风险、政治风险、不可抗力的自然风险等；非系统性金融风险是个别金融企业可能遭受的风险，如业务相关者的信用风险、个别员工的职业道德风险等。

（二）按照影响因素划分

金融风险按照影响因素可以划分为信用风险、市场风险、营业风险、环境风险和行为风险五种。

（1）信用风险是银行业的传统风险。借款人可能首先不能支付利息，然后不能偿还本金，这样就会拖欠贷款，甚至使银行损失贷款，这就意味着金融企业提供信贷时，存在着信用风险。信用风险也存在于金融企业提供的营业服务中。

（2）市场风险包括由于利率、汇率、价格等因素变化而引起的风险。

（3）营业风险是指市场或一家金融企业的基础营业机制可能会失灵或被打乱（如计算系统发生故障），使市场或企业遭受金钱上的损失的可能性。

（4）环境风险是指来源于金融企业在其中活动的整个自然的、法律的、经济的、政治的、社会的和环境的风险。

（5）行为风险是指由于个体行为而带来的风险。无论用意多么良好，职员都难免会有犯错误而给公司带来损失的可能性，行为风险也包括金融企业的职员之间进行蓄意诈骗的可能性。其中较危险的和较难以注意到的是公司职员出于好心犯的错。

（三）按照衡量风险范围的角度划分

金融风险按照衡量风险范围的角度可以划分为宏观金融风险、中观金融风险和微观金融风险。宏观金融风险涵盖了国家风险、外汇风险、利率风险、外部金融环境风险等系统；中观金融风险包括银行业风险、非银行金融机构风险和区域融资结构风险三部分；微观层次的金融风险由金融企业风险、非金融企业风险和个人风险三部分组成。上述几个系统包含了一系列的子系统或指标集。

（1）宏观金融风险是从整个国家的角度来衡量的，涵盖了国家风险、外汇风险、利率风险、外部金融环境风险四个部分。

①国家风险是指由于国家债务负担过重或政局不稳定导致的债务偿还危机，由经济增长、经济周期程度、国家信用等方面组成。

②外汇风险是指由于外汇汇率变动而使经济主体所持外汇出现损失的可能性。外汇风险主要受两方面因素的影响：一是外债规模是否超过了国家经济发展的承受力；二是外债结构是否合理。

③利率风险是指由于利率的变化对经济主体因资产和负债的期限不协调、结构不平衡造成损失的可能性。利率是资金的价格，它从根本上决定着其他金融资产价格的变动，所以利率风险也是最为核心的一种风险。

④外部金融环境风险是指当国际金融系统出现大的金融动荡或金融危机的时候，本国金融市场受到外部冲击遭受一系列损失的可能性。对外部金融环境风险主要应从国家金融自由化程度、金融全球化程度的角度来衡量。

（2）中观金融风险是从行业的角度衡量的，包括银行业风险、非银行金融机构风险和区域融资结构风险。在大多数国家中，银行业风险在整个金融风险中处于主导地位。在我国，尽管非银行金融机构得到了较快的发展，银行仍然是金融体系中最为重要的金融中介。在我国经济发展的转轨过程中，银行的真正职能是逐步发挥出来的，其中银行与政府的关系、银行与国有企业的关系以及银行与非公有经济成分的关系正处于转变的过程之中，因此，对我国银行业风险的衡量较为困难，而且我国的银行业风险与真正金融安全意义之下的金融风险程度之间的关系还有待进一步探讨。非银行金融机构风险大体可以分为证券业风险、信托业风险、投资基金风险、保险业风险等。区域融资结构风险是指在一个经济区域内金融体系运行过程中，经济主体在金融活动中融资结构多元化带来损失的不确定性或可能性。

（3）微观金融风险由金融企业风险、非金融企业风险和个人风险三部分组成。非金融企业是金融体系服务的主要对象，这些企业经营状态的好坏是影响金融风险的重要因素。

（四）按照风险的来源划分

金融风险按照来源可以划分为内源性金融风险和外源性金融风险两种。内源性金融风险是指金融风险的产生主要来自国内，涉及信用风险、市场风险、营业风险、环境风险和行为风险等诸因素。外源性金融风险是指当国际金融系统出现大的金融动荡或金融危机的时候，本国金融市场受到外部冲击而遭受一系列损失的可能性。

三、民间金融的风险防范

虽然民间金融在经济生活中发挥了很多积极作用，但不容忽视的是，民间金融也给经济发展、国家宏观调控带来一系列负面影响。由于法律地位缺失以及游离于监管之外，民间借贷行为的风险控制成为长期存在的隐患特别是民间金融中的“黑色”部分，包括各类带有欺诈性或高风险的金融活动，一旦发生问题就会造成金融秩序混乱并且影响社会安定。因此，必须加强对民间金融的规范管理，降低其运营成本，防范金融风险，将损失控制在最低限度范围内。

（一）加强法制建设，促进民间金融规范化发展

完善民间金融的相关法规，给民间融资一个正确定位。制定《民间融资管理办法》，为民间融资构筑一个合法规范的经营平台。同时，要严把市场准入关，将优良的民间信贷机构吸纳为市场主体，不符合规定的则排除在外，维护市场主体的质量。同时建立健全市场退出机制，以保证中小金融机构健康高效地运行。建立民间金融机构存款保险制度，防范基本的金融风险。目前，央行正在加快制定并推出《放贷人条例》，并让符合条件的个人和企业能大量进入信贷投放市场，中央一系列促进民间金融发展措施的推出，必将会对我国的经济发展以及金融体系建设产生深远的影响。

（二）完善对民间金融的监测与管理，拓展金融监管覆盖面

世界上的大多数银行都是民营的，而它们能够健康地发展壮大，原因之一是它们被纳入政府对其进行监管的体系之中。过去我国已经出现的一些民间金融之所以后来问题较多，不是因为这种经济形式本身有问题，而是政府没有对其进行应有的监管。因此，要不断加强并逐步完善民间金融的监测、管理，拓展金融监

管覆盖面。人民银行和银行业监督管理部门应承担民间金融监测、管理的主要职责。银行业监督管理部门要加强对民间金融的监测，建立完整的监测样本信息库，及时掌握民间金融资金流向以及利率走势。银行业监督部门还应督促各金融机构加强信贷管理，关注贷款资金用途，特别是以买车、购房等名义申请的贷款的真实流向，对改变用途的贷款要及时收回或给予信贷处罚。人民银行应研究如何将个人借贷行为形成的数据纳入个人征信系统管理，使人民银行能够基本掌握一个地区民间金融的发展状况，有效遏制民间金融的风险。如果相关个人数据能够提供给关联的正规金融机构，也有利于增强正规金融机构甄别和控制风险的能力。

（三）对非法民间金融活动进行严厉打击

应从法律上明确界定非法吸收公众存款、非法集资与正常民间融资的界限，允许民营中小企业和其他类型的经济组织以吸收股本金、职工内部集资等方式融资。非法民间金融存在大量风险隐患，对正常金融秩序产生不良影响，要消除其负面效应，应该在法律上对其实行取缔政策并采取包括行政手段和经济手段在内的一切措施，对其彻底打击。

四、我国金融风险预警系统的建立与完善

（一）我国金融风险预警系统实践的现状

在我国社会主义市场经济体制建立和完善的过程中，我国出现了几次局部性的金融风波，加之亚洲金融危机的爆发以及传递的影响，我们加强了金融危机监测预警的理论研究和实践探索。一方面，有关专家和学者在借鉴国外有关理论，特别是宏观预警方法的基础上，结合中国实际，在金融危机监测预警的方法论、指标体系构建以及预警检验等方面取得了一些阶段性成果；另一方面，有关金融机构结合自身的业务特点和性质分别在探索构建危机监测预警系统，如中国银行业监督管理委员会自成立以来，一直致力于中国金融风险预警系统的建设和完善，有关商业银行特别是国有商业银行以《巴塞尔协议》和有关金融法规为基础，纷纷建立了自身的危机预警系统。

（二）建立我国金融风险预警系统需要解决的几个问题

（1）努力提高全社会金融风险防范意识，构筑金融风险预警系统的微观基础。

（2）迅速制定和完善与金融风险预警系统相关的各项制度，通过制度的约束

来确保预警系统的正常运作。当前需要抓紧建立和完善的制度主要有金融信息披露制度、资产负债比例管理制度、金融法人资格证书制度、金融监管通报制度、金融机构信用评估制度、金融机构大额贷款报告制度。

（3）必须加大非现场监管的力度，严密监测各类金融机构的风险动态。非现场监管是金融风险预警工作的重要组成部分，从目前情况来看，非现场监管存在信息运行不畅、信息收集缺陷、预警超前性差等问题。要改变这一状况，首先要迅速构建全方位的非现场监管信息反馈机制，建立金融机构监测档案，对金融机构的经营状况和产业、行业发展进行预测，充分发挥非现场监管的金融风险预警功能。其次，建立各金融机构的源头数据信息和派生数据信息系统，形成中央银行和金融机构“全数据”的共享系统。最后，强化对金融机构报送财务报表的质量检查，建立奖罚制度。

（4）积极搞活金融存量资产，逐步降低不良贷款资产比例。

（5）建立我国的金融监管信息网络。为了保证金融风险预警系统的有效运作，必须迅速建立我国的金融监管信息网络。

（6）加强与国际金融监管机构的合作，广泛吸取世界各国在金融风险预警领域的成功经验。随着经济全球化的深化，一国的金融危机，必将波及其他国家和地区，因此，需要建立全球的金融风险预警系统。对我国来说，一是要加强与国际货币基金组织、世界银行、国际清算银行、巴塞尔银行监管委员会以及各国中央银行的合作，建立互惠的信息交流关系，做到预警信息共享；二是要通过我国设在世界各地的商业银行分支机构密切关注国际金融动向，随时为国内提供金融风险预警信息。

第五章　民间金融的监管政策分析

第一节　民间金融监管政策导读

一、金融监管政策的理论依据

（一）基于系统论

系统论是研究系统的一般模式、结构和规律的学问，它研究各种系统的共同特征，用数学方法定量地描述其功能，寻求并确立适用于一切系统的原理、法则和数学模型，是具有逻辑和数学性质的一门实用型学科。

系统论认为，整体性、联系性、结构性、平衡性、时序性等是所有系统的共同的基本特征。这些既是系统论的基本思想和观点，也是系统方法的基本原则，表现了系统论不仅是反映客观规律的科学理论，而且具有科学方法论的含义，这正是系统论这门科学的特点。[①]

系统论的出现，使人类的思维方式发生了巨大的转变。传统研究问题的方式，都是把事物分解成若干部分，抽象出最简单的因素来，然后再以部分的性质去说明复杂的事物。这种方法的着眼点在局部或要素，遵循的是单项因果决定论。虽然长期以来仍行之有效，但它不能如实地说明事物的整体性，也不能反映事物之间的联系和相互作用，它仅仅适应认识较为简单的事物，而不能胜任对复杂问题进行深刻的研究。

在当代科学整体化和高度综合化的发展趋势下，许多规模巨大、关系复杂、参数众多的挑战摆在眼前，传统的分析方法就显得力不从心了。在传统分析方法

① 唐要家．数字经济监管体制创新的导向与路径 [J]. 长白学刊，2021(1)：106-113.

束手无策的时候，系统分析方法却能站在时代前沿，高屋建瓴，纵观全局，别开生面地为现代复杂问题提供有效的思维方式。因此，系统论连同控制论、信息论等其他科学一起提供出新思路和新方法，为人类的思维开辟了新的道路，作为现代科学的新潮流，也同样促进着各门科学的发展。

（二）基于管理学理论

管理学形成后分为三个阶段，即古典管理理论阶段（20 世纪初到 30 年代行为科学学派出现前）、现代管理理论阶段（20 世纪 30 年代到 80 年代，主要是指行为科学学派及管理理论丛林阶段）和当代管理理论阶段（20 世纪 80 年代至今）。

古典管理理论阶段是管理理论萌芽时期，这一阶段侧重于从管理职能、组织方式等方面研究企业的效率问题，尚未对人的心理因素进行合理化的探索；现代管理理论阶段主要是指行为科学学派及管理理论成长阶段，行为科学学派阶段主要研究个体行为、团体行为与组织行为，重视研究人的心理、行为等对高效率地实现组织目标的影响作用；当进入现在管理理论阶段时期，信息化和全球化浪潮迅速席卷全球，顾客的个性化、消费的多元化决定了企业只有适应不断变化的消费者的需要，在全球市场上赢得消费者的信任，才有生存和发展的可能，这一时期，管理理论研究主要针对学习型组织而进行不断创新。

（三）基于金融脆弱学说理论

金融脆弱学说理论认为银行业具有内在的不稳定性，主要体现在：首先，银行资产和负债的流动性难以配合。其次，存在信息不对称，导致用户不可能精确监测和评估个别银行的财务状况，不可能把高流动性银行和低流动性银行、经营状况良好的银行和经营陷入困境的银行区分开来。因此，一旦用户对银行的安全性产生怀疑，就会马上拿出资金，由此形成的银行挤兑可能蔓延到有能力履行债务的银行，甚至导致整个银行体系的崩溃。最后，存在个体理性与集体理性二者之间的矛盾，每个人都理性行事，并不能保证融入之后的结果仍是理性的。

银行业伴有的这种内在不稳定性因素造成了银行的脆弱性，银行的脆弱性决定了金融系统的薄弱。金融市场失去平衡的主要体现是金融系统风险。所谓金融系统风险，是指金融市场发生系统危机或崩溃的可能性，系统危机或崩溃是指个别金融机构或环节的问题扩散开来，最终致使整个体系的运作瘫痪，进而给实际经济部门造成损失的灾害性事件。在传统各类金融中介机构中，银行是最基本、最核心，也是最易引发金融危机的部门。

在金融监管的制度安排中，银行监管处于重要地位。与银行相比，非银行金融中介机构的系统一般来说风险系数很小，几乎趋近于零，倘若存在，也主要通过与银行系统的相互关系发挥作用。因此，从系统风险的角度上来看，不必对非银行金融机构采取专门措施；从保护消费者利益的角度上来说，采取措施加以监管仍然是十分必要的。

金融系统的脆弱性决定了金融系统需要政府提供监督管理，以维持社会公众的信心，从而维持金融安全。

（四）基于公共经济学理论

公共经济学是经济学的一个范畴，它在经济人行为假定、决策与行为的产生、目标的确定、结果的分析以及对过程的评价上所遵循的完全是与经济学研究相一致的原则和方法。公共经济学通过对政府制定经济运行政策的具体研究，试图使政府制订的发展规划更符合消费者利益。这一观点在金融监管中也同样得到运用，也是金融监管理论的重要组成部分。

市场机制在资源的配置中能够有效地发挥作用，但市场存在缺点和不足，即通常所说的市场失去掌控。公共利益学说认为，金融监管是公共产品，是一种降低或消除市场失去控制的方法。金融市场失去掌控主要表现为自然垄断、外部效应和信息不对称等方面。自然垄断是指自由竞争的结果致使企业规模不断壮大，最终形成优胜劣汰的自然规律。一个行业的集中会导致出现自然垄断者，自然垄断产生之后，打破了行业的市场竞争机制平衡，最终导致市场失去掌控。一般来说，金融市场中的竞争是普遍的，但垄断的倾向从一开始就存在。因此，开业管制、开设分支机构和银行合并监管等就是以防止金融力量的集中和过度竞争为根据而构建的。

（五）基于信息不对称理论

信息不对称是指信息在交易双方分布的不均衡性。信息不对称会导致竞争双方为了在竞争中取胜，通过扼制信息来源等方法削弱或减少他人对信息的了解，从而实现打败对手的目的。

金融交易的风险源于金融市场参与者信息的不完全性。信息是预测未来必不可少的基本要素，因而它在理性决策中占据着主导地位。但是，金融市场的参与者获得信息通常要付出巨大的成本，并且信息在借款者和贷款者之间的分布是不对称的。因此，金融市场参与者一般不具有完全信息，而不完全信息将导致金融市场的不完全竞争。金融市场参与者的不完全信息、较高的市场准入成本和明确的市场准入限制导致了金融市场的效率下降，并且有可能导致其他福利损失事件发生。

首先，贷款者的不完全信息使他们不能作出理性的贷款决策，不能有效地监督借款者。在这种情况下，如果贷款者试图通过提高贷款利率进入信贷市场，那么贷款者就可能选择对他们不利的借款者。这样，好的借款者被排斥在信贷市场之外，而那些违约风险较大的潜在借款者则可能获得贷款。这些借款者就会从事高风险的投资活动，并且他们支付的利率经过风险调整后可能并不是最高的，从而威胁到贷款者的利益。

其次，在贷款者不具有完全信息的条件下，贷款者更多依靠的是长期的客户关系。由于借款者比贷款者更了解业务的性质和风险，为了降低搜集信息的成本和贷款风险，贷款者通常只对特定行业或地区的借款者发放贷款，并且很注重长期的客户关系。贷款者注重长期客户关系可能导致信贷资金流向收益率较低的借款者，从而降低信贷市场分配资金的效率。

综上所述，有关监管理论是满足公众在应付自由市场运行失去掌控时采取的手段，它提倡在市场失去控制时，针对自然垄断、外部效应和信息不对称性来实施管制，通过管制来弥补市场缺陷，进而实现保护社会公众利益的目的。

二、金融监管方法和金融监管的手段

（一）金融监管的方法

1. 一般金融监管方法

监管方法是指监管的具体步骤和技术等。一般监管方法包括以下几种：

（1）事先检查筛选法。这主要是指金融机构建立之前的严格审查和注册登记，包括拟建机构的地址、规模、股东人数、资本金、经营管理水平、竞争力和未来收益等。

（2）定期报告和信息披露制度法。监管当局针对定期报告和有关信息，通过采用趋势分析和比较分析两种方法，可查找出银行经营管理工作中存在的问题。

（3）现场检查法。这是指派出检查小组，到监管对象的经营场所进行实地检查，主要检查资本充足状况资产质量、内部管理、收入和盈利状况、清偿能力等，以此作出全面评价。在检查过程中，检查小组要检查经营活动是否安全、合法，检查经营活动的决策做法和程序，检查内部管理的情况，评价贷款、投资以及其他资产的质量，检查存款与其他负债的构成，判断银行资本是否充足，评估管理机构的能力和胜任程度等。

（4）自我监督管理法。这是指金融机构根据法律自我约束、自我管理，在自觉的基础上实现自我监管。

（5）内、外部稽核结合法。稽核是指对经营活动开展审计与核对，是一种监督检查的系统方法。目前，采取外部稽核和内部稽核相结合，以及监管当局强制性稽核和社会非强制性稽核相结合的办法来进行金融监管。

（6）发现问题及时处理法。当银行或其他金融机构的业务经营活动违反金融法规规定时，监管当局通过采取相应的措施，督促金融机构纠正偏差。

2. 我国主要金融监管方法

我国主要金融监管方法包括以下四种：一是市场准入；二是稽核检查，分为非现场监管和现场监管两种；三是综合监管，充分发挥监管部门、金融机构自律性管理以及审计部门、企业、工商税务、会计师事务所、公众等社会监督的力量，实行全方位的立体化监管；四是市场退出监管。

（二）金融监管的手段

不同国家、不同时期的监管手段是不同的。例如，市场体制健全的国家主要采用法律手段，市场体制不发达的国家则更多地使用行政手段。总的来看，目前金融监管使用的手段主要有以下四种：

（1）法律手段。法律手段即国家通过立法和执法，将金融市场运行中的各种行为纳入法制轨道，金融活动中的各参与主体根据法律要求规范其行为。运用法律手段进行金融监管，具有强制力和约束性，各金融机构必须依法行事，否则将受到法律制裁。因此，各国金融监管当局无不大力使用法律手段，即使一些不发达的发展中国家，也都积极完善立法，使金融监管具有相当大的力度。运用法律手段发挥监管作用，必须树立金融法律的权威性和有效性，立法要超前，执法要严格。例如，运用法律手段管理证券市场，就是要通过立法和执法抑制和消除欺诈、垄断、操纵、内幕交易和恶性投机等现象，维护证券市场的良好运行秩序，保护投资者的利益。

（2）技术手段。监管当局实施金融监管必须采用先进的技术手段，如运用电子计算机和先进的通信设施实现全系统联网。这样，监管当局不仅可以加快和提高收集、处理信息资料及客观评价监管对象的经营状况的速度和能力，而且可以扩大监管的覆盖面，提高监管频率，及时发现问题和隐患，快速反馈监控结果，降低金融业的不稳定性，防范金融风险。运用电子计算机进行监管，实际上是将监管当局监管的内容量化成各项监测指标，通过资料的整理、分析和对比，最后以监控指标的形式反映金融业的业务经营活动状况来判断风险程度。

（3）行政手段。行政手段是指金融监管当局采用计划、政策、制度、办法等进行直接的行政干预和管理。运用行政手段实施金融监管，具有见效快、针对性强的特点。特别是当金融机构或金融活动出现波动时，行政手段甚至是不可替代的。然而，行政手段只能是一种辅助性的手段。从监管的发展方向看，各国都在实现非行政化，逐步放弃用行政命令的方式来管理金融业，而更多地采用法律手段和经济手段。行政手段与市场规律在一定程度上是抵触的，采取行政手段虽收效迅速，但震动大，副作用多，缺乏持续性和稳定性。不过，完全摒弃行政手段也是不现实的，即使是市场经济高度发达的国家，在特殊时期仍然需要用到它。

（4）经济手段。经济手段是指金融监管当局以监管金融活动和金融机构为主要目的，采用间接调控方式影响金融活动和参与主体的行为。金融监管的经济手段很多，如在对商业银行进行监管时，最后贷款人手段和存款保险制度等就是非常典型的经济手段。在证券市场监管中，金融信贷手段和税收政策都是重要的经济手段。

三、国内民间金融监管政策分析

2020 年 12 月 3 日，央行、银保监会联合发布《系统重要性银行评估办法》，该办法于 2021 年 1 月 1 日起正式发布。2020 年以来，监管部门陆续发布了一系列重磅政策以强化监管，2021 年，随着这些政策的陆续落地，金融监管从范围到内容都将得到加强。与此同时，以 2020 年年底中欧投资协定谈判完成为标志，2021 年更加开放的中国金融市场将迎接全球玩家。

（一）强化监管，防范化解金融风险

2021 年，金融监管环境与去年发布的一系列重磅金融监管政策息息相关。2020 年以来，资管新规过渡期延长，系统重要性金融机构、金融控股公司、金融基础

设施等统筹监管框架有序搭建。

以强化金融监管为抓手，各主管部门携手提升对各类金融主体的监管能力，互联网金融、P2P、信托等市场风险得以持续出清。由于众多政策在2020年颁布，2021年是这些政策落地的重要时段，政策执行过程中有哪些具体情况值得投资者高度关注？

1. 资管新规过渡期至2021年年底

2020年7月，央行会同发展改革委、财政部、银保监会、证监会、外汇局等部门联合发文，延长《关于规范金融机构资产管理业务的指导意见》过渡期至2021年底，同时建立健全激励约束机制，完善配套政策安排，平稳有序地推进资管行业规范发展。央行负责人强调，过渡期延长的政策安排，不涉及资管业务监管标准的变动和调整，并不意味着资管业务改革方向出现变化。

尽管因为新冠肺炎疫情原因，监管部门延长资管新规过渡期，但它们仍坚决按照新规要求各类金融主体推进资管产品净值化、打破刚兑、不承诺保本保收益等工作，包括银行等金融机构也纷纷加大力度推进业务转型。

2. 系统重要性金融机构

从2021年1月1日起，央行、中国银保监会颁布的《系统重要性银行评估办法》开始实施。根据评估办法，每年确定参评银行范围，收集参评银行数据进行测算，提出系统重要性银行初始名单，结合监管判断，对初始名单进行必要调整，经国务院金融稳定发展委员会确定后发布。根据名单对系统重要性银行进行差异化监管，以降低其发生重大风险的可能性，防范系统性风险。

由于银行业机构占整体金融业机构资产总额的91%（2019年末），因此银行业稳健性状况在很大程度上代表了我国金融业的整体稳健性水平。从2021年开始，我国系统重要性银行评估纳入统一金融监管框架，随着后续配套细则发布，央行将发布系统重要性银行名单。

3. 金融控股公司

2020年9月份，国务院及央行陆续发布了《关于实施金融控股公司准入管理的决定》（金控决定）、《金融控股公司监督管理试行办法》（金控办法）等监管政策。上述政策从注册资本、股东、实际控制人、董事、监事和高级管理人员、补充资本能力，以及组织机构和风险管理、内控制度等方面对金融控股公司提出明确的准入要求，并授权人民银行对金融控股公司开展市场准入管理，实施监管。

按照监管要求，目前仍有部分混业经营的大型集团尚未满足监管要求。2021年，是金控办法落地的关键之年，会有若干大型企业纳入监管要求，按照金融控股公司对组织框架进行重设。

4. 金融基础设施建设

2020年年底举行的中央经济工作会议强调，“金融创新必须在审慎监管的前提下进行”。这其中，金融基础设施建设有着重要的意义。金融基础设施是指金融运行的硬件设施和制度安排，主要包括支付体系、法律环境、公司治理、会计准则、信用环境、反洗钱以及由金融监管、中央银行最后贷款人职能、投资者保护制度组成的金融安全网等。

据了解，经过多年建设，我国逐步形成了为货币、证券、基金、期货、外汇等金融市场交易活动提供支持的基础设施体系，功能比较齐全，运行整体稳健。随着我国金融市场对外开放，在法制建设、管理统筹、规划建设等方面还有待加强。2021年，各金融监管部门仍将继续加强金融基础设施建设。

5. 防止资本无序扩展

中央经济会议此前定调的“强化反垄断和防止资本无序扩张”将作为2021年金融监管的重点。“一行两会”已经对此作出明确表态。央行指出，支持金融科技依法规范发展，坚决反对垄断和不正当竞争行为，防止资本无序扩张。银保监会表示，强化反垄断和防止资本无序扩张，坚持金融创新必须在审慎监管的前提下进行。证监会强调，金融创新必须在审慎监管的前提下进行，防止资本无序扩张。

（二）练好内功，迎接全球挑战

全面强化金融监管有着深刻的现实背景。2020年以来，我国金融业对外开放步伐进一步加快。分别自2020年1月1日、4月1日、12月1日起，取消期货公司、基金管理公司、证券公司外资股比限制。6月19日，友邦保险上海分公司改建为独资人身保险公司，名称为“友邦人寿保险有限公司”，中国首家外商独资人身保险公司正式诞生。6月，证监会依法核准摩根大通期货为我国首家外资全资控股期货公司。8月28日，美国运通在华合资子公司连通技术服务有限公司在杭州正式揭牌。

2019年年底，商务部发言人表示，在中欧投资协定中，中国纳入了在金融等领域自主开放的举措，并将此纳入协定的承诺。与此同时，中方也按照自身发展的需要，有序地扩大了部分服务业和部分制造业的开放。

一方面，中国金融领域不断扩大对外开放程度，另一方面在双向开放的基础上，我们也积极引导企业走出去。2020年年底，国家外汇管理局再次启动一轮合格境内机构投资者（QDII）额度发放，并分别扩大上海、北京和深圳三地合格境内有限合伙（QDLP）/投资企业（QDIE）试点规模，拟新增海南自由贸易港并在重庆市开展QDLP试点。另外，央行正在与香港货币当局一道，会同各方研究探讨“债券通”南向通的框架性方案。

中国作为全球最具潜力的市场，即将迎来越来越多的大玩家，与此同时，走出去的我国金融企业也将直面全球市场的挑战。因此，强化金融监管，努力让国内企业“练好内功”也符合审慎监管的原则。

第二节　民间金融监管制度的缺陷和发展

一、完善民间金融监管制度的迫切性和可行性

从前面的分析，我们知道民间金融作为正规金融的必要补充，对农村经济、民营经济的发展以及就业等方面都起到了极其重要的作用，是我国金融系统中必不可少的重要组成部分。但由于民间金融的特殊性和金融系统的完善要求对民间金融也应采取必要的监管措施，使其按照经济发展的正常秩序发挥积极作用。

（一）完善民间金融监管制度的迫切性

我国民间金融在稳步发展的过程中衍生出了各种不同的运作模式，各种模式具有其固有风险，且各种模式本身的组织结构缺乏完善性。这就需要金融监管机构加强监管力度，从多方面逐步渗透到民间金融的整个体系中去，使民间金融逐步走向正轨，成为我国金融体系的后备力量，支撑起整个金融体系的快速运作。[①]

1. 民间金融内部的高风险

第一，民间金融本身的实际操作比较随意，并没有明确的风险导向控制制度，风险控制能力比较弱，在产生风险的环节并没有设立相应的警示制度，无法及时

① 王琦，赵志强，曲士英. 民间融资中的金融伦理 [M]. 杭州：浙江大学出版社，2008.

制止风险的迅速扩散。第二，民间金融大多数依靠信用和道德的约束，在整个操作流程中并没有明确的法律条文规定，法律制度不健全，操作环节有漏洞，给不法分子提供了乘虚而入的机会，容易导致金融体系的混乱。第三，借贷成本的负担给借贷双方都带来了较大的压力，借款一方因为高成本的压力会倾向于高风险的投资项目，一旦失败会给自身乃至出资人带来重大损失。

2. 民间金融组织的不完善性

我国的一些民间金融组织是参照《公司法》及相关组织管理办法设立的，接近于有限责任公司的组织形式，本质上类似于公司，但是形式上千变万化，本身就给金融监管带来了一定困难；还有一些组织是非公开的地下金融组织，本身设立并没有得到相关法律或者制度的认可，这类组织缺少了相应的内部控制制度，自身的经营风险比较高，需要国家金融监管机构的协调帮助才能有效进行经营。

3. 民间金融发展的市场化

民间金融的稳步发展在一定程度上体现了我国私营经济的成熟程度，近些年，国内民间融资活动进入活跃阶段，在沿海经济发达的地区尤为明显。各地区间的资金融通也更加频繁，不断促进民间金融的自由市场化发展。但是在发展过程中也存在利率不稳定、交易行为不公开、融资比例不均衡等问题，所以在放开民间金融的束缚前要建立健全一套完整的监管体系，防止民间金融大肆无限制地涌入金融市场，对金融体系造成冲击。

4. 民间金融市场的资源配置

根据金融监管的市场失灵理论，信息不对称、垄断和外部性等市场失灵现象存在于不完全竞争市场，这种现象使资源无法得到合理的最优配置。需要政府介入，利用“看得见的手”对金融市场实施全程监管。合理适当的政府监管一方面有利于民间金融自身组织的规范和完善，降低风险，提高效率；另一方面对于政府监管机构来说可以获得额外的收入，起到了财富再分配的作用。同时，较为完善的监管体制提升了借贷双方的信心，降低了双方的风险，促进了借贷的持续循环。因此可以看出，从不同角度来提升社会资源的配置都需要一套完善的监管制度作为基础支撑。

（二）完善民间金融监管制度的可行性

如果能有一套有效的监管体系对民间金融进行监管，其实也是对民间资本的保护：对债权人和债务人双方的利益保护、对民间金融机构的合法性保护，避免遭遇因法律纠纷或者其他原因被取缔的风险，或者发生如前所述的非法集资欺诈行为，保证民间资金的安全。

我国金融系统采取的是分行业监管形式，增加一个民间金融监管机构是可行的。首先，从监管收益来说，根据张德强（2008）的分析，基于民间金融组织的视角，实施民间金融监管政策后，对民间金融组织而言，不但风险比监管前低，而且收益也比监管前高。其次，民间金融实行监管后，对借贷双方来讲，风险都会有所降低。监管前，借贷行为不受法律保护，民间金融面临两方面的风险：一是经营的风险，二是被政府取缔的风险；实行监管，民间金融注册后，就只存在经营的风险，而且经营行为受法律保护，面对一些违约事件还可通过法律诉求解决，适当降低经营风险。因此，从风险和收益上来讲，实行监管后，民间金融都能获得更多的利益，监管措施适当是可行的。

二、民间金融监管制度的缺陷

（一）金融监管机构存在的问题

1. 监管机构的透明度不够

随着我国金融监管体系的不断完善，虽然我国金融监管的信息披露制度较之以往有了很大的进步，但是还是存在很多瑕疵，例如披露的内容往往只是一些表面上的公文，很少会对金融机构存在的风险或者应对风险的措施等细节进行披露。这部分信息的不透明不仅给监管机构带来了较大的困扰，造成监管目标和原则的背离，也使得社会公众无法根据披露的信息对监管机构的工作进行客观准确的评价，从而导致监管机构无法对金融市场进行有效监管。

2. 监管协调机制约束力不强

虽然政府和监管部门已经通过签订机构之间的谅解备忘录等方式形成了对金融机构的协调机制，但是由于我国金融监管的相关法律还并不完善，因而这种机制能产生的效用也十分有限。此外，由于“一行三会”的部级联席会议制度并未在监管协调的制度和实施细则上进行明确界定，因而监管协调的可运用性并不高。这样的监管机构不仅无法有效应对变幻莫测的金融市场，反而还会导致监管机构相互推诿。

（二）金融监管模式存在的问题

目前我国实行的是由中国人民银行、证监会以及银保监会分别对各金融机构进行监管的“单线多头”的分业监管模式。这种监管模式虽然与金融机构业务界限清晰、分工明确的分业经营格局是相适应的，但是，随着我国金融业的不断发展，各种新型金融产品层出不穷，如支付宝、众筹融资等，各种跨市场、跨业务的金融产品不断涌现，分业监管存在着的监管机构之间协调困难、监管效率低下等问题也在不断暴露。

同时，就目前的实际情况来看，虽然我国的金融机构仍以分业经营格局为主，但是随着证券业、保险业以及银行业交往的日益密切，混业经营特征也逐步凸显，再加上金融一体化和世界范围内混业经营趋势的影响，纯粹的分业监管模式已难以满足我国金融业的发展要求和经济建设的需要，而且加剧了金融风险的产生。

因此，必须要对我国的金融监管体制加以改革。虽然综合国情还不允许我国立即实现全面的混业经营，但是我们可以在借鉴美国伞式监管体系的基础上，逐步促进我国分业监管体系的优化升级。

（三）金融监管法律不健全

首先，我国金融监管的法律体系主要由《中国人民银行法》《商业银行法》《银行业监督法》，以及《保险法》《证券法》等该法律法规组成，关于金融监管的法律就分布其中，还没有建立起一部能够明确我国金融监管机构职责、规范金融机构行为的法律。其次，在上述法律法规中，也大多是原则性条款，缺乏相关的配套实施细节，而且还有许多法规存在界定不明、模糊不清的问题，导致我国的金融监管法律根本不能很好地发挥出法律效用，服务于我国的金融监管工作。如《中国人民银行法》第二条规定：“中国人民银行在国务院领导下，制定和执行货币政策，防范和化解金融风险，维护金融稳定”，但法律却并未对人民银行的具体职责和金融风险的类型范围等进行明确，导致在执行过程困难重重。最后，随着我国互联网金融的飞速发展，各处新型金融产品也层出不穷，但金融监管立法却长期滞后于金融业务的发展，如一直未出台相应的政策法规规范 P2P 网络融资平台的行为。

与我国笼统模糊、界定不明的金融监管法律不同，自 2007 年次贷危机后，美国就加快了对金融监管的立法工作，到目前，已形成了一套严密规范的金融监管法律体系，有力地维护了金融市场的稳定和发展。

由此可以看出，我国金融监管法律体系与美国相比，还存在巨大差距，因此，必须要加快立法进程，为金融监管的权利分配等提供良好的法律保障。

（四）对互联网金融的监管缺位

2014年以来，我国互联网金融产业所暴露的问题日益增多，各种互联网金融风险事件也层出不穷，说明我国的金融监管体系在互联网金融方面还存在着严重不足，具体体现在：

1. 相关监管机构立法滞后，缺乏统一的监管体系

以P2P网络融资平台为例，尽管2015年7月人民银行通过出台《关于促进互联网金融健康发展的指导意见》确立了银监会对P2P行业的监管职责，但是并未对具体的监管内容和职责进行详细规定，导致监管部门由于缺乏法律依据根本无法对其进行有效监管。

2. 难以把握对互联网金融的监管力度

虽然市场机制和行政管理对互联网金融的发展具有重要作用，但是利用法律法规来约束互联网金融的市场行为更利于互联网金融的自由发展。但是到底应该采取多大的法律监管力度又始终难以界定，监管力度太小，会使互联网金融市场乱象丛生，威胁到金融市场甚至国民经济的稳定，但是监管力度过大，又会抑制互联网金融的发展，不利于经济社会的进步。因此，如何把握对互联网金融的监管力度始终是一大难题，它不仅在一定程度上制约了互联网金融的发展，也使得我国的金融监管体制难以对互联网金融起到良好的监管作用，导致监管空白。

3. 互联网金融监管范围的界定困难

互联网金融的业务开展都是线上运行，其业务范围也一直在不断发生变化。监管部门确定了对互联网金融的监管范围，那么一旦互联网金融市场出现新的业务行为，监管机构又将不得不对现存的监管内容和法律法规进行调整。如果法律更新的步伐滞后于互联网金融业务的更新，那么又会损害互联网金融市场的稳定。

正是以上种种原因，导致我国目前的金融监管机构难以对互联网金融形成有效的监管，使得互联网金融领域金融诈骗、非法集资等事件频频发生，严重损害了我国金融市场的稳定。

三、我国民间金融监管政策的发展

民间金融是一种具有悠久历史的、较为传统的借贷运作模式，不同时期有其不同的发展特点。根据发展阶段的不同，国家给予的监督管理力度和重点也是不同的。自中华人民共和国成立以来，我国金融监管部门意识到民间金融风险及其危害性，采取了不同的监管思路，并运用了相应的法律手段予以规制。我国金融监管体系的演进经历了四个阶段，在这四个不同阶段和时期的金融政策的变化，体现了我国民间金融监管政策的演变过程，也反映出国家对民间金融态度的变化。

（一）初始阶段（1949—1978 年）

此阶段金融体系以银行业为主，即以中国人民银行为单一主体的金融集中管理体制，集货币政策、金融经营和管理职能于一身。新中国成立后的第一届全国农村金融工作会议于 1951 年 5 月召开，这次会议明确了农村信用社在组织性质、功能定位以及业务范围方面的一系列原则，为农村信用社的发展指明了方向。但由于新中国成立初期，农村金融制度并不能满足农村的金融需求，因此一些民间高利贷等民间金融仍然存在。

20 世纪 60 年代初，我国把高利贷活动提升到阶级斗争的高度，认为放高利贷者已经演化为一个“新的剥削阶层——新兴资产阶级”。在政治定位之后，从 1963 年开始，有关部门逐步综合运用了经济、行政和政治运动等手段对农村高利贷进行了打击。这种置农村经济状态于不顾的单方面打击高利贷等民间金融活动的行为，不仅不能根除高利贷等民间金融活动，反而加剧了高利贷等民间金融活动的风险溢价。至此，我国有关“高利贷”等民间金融活动的治理被开始标上“政治”色彩，坚持的是“严控和严打”的思路。在这个全国范围内抵制民间金融的时期，民间金融的经营范围严重缩水，具有组织构成的机构被认定为非法机构而不复存在，只剩下一些依靠简单社会关系的借贷活动。

（二）过渡阶段（1979—1991 年）

此阶段初步建立了以银行监管为主的金融监管体系。十一届三中全会后改革开放政策的施行，促使我国金融体制作出了相应调整，中国人民银行被正式确立为中央银行，成为相对独立的监管机构，同时国家相继恢复或新设了几大专业银行和保险、信托及证券等行业的金融机构。但此时的金融监管的地位和权力仍依托行政体系，并不是由法律明确授权和规定的。1978 年，党的十一届三中全会通过了《中共中央关于加快农业发展若干问题的决定（草案）》，决定全面推进农村改革和城市开放，鼓励和支持农村个体经营的发展，提出支持农村信贷事业，并于 1979 年恢复中国农业银行。1983 年下半年，农村基金会在我国一些农村地区开始产生和发展，深受农村群众的欢迎，也得到了地方政府部门的支持。1986 年 1 月 7 日，为了加强对银行和其他金融机构的管理，保证金融事业的健康发展，国务院颁布了《中华人民共和国银行管理暂行条例》，其中明确规定：个人不得设立银行和其他金融机构。1987 年，中央决定开始进行中国农村改革试验区建设，农村合作金融组织的改革试验于 1992 年进入普及发展和配套改革阶段，意在解决农村的金融难的问题。在此时期的城市地区，尤其是我国的沿海一带，由于市场化进程推进得更快，出现了分散型的作坊式生产的企业，但这些企业没有体制内明确的社会地位，因而很难获得国家正规金融服务体系的支持，致使民间金融在我国的沿海地区得到了较快的发展。自 1988 年起，我国经济过热，物价开始上涨，全国掀起了“抢购风”，导致各个行业的资金面紧张，抬高了民间借贷的利率，致使“抬会”等各种类型的民间金融组织又开始流行起来。民间金融在这一阶段受到较少的限制，规模得到极度扩张，具体表现在借贷额度比例的上升、民间金融组织数量的上升、民间金融经营运作模式的多样化等方面。

（三）发展阶段（1992—2003 年）

此阶段实行“一行三会”金融分业监管体制。党的十四大提出建立社会主义市场经济体制，推动了金融体制的根本性变革，先后设立了银监会、证监会和保监会等专业监管机构，分业监管体制得以确立。立法部门还先后颁布了银行法和保险法等法律法规，使我国的金融监管进入法治化阶段，并确立了基本的金融法律体系。1992 年之后，我国的改革开放政策得到了更进一步的推进，由于金融体制改革过程中出现的法律缺失与法律滞后，使得在 1993 年和 1994 年发生了长城机电公司非法集资案、无锡新兴公司非法集资案之后，对案件中的相关主要责任人都是以 1979 年制定的《刑法》中的投机倒把罪来定罪量刑。1995 年被称为我国的金融立法之年：全国人大常委会于 1995 年 5 月通过的《商业银行法》首次提出了“非法吸收公众存款”的概念。1996 年 8 月，国务院颁布了《关于农村金融体制改革的决定》，提出建立以合作金融为基础，商业性和政策性金融分工协作的农村金融体系，当年我国的农业银行与农村信用社脱钩而分开经营。1997 年 8 月，中国人民银行发布《关于对农村合作基金会进行清理整顿、切实规范管理的报告》，国家开始对过去几年脱离有效监管而泛滥发展的农村合作基金会进行清理。为防范金融风险，国务院于1997年11月决定全面整顿农村合作基金会，1998年各地普遍出现了农村合作基金会的挤兑热潮，危及了农村地区的经济发展和社会稳定。基于1998年亚洲金融危机的巨大影响和深刻教训，国务院于1998年7月颁布了《非法金融机构和非法金融业务活动取缔办法》,并对非法金融机构和非法金融业务活动进行了定义,该规定将民间金融视为“非法”。根据国务院的上述规定，中国人民银行又先后颁布了《整顿乱集资、乱批金融机构和乱办金融业务实施方案》和《金融违法行为处罚办法》。在这些严厉的金融政策打压下,此后的民间金融活动彻底转入“地下”状态。1999年，由于农村基金会在运行过程中造成的金融混乱进一步显现，给各地金融秩序带来了很大的影响，国务院于当年1月发布3号文件，决定对农村合作基金会进行全面清理整顿，由此全国开始了大范围取缔和清理农村基金会的行动。2003年8月，国务院发出《关于印发深化农村信用社改革试点方案的通知》,要求加快农村信用社管理体制和产权制度改革。该阶段的政策与法律制度的变迁，清晰地反映出我国市场化改革过程中的金融体系带有非常明显的“严格管制”色彩。

（四）完善阶段（2004年至今）

发展和完善分业监管体制在应对金融全球化机遇和金融危机挑战的背景下，我国金融监管加强了宏观审慎监管和其他改革的探索，完善金融法律体系，丰富监管内容，加强监管执法。经济快速发展和为防止流动性泛滥实施的银根紧缩政策，使得经济发展与货币流动性之间的矛盾得以凸显，利率控制和银根紧缩导致了民间金融发展势头更为迅猛。在此阶段，国家在完善相关的民间金融法律体系的同时，也进一步加大了侦办和惩处民间金融案件的力度，陆续出现了大量有关民间金融风险的典型的大案和要案。以江苏省为例，2006年、2007年、2008年三年间，江苏省公安经侦部门对集资诈骗案件立案分别为26起、37起、91起，对非法吸收公众存款案件立案51起、53起、99起，两个罪种的立案数平均每年分别递增194%和145%。在上述案件中，2006年、2007年、2008年分别打击处理犯罪嫌疑人39名、78名、136名，打击处理人员数平均每年递增187%。这一现象一方面反映出我国民间金融的活跃程度，另一方面也表现司法机关对民间金融犯罪严厉惩治的态度。值得关注的是，在2020年12月18日结束的中央经济工作会议指出“金融创新必须在审慎监管的前提下进行”。稳健的货币政策要灵活精准、合理适度，保持货币供应量和社会融资规模增速同名义经济增速基本匹配，保持宏观杠杆率基本稳定，处理好恢复经济和防范风险关系，多渠道补充银行资本金，完善债券市场法制，加大对科技创新、小微企业、绿色发展的金融支持，深化利率汇率市场化改革，保持人民币汇率在合理均衡水平上的基本稳定。此外，要健全金融机构治理，促进资本市场健康发展，提高上市公司质量，打击各种逃废债行为。要规范发展第三支柱养老保险。该阶段可以清晰地反映出，随着金融改革的不断深化，监管制度也不断得到完善，民间金融在政府和金融监管机构的引领下逐渐走向规范化、合法化、高效化。我国目前已经开展了许多地域性的改革实施方案，并取得了一定的进展，为我国民间金融的进一步发展奠定了基础，成为其向金融体系靠拢的关键环节。现阶段，我国的监管主要依托政府、行业自律组织和资金供应方进行。

第三节　民间金融的健康可行性路径分析

一、民间金融现状及政策

2020 年，国内除了数字金融服务消费，第三方支付和网络借贷领域的监管也在趋紧，第三方支付监管强化。2020 年，支付领域风险点集中于网络新型违法、反洗钱、个人信息保护等三个领域。2020 年 4 月 30 日，央行针对第三方支付机构下罚首张过亿的罚单，为 1.16 亿元，其原因是未按规定开展备付金集中交存和反洗钱不利。除此之外，网络借贷领域风险持续收敛，互联网金融专项整治及互联网借贷风险监管取得决定性成果。中国网络贷款平台数量变化显示了监管部门开展的整个 P2P 网贷清理和整顿情况，网贷平台数量已经归零，取得了决定性的成果。但是，对于 P2P 网贷整体的发展，从出生到繁荣爆发式增长再到归零，对于这样的运动式发展、运动式监管要进行反思。目前，中国对整个金融监管体系是在持续不断地完善，进一步强化系统性金融风险防控制度。突出表现在监管规则、法律制度方面，如《中国人民银行法》正在修订，主要是为了落实党中央对金融改革的战略部署，尤其是匹配国家治理体系和治理能力现代化建设的要求，建设现代化中央银行；推进金融供给侧结构性改革，更加有效地防范化解系统性金融风险；适应国际金融监管趋势，等等。《金融控股公司监督管理试行办法》在2020年11月1日正式实施。对于互联网金控机构，已经按照此《办法》逐步开始规范。2020年12月3日正式颁布的《系统重要性银行评估办法》，该《办法》完善了我国系统重要性金融机构监管框架，建立了系统重要性银行评估与识别机制。①

对国内金融监管来说，最突出的表现在于重点风险环节把控有力，重大风险事件处置得当，我们称之为“精准拆弹”。这里有四个重大事件可以作为代表：首先是对于房地产市场，出台了房地产金融审慎管理制度。如房企融资的三条红线，包括长租公寓“租金贷”问题的整治和化解。其次是关于中小银行的危机，以恒丰银行、包商银行为代表。恒丰银行经过这次资产重组后，监管的各项指标都趋于良好，拨备率、利润率都在迅速上升。包商银行也尘埃落定，进入破产程序，新成立的蒙商银行和徽商银行把包商银行的业务都承接下来了。最后是关于中行“原油宝”事件，监管部门对涉事机构和个人作出了处罚。更为重要的是司法部门对于投资者起诉中行作出了裁决，这个定性为中国的银行业未来从事衍生品交易的责任承担给出了方向，这是具有里程碑意义的，最终的判决结果是中行承担投资者的全部穿仓损失和20%的本金损失。

而在2020年12月8日结束的中央经济工作会议也确立了2021年重点要抓好的工作任务：

（一）完善货币政策

1. 稳健的货币政策灵活精准、合理适度

要完善货币供应调控机制，保持宏观杠杆率基本稳定，处理好恢复经济和防范风险的关系。持续深化利率和汇率市场化改革，引导市场利率围绕央行政策利率中枢运行，保持人民币汇率在合理均衡水平上的基本稳定。

2. 积极发挥资本市场枢纽功能，促进畅通货币政策、资本市场和实体经济的传导机制

完善多层次资本市场体系，加强各层次股权市场之间的有机联系，促进改善融资结构。科学合理保持IPO、再融资常态化。稳定交易所债券市场，夯实信用

① 王千马．盘活：中国民间金融百年风云[M]．北京：现代出版社，2016.

基础。

（二）支持实体经济

1. 进一步加大对重点领域和薄弱环节的金融支持

作好稳企业保就业纾困政策的适当接续，继续支持民营小微企业发展。用好再贷款再贴现政策，引导金融机构加大对科技创新、绿色发展、制造业等领域的信贷投放。作好脱贫攻坚与乡村振兴金融服务有效衔接。

2. 加快构建金融服务实体经济体制机制

（1）全力支持构建新发展格局

加快构建金融有效服务实体经济的体制机制，助推经济转型和结构调整，增强产业链供应链自主可控能力，畅通国内大循环；推进更高水平金融开放，促进国内国际“双循环”。

（2）助力提升国民经济整体效能

持续优化金融资源配置，加大对科技创新、小微企业、绿色发展的金融支持，强化普惠金融服务；支持扩大国内需求，激发消费潜在活力，增强投资增长后劲；大力发展农业保险，加大金融扶贫力度。

（3）抓好各种存量风险化解和增量风险防范

保持宏观杠杆率基本稳定，前瞻应对不良资产反弹，精准防控重点领域金融风险；多渠道补充银行资本金，压实各方责任，推动中小银行深化改革、化解风险；坚决打击各种逃废债行为。

（4）深化金融供给侧结构性改革

完善多层次、广覆盖、差异化的金融机构体系；健全金融机构治理，严格规范股东股权管理；加快推动理财、信托转型发展，培育壮大机构投资者；完善债券市场法制，促进多层次资本市场发展，提高直接融资比重；规范发展第三支柱养老保险。

（5）完善现代金融监管体系

强化反垄断和防止资本无序扩张，坚持金融创新必须在审慎监管的前提下进行；提高金融法治化水平，对各类金融活动和行为依法实施全面监管；深化“放管服”改革，发展监管科技，大力提升监管效能。

3. 着力完善资本市场支持科技创新的体制机制

积极发挥科创板、创业板、新三板支持创新的功能作用，更好地促进科技、资本和产业高水平循环。优化再融资、并购重组等政策，完善股权激励和员工持股等制度，支持优质领军上市公司更好地发挥引领作用，带动中小企业创新活动。完善私募股权基金“募投管退”机制，鼓励投早、投小、投科技。

（三）防范、化解金融风险

1. 持续防范化解金融风险

巩固拓展防范化解重大金融风险攻坚战成果，健全金融风险预防、预警、处置、问责制度体系，压实中小银行风险处置责任。

2. 抓好各种存量风险化解和增量风险防范

保持宏观杠杆率基本稳定，前瞻应对不良资产反弹，精准防控重点领域金融风险；多渠道补充银行资本金；压实各方责任，推动中小银行深化改革、化解风险；坚决打击各种逃废债行为。

3. 统筹发展与安全，坚决打好防范化解重大金融风险攻坚战、持久战

进一步完善风险监测、预判和应对处置机制，切实维护股票市场、期货市场平稳运行；持续推动债券违约、私募基金等重点领域风险有序缓释，守牢不发生系统性金融风险的底线。

（四）金融供给侧结构性改革

1. 深化金融供给侧结构性改革

做好“十四五”金融业改革发展规划编制工作；支持中小银行多渠道补充资本金，稳步推进农信社改革；深化债券市场改革，完善债券市场法制，夯实信用基础，严肃市场纪律，打击各种逃废债行为；持续加强金融消费权益保护，增强人民群众获得感、幸福感；稳步扩大金融双向开放，推动已宣布金融开放措施切实落地，稳慎推进人民币国际化；提升开放条件下的金融监管能力。

2. 完善多层次、广覆盖、差异化金融机构体系

健全金融机构治理，严格规范股东股权管理；加快推动理财、信托转型发展，培育壮大机构投资者；完善债券市场法制，促进多层次资本市场发展，提高直接融资比重；规范发展第三支柱养老保险。

3. 着力加强资本市场投资端建设，增强财富管理功能，促进居民储蓄向投资转化，助力扩大内需

推动加强多层次、多支柱养老保险体系与资本市场的衔接，继续大力发展权

益类公募基金，推动健全各类专业机构投资者长周期考核机制；进一步加强投资者保护，增强投资者信心。

（五）完善金融监管体系

1. 加快完善宏观审慎政策框架

支持金融科技依法规范发展，坚决反对垄断和不正当竞争行为，防止资本无序扩张。

2. 完善现代金融监管体系

强化反垄断和防止资本无序扩张，坚持金融创新必须在审慎监管的前提下进行；提高金融法治化水平，对各类金融活动和行为依法实施全面监管；深化“放管服”改革，发展监管科技，大力提升监管效能。

3. 深化资本市场改革开放，持续加强基础制度建设

在注册制改革、健全退市机制、提高上市公司质量、完善证券执法体制机制等方面，持续抓好重点改革措施和关键制度的落地实施；稳妥推进市场、行业和产品高水平双向开放；坚持金融创新必须在审慎监管的前提下进行，防止资本无序扩张；严把 IPO 入口关，完善股东信息披露监管；加强监管协同和信息共享，避免监管真空。

二、民间金融面临的风险和挑战

尽管 2021 年经济增速比较高，但要客观理性对待，必须认识到 2021 年经济增速有其独特性，宏观经济运行还没有达到常态化水平。更何况，2021 年我国经济运行还将面临外部环境深刻复杂多变、国内有效需求不足等诸多风险与挑战，需要冷静应对。

（一）外部环境存在不确定性

1. 全球新冠肺炎疫情发展存在不确定性

尽管全球多个国家开始推广疫苗注射，但疫情蔓延扩散态势尚未得到有效遏制，甚至还出现一些变异毒株，导致新冠肺炎疫情防控压力依然巨大，不排除 2021 年部分国家再度实施封锁，进而拖累包括我国在内的全球经济复苏。另一方面，如果全球新冠肺炎疫情得到控制的话，全球供给的修复快于全球需求的修复，那么之前我国出口错峰增长的优势将有所弱化。

2. 中美大国博弈风险依然存在

尽管美国新总统拜登的行为较前任更有可预见性，短期内其将更关注于国内议题，中美冲突短期内存在边际缓和的可能。但源于长期战略遏制、短期转移国内矛盾等因素，遏制中国已基本上成为美国两党的共识，中美博弈大势不会改变，反而要警惕其团结美国传统盟友实现多边施压、一致对华，不排除未来伴随着美国境内新冠肺炎疫情防控形势逐步好转，对我国的遏制打压进一步升级的可能。

3. 全球化存在不确定性

在新冠肺炎疫情的冲击下，全球产业链供应链部分中断，导致全球产业分工安全性遭到质疑，一些“逆全球化”思潮加速，主要发达国家均考虑或正在考虑加快制造业回流，重新调整产业布局。这种趋势势必对我国产业结构尤其是外贸依赖度相对高的行业，造成比较大和深远的影响。

（二）国内经济复苏基础尚不牢固

2020 年，我国 GDP 增速同比逐季回升，但从环比增速看（见表 5–1），2020 年第二至第四季度实际 GDP 环比增速分别为 11.6%、3.0% 和 2.6%，逐季回落，说明经济复苏内在动力不稳，基础不牢固。从“三架马车”看，投资方面，固定资产投资累计同比增长 2.9%，核心动力主要来自房地产投资增长，而制造业投资增长是 –2.2%。民间投资增速还比较低，全年只有 1.0%，比整个投资增速低 1.9 个百分点。鉴于近期房地产监管政策不断升级，房地产企业融资持续收紧，预计 2021 年房地产投资难以出现 2020 年的增速，基础设施和制造业投资增速能否对冲掉房地产投资的下滑目前还难以预料。

消费方面，因新冠肺炎疫情的冲击，居民收入增长放缓，消费倾向明显下降，2020 年社会消费品零售总额增速为 –3.9%，是主要宏观指标中唯一一个没有转正的。出口方面，2020 年我国出口超预期增长弥补了消费的低迷，对经济修复起到了积极的支撑作用。但是 2020 年较高的出口增速或难以持续，而且出口的拉动力量主要是防疫物资出口、居家办公带来的“宅经济”产品出口以及欧美深陷疫情带来的中国生产替代效应。2021 年，随着欧美新冠肺炎疫情逐步缓解，经济逐步恢复，疫苗的推广使用，中国出口增速大概率将向近年均值回归。

表 5-1 2015—2020 年我国季度 GDP 环比增速（%）

年份	1 季度	2 季度	3 季度	4 季度
2015	1.9	1.8	1.7	1.6
2016	1.6	1.8	1.7	1.6
2017	1.8	1.8	1.6	1.5
2018	2.0	1.6	1.3	1.3
2019	2.0	1.2	1.2	1.2
2020	−9.7	11.6	3.0	2.6

（三）金融领域风险加大

1. 宏观杠杆率有所上升

2020 年年末，我国宏观杠杆率达到 285% 左右，M2/GDP 比例上升到 215.23%。其中，非金融企业部门杠杆率高达 164.0%，相较 2019 年年末分别上涨 24.7 个和 12.7 个百分点，企业部门杠杆率整体偏高。

2. 企业债券违约风险有所加大

2020 年 10 月份以来相继发生永煤、华晨、紫光等大型国企债券超预期集中违约事件，引发一系列连锁反应，大量企业债券的发行被推迟或取消。

3. 信用债到期规模较大

2018 年以来，信用债发行短期化趋势十分明显，新冠肺炎疫情进一步强化了上述趋势。测算结果显示，2021 年包括 ABS、短期融资券等在内的信用债到期规模超过 6.8 万亿元，较 2020 年提高约 1.5 万亿元，同比增幅超过 25%。

4. 企业应收账款增加

2020 年，我国工业企业应收账款同比增长 15.1%，产成品存货同比增长 7.5%，达到近 5 年来的最高水平，表明工业经济循环依然不畅，企业应收账款快速增加，企业间资金周转较为紧张。

（四）财政收支矛盾凸显，地方政府债务风险升高

近年来，经济下行叠加减税降费，财政收支矛盾日益突出，尤其是 2020 年新冠肺炎疫情暴发导致收入锐减，而支出刚性不减甚至大幅增加（抗疫、基建和保中低收入群体的民生支出），财政运行压力较大。2020 年，我国财政收入增速为 −3.9%，为 1976 年以来最低增速，其中，税收收入增速为 −2.3%，为 1969 年以来最低增速。据粤开证券研究测算，2020 年我国实际财政收支差高达 6.3 万亿，

考虑到 3.75 万亿元的专项债、特别国债 1 万亿元，我国实际赤字率为 10.8%，创历史新高。

与中央相比，地方财政更加困难：2020 年全国共有 14 个省市财政收入负增长，较 2019 年增加 8 个；23 个省市区财政自给率不足 50%，部分地方重回“吃饭财政”。由于地方政府财政收支不足矛盾主要依靠中央转移支付、税收返还以及地方政府一般债券来解决，在转移支付、税收返还远远不够的情况下，地方政府只能依靠发行债券来解决财政缺口。自 2018 年下半年以来，国内城投企业融资处于较为宽松的政策环境中，城投企业债务迎来了新一轮增长。另外，进行公开市场债务融资的城投企业资质出现明显下沉，大量区、县级平台进入债券市场融资。然而这一期间新增的地方政府隐性债务基本处于“几不管”地带，导致地方政府债务风险越来越高。

（五）微观主体积极性和活跃程度不高

1. 居民消费行为模式趋于保守

新冠肺炎疫情冲击造成的社会心理变化，叠加经济下行压力带来的失业风险上扬，居民收入预期下降，使得居民消费行为更趋于保守。据人民银行调查，自 2020 年一季度疫情暴发以来，居民未来收入信心指数就急剧下滑到 45.9% 的历史最低点，截至三季度也仅提高至 49.2%，仍在 50% 以下，较 2019 年四季度低了 4.2 个百分点。收入信心低迷，必然减少居民消费，增加储蓄存款。

2020 年，全国居民人均可支配收入 32189 元，同比实际增长 2.1%，但人均消费支出同比实际减少 4.0%。其中，城镇居民收入增长 1.2%，但消费下降 3.8%；农村居民收入增长 3.8%，消费下降 0.1%。

从居民存款看，过去三年居民新增储蓄存款均值为 7.18 万亿元，2020 年在收入增长放缓的情况下，居民新增储蓄存款却进一步增长到近 11.3 万亿元，反映了新冠肺炎疫情进一步加剧居民消费行为模式趋于保守（见表 5-2）。

2. 企业投资行为更加谨慎

新冠肺炎疫情冲击和国内外需求的低迷，使得 2020 年我国企业亏损面和亏损额有所扩大。2020 年年末，全国规模以上工业企业亏损面为 17.3%，亏损企业亏损额比 2019 年增长 2.8%。如此大范围的企业亏损，再加上亏损额增长，必然会导致企业投资更加谨慎。即使企业融资规模扩大可能也不愿转化为固定资产投资，而更有可能转化为低收益的流动资产，以备不时之需，缓解资金周转困难，因此也就出现企业存款增加的现象。

过去三年，企业新增存款均值为 3 万亿元，2020 年境内非金融企业新增存款高达 6.7071 万亿元，约为前三年均值的两倍多。考虑到 2020 年企业营业收入仅增长 0.8%，企业存款却增长 10.8%，反映出企业更愿意大幅度地缩减支出，投资行为更加保守。正因如此，固定资产投资具体构成中，设备工器具购置才出现同比下降。

表 5–2　2016 年以来全部金融机构存贷款余额及增速

	2016 年	2017 年		2018 年		2019 年		2020 年	
	年末数	年末数	比上年末增幅	年末数	比上年末增幅	年末数	比上年末增幅	年末数	比上年末增幅
境内住户人民币存款	597751	643768	7.7%	716038	11.2%	813017	13.5%	925986	13.9%
境内非金融企业存款	530895	571641	7.7%	589105	3.1%	621147	5.4%	688218	10.8%

（六）宏观政策面临“两难”境地

宏观调控政策，主要包括财政和货币政策。2020 年，我国经济能够快速复苏，很大程度上得益于积极的财政政策和宽松的货币政策。财政政策方面，2020 年中央财政赤字占 GDP 比率的上调新增了 1 万亿元财政资金，发行了 1 万亿元特别抗疫国债，地方专项债额外增加 1.6 万亿 ~ 3.75 万亿元，三项相加至少新增财政资金 3.6 万亿元，占到 GDP 的 3%~4%。可见，大规模财政刺激对经济复苏功不可没。但是要看到，由于新冠肺炎疫情的冲击与经济的衰退，近年来我国各级政府财政收入增速显著下降，部分地方政府甚至依靠举债过日子。2021 年，如果财政收入增加，意味着增加企业、居民个人税负，与减税降费、促进企业复工复产不符。如果财政收入不增加或者低于预期，财政支出不能减少的话，2021 年财政赤字比率可能会超出预期。

货币政策方面，在 2020 年 1—4 月新冠肺炎疫情肆虐期间，我国货币政策相对宽松，3 次降准，连续降息以及大规模公开市场操作。按照常理而言，目前我国经济复苏基础不牢固，动力依然较为疲弱，CPI 增速保持在低位，2021 年还应继续实施宽松的货币政策。但这样可能进一步增大资产价格泡沫（包括房市与股市）风险。如果货币政策回归正常，考虑到当前美联储正在实施零利率与量化宽松政策，我国货币政策正常化将导致中美利差显著拉大，造成短期资本流入加剧，推动人民币兑美元汇率显著升值。而且还可能引发银行借贷、融资成本上升和呆坏账问题，部分企业因此陷入“债务危机”。

综上，面对上述风险与挑战，2021 年要保持宏观政策的连续性、稳定性、可持续性，继续实施积极的财政政策和稳健的货币政策，要做到“精准有效，不急转弯”，抓好“六稳”“六保”各项工作，保持经济持续健康稳定地增长，解决好关系经济运行和人民生活的突出问题，为“十四五”以及现代化建设新征程开好局、起好步。

三、民间金融发展可行性路径建议

（一）加强投资者风险教育

高收益必然伴随着高风险，世界上没有免费的午餐，因此，为了有效避免同“泛亚贵重金属”事件相类似的金融诈骗案产生，国家和政府必须首先要加强宣传，使投资者都能清楚各类投资交易都存在风险且风险自担的交易原则，摒弃“高收益，低风险”的傻瓜理念，脚踏实地，理性投资，从而保障自身的资金安全。

（二）抽掉监管“真空”

各类交易所的监管缺位是导致“泛亚”这类事件发生的主要因素，如果按照“谁审批，谁监管”的原则进行审批和监管，泛亚所应由云南省政府金融办负责审批和监管，但是目前云南省金融办却存在着严重的监管真空问题，具体表现在：

（1）监管人员有限。虽然各地方金融办在名义上具有管理本地金融机构和金融业务的责任，但是由于行政制度的限制，难以实现全面监管，从而导致监管缺位或者监管空白的现象出现。

（2）监管能力不足。各类金融交易所从事的不仅仅是单一领域的金融产品交易业务，往往还有跨产业、跨区域交易业务的出现，因此这就对监管人员的素质和能力提出了较高的要求。再加上金融交易所从事的业务也能有效促进地区经济的发展，减轻就业有力，因而长此以往，地方政府的态度也由监管转变为支持。

因此，为了促进我国金融监管体系的完善，必须要积极组织地方金融监管人员进行业务培训，不断提高其执行能力，同时还要进一步明确监管机构的之策，排除监管真空的现象。

（三）完善金融监管的内容和方法

传统的监管方式过于注重现场监管，因而根本不能实现全面有效的监管，因此，我国的金融监管机构应该立足于当前实际，加快非现场金融监管机制的建设进程，逐步实现现场监管与非现场监管的统一。

因此，这就要求金融监管机构首先要完善现场监管制度，通过规范现场检查前的准备阶段、现场阶段、报告处理阶段以及建立现场检查准则等措施重新构建起科学严密的现场作业流程；其次，还要提高对分现场制度的重视，通过制定完备的定期报送制度，强化对银行财务状况、管理行为等的监管，并及时对可疑情况进行预警，以减少被监管金融机构的随意性和“粉饰”行为，保证非现场监管信息来源的真实性，从而促进我国金融监管工作的顺利开展。

（四）加强对金融监管的立法工作

要想金融监管能真正贯彻实施，必须要有良好的金融市场黄金作为支撑。但是就我国目前的金融监管环境来看，还存在许多不足，如主体法缺位、缺乏细则等，因此，我国必须要加快立法进程，逐步完善《信托法》《外汇管理法》以及网络银行监管、市场退出等方面的法律规范，同时还要进一步制定出与我国金融法律相适应的实施细则，以增强现行金融法规的可操作性，从而真正使金融监管实现有法可依、有法必依、违法必究，为金融监管体系提供良好的法律保障，以满足我国金融机构改革的需要。

此外还要进一步净化我国的金融市场环境，加大对金融机构违法行为的打击和处罚，通过宣传教育等提高金融从业人员的道德意识和法律意识，并不断扩大我国金融监管的覆盖范围，从而为我国金融业的健康良性发展营造一个有利的市场环境。

（五）进一步强化对互联网金融的监管

互联网金融是我国金融市场的重要组成部分，因此，为了促进我国金融监管体系的不断完善，必须要加强对互联网金融市场的监管，首先可以在借鉴美国互联网监管体系的基础上，采用双线多头的监管模式，以人民银行、证监会以及银保监会为核心，地方部门、司法、财政等机构为辅，进一步明确互联网金融的监管主体，避免出现互联网金融监管缺位的现象。

其次，还要采取“中央＋地方”的统一监管措施，确立我国的互联网金融的监管模式，同时还要加强对互联网金融的立法规则，为金融监管机构的机构行为提供立法保障，确保有法可依。此外还要根据地区经济的发展特点，制定适当的互联网金融准入、退出以及经营机制，并制定好有特色的监管方法，审慎监管，从而为互联网金融的发展创造一个健康和谐的发展环境。

最后，不断强化对互联网从业人员的监督，保障互联网金融的信息安全，同时还要加强监管机构之间的协调性，促进监管效率的提高，并通过建立全面动态监管机制，作好风险预警和风险防范，保证监管的完整性，为互联网金融的可持续发展创造良好条件。此外，还要完善互联网金融的信息披露和风险提示制度，切实保障金融消费者的权益，从而维护我国金融市场的稳定。

第六章　民间金融市场治理的法制模式和监管启示

第一节　国外民间金融市场治理的法制模式的借鉴

一、英国金融市场治理法律制度

英国是世界上金融业发展最早、最成熟的国家之一。英国人形式拘谨但又务实灵活的特点不仅体现在其政治经济制度的变革中，也体现在其金融监管体制改革上。英国现行的“双峰”模式被公认为改革较为彻底、最为适应当前现实的金融监管模式。①

2007 年次贷危机后，英国银行业丑闻频发，金融消费者权益受损严重，金融体系受到重创。北岩银行挤兑事件让人们意识到剥离央行监管权的“三方体系”不利于金融稳定：

一是监管机构缺乏宏观审慎视角，不具备预判系统性风险的能力。由于缺乏宏观审慎政策的逆周期调控和对跨市场风险的防范，监管机构金融服务局（Financial Service Authority，以下称 FSA）未能注意到市场流动性短缺对北岩银行资金期限错配的严重影响。

二是监管机构与央行缺乏高效协作。由于与 FSA 之间缺乏有效的协同机制，英格兰银行未能及时向北岩银行提供流动性，致使事件失控。

一手抓金融系统稳定、一手抓市场行为规范的“双峰”监管模式重新受到重视。在“三方体系”改革前的 1995 年，该模式就已由英国经济学家迈克尔·泰勒提出。泰勒呼吁成立两类监管机构：一是金融稳定委员会，负责防范风险，维护金融稳定；二是金融产品消费者保护委员会，负责防止投机行为，保护消费者

---

① 王苏野．民间金融法律制度研究 [M]. 北京：光明日报出版社，2017.

权益。

“双峰”模式在澳大利亚实践效果良好，英国欲借鉴。泰勒的建议未及早被英国采纳，就先在澳大利亚生根开花。澳大利亚政府设置审慎监管局和证券与投资委员会，分别负责金融系统稳定和消费者权益。澳大利亚金融业在全球金融危机中保持了良好的稳定性。

2012 年，英国借鉴了澳大利亚和荷兰的“双峰”监管模式，并在此基础上加强了中央银行对金融监管的统筹，特别是统筹监管系统重要性金融机构，从而形成了有英国特色的“双峰”监管模式。

主要改革措施有以下几点（见图 6-1）：

（一）在英格兰银行内下设独立运行的附属机构审慎监管局

负责对存款机构、保险公司和系统重要性投资公司等进行审慎监管，以提高被监管机构的安全性和稳健性。现有受监管机构约 1500 家。审慎监管局（Prudential Regulation Authority，以下称 PRA）采取主动监管方法，基于前瞻性分析发现和识别企业的问题，并拥有主动干预权。

（二）在央行之外设立金融行为监管局

直接向财政部和议会负责，对超过 56000 家公司进行行为管理，并负责对 PRA 监管范围外的约 18000 家金融机构进行审慎监管。金融行为监管局（Financial Conduct Authority，以下称 FCA）的战略目标是保护和增强英国金融系统的信心。围绕战略目标，FCA 设立了三项操作目标：一是消费者保护目标，二是金融体系健全性目标，三是促进市场竞争效率目标。此外，FCA 还主管英国公司的上市事宜。

（三）在英格兰银行内下设附属的金融政策委员会（Financial Policy Committee，以下称 FPC）

负责制定宏观审慎政策，识别、监控并采取措施消除或减少系统性风险，并有权对 PRA 和 FCA 进行工作指导。FPC 被认为是英国金融稳定框架的基石，具体的主要职能如下：

1. 监控英国金融系统稳定性，识别和评估系统性风险

略。

2. 向 PRA 和 FCA 发出指示

FPC 有权就特定的宏观审慎政策工具作出决策，要求并确保 PRA 和 FCA 实施。

3. 向英格兰银行、财政部、FCA、PRA 或其他监管机构提出建议

建议虽然没有指示的强制性，但也有准约束力。PRA 和 FCA 如不执行，需作出公开解释。

4. 制作《金融稳定报告》

报告内容包括对金融系统稳定性的看法、对系统性风险的评估、对 FPC 法定目标实现程度的评估等。

（四）强化英格兰银行的危机处理能力

英格兰银行作为对具有系统重要性的金融市场基础设施的审慎监管人，被赋予支付系统、结算系统和认可清算所的监管权。

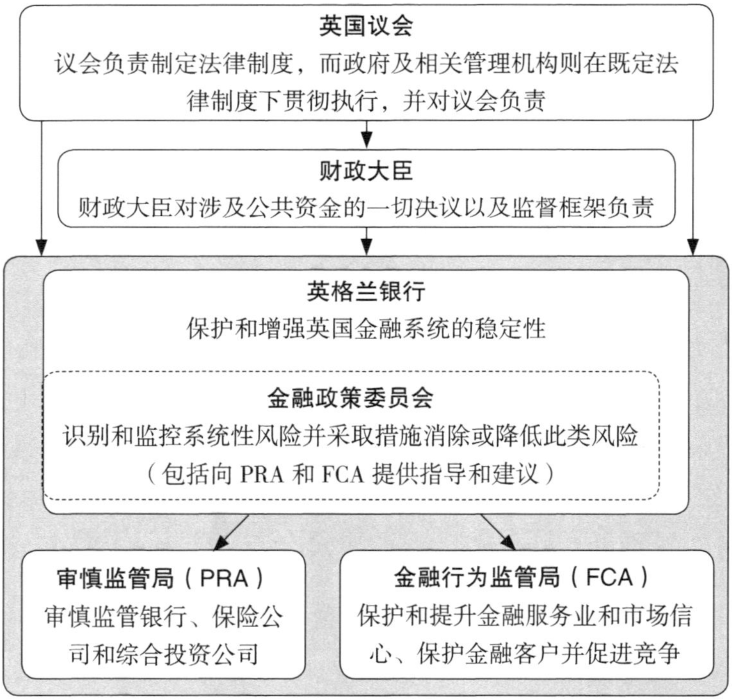

图 6-1　英国“双峰”监管体系组织结构示意图

二、英国金融制度特点及案例分析

（一）英国“双峰”监管模式的特点

1. 目标型监管

“双峰”监管模式按照监管要达到的目标（审慎目标和消费者保护目标）来划

分监管机构及相应的监管职责。而传统的“机构监管”和美国的“功能监管”分别按照被监管机构和被监管经营活动划分监管职责。当然,“目标型监管”与“机构监管”和“功能监管”并不完全排斥，而是有一定交叉。前者是监管者视角，后两者是被监管者视角。

（1）监管目标明确、专注。“双峰”监管模式使监管机构目标明确、职责清晰，审慎监管机构与行为监管机构分别专注于金融稳定和消费者保护。例如：①央行负责审慎监管，尤其是加强宏观审慎监管，发挥维护金融稳定的核心作用。审慎监管委员会和金融政策委员会分别负责微观审慎监管和宏观审慎政策。其中，微观审慎监管在巴塞尔银行监管委员会 1997 年《有效银行监管核心原则》中已得到充分体现；而“宏观审慎”的概念虽然始于 20 世纪 70 年代，但直到国际金融危机后才受到国际社会普遍重视。②金融行为监管局负责行为监管，加强消费者保护。金融稳定和金融消费者保护是目标不同但又相互关联的两件事。消费者权益得到充分保护的市场才是健康公正、长久有效的市场。

（2）监管范围明晰，协调机制高效。审慎监管机构与行为监管机构之间监管范围划分与协调机制明确，且共同接受央行宏观审慎部门的指导。这样既避免了分业监管模式下的监管交叉、空白及监管割据，也避免了混业监管模式下监管机构与央行的沟通壁垒。

2. 健全的宏观审慎政策框架

“双峰”监管模式被广泛认可的最重要原因是有利于健全宏观审慎政策框架，防范系统性风险。分业监管体制存在监管交叉、空白等问题，难以适应混业经营的大趋势。而次贷危机后，英国的“三方体系”金融监管实践表明，简单的混业监管也不是有效的监管体制，反而给监管机构和央行之间的沟通协调制造了壁垒。防范系统性风险的关键在于健全宏观审慎政策框架。

央行是制定宏观审慎政策的最佳部门。宏观审慎政策是从宏观经济和整个金融体系的视角关注顺周期波动和跨市场风险传播。因此，只有央行具备足够的信息收集评估能力和决策权威。

（1）防范系统性风险，减少顺周期波动和跨市场风险。宏观审慎政策的意义在于弥补货币政策和微观审慎监管之间留下的空白，通过抑制金融顺周期性和跨市场风险的手段，建立以防范系统性风险为目标的安全标准。

（2）宏观审慎政策的两类工具：逆周期操作和防跨市场风险。金融政策委员会的宏观审慎政策工具有反周期资本缓冲、派息限制、最大杠杆比率、贷款价值比和贷款收入比限制、保证金要求、信息披露要求等。这些工具通过影响资产负债表、市场结构以及交易条款和条件等途径抑制系统性风险。

（3）宏观审慎政策是微观审慎监管、货币政策的有效弥补。宏观审慎政策是对微观审慎监管和货币政策漏洞的有效弥补，是维护金融系统稳定的核心。

3. 独立于央行的行为监管机构

英国金融行为监管局是根据《2012 年金融服务法案》成立的负责行为监管的独立机构，重点关注金融消费者权益保护、市场诚信和市场竞争。

（1）关注前瞻性风险，加强主动干预。在风险评估方面，FCA 强调前瞻性地深入评估风险，提前制订预案，探索有利于消费者权益和行业发展的长远解决方案。FCA 重点关注的前瞻性风险有：金融产品忽略消费者的真实需求和长远利益，销售渠道缺乏信息透明度；消费者因风险意识不足而承担不适当的风险；缺乏监管的新技术和复杂的融资策略带来的高风险等。

（2）行为监管的三大模式。在日常监管环节，FCA 有三大支柱或三大模式：

①前瞻性机构监管：针对单家或某类金融机构可能危害消费者权益的风险因素，在未产生消极后果之前进行提前介入式分析和提前干预；②专题和产品线监管：从消费者保护角度，对跨机构、跨市场的业务和产品进行功能性监测、分析和研究，发现风险并采取针对性措施；③基于事件的响应式监管：从消费者反馈、事件受理等渠道获取金融机构损害消费者权益、市场诚信和竞争的经营问题，采取快速、果断的手段进行干预处理。

（3）行为监管局的政策工具为确保以上监管模式实现预期目标，FCA 开发了相应的政策工具：

一是金融机构系统性评估框架（Firm Systematic Framework），是 FCA 行为监管的核心工具，强调多维度考察、提前干预，旨在确保金融机构在经营中将消费者权益和市场诚信放在核心地位。

二是专题审查（Thematic Review）。专题审查用于完成“专题和产品线监管”模式的任务。它并不像 FSF 那样针对特定金融机构，而是针对某一特定主题或产品的功能监管工具。对于尚未形成明确规则的经营领域，专题审查倾向于从行为规则层面给出政策建议，解决根本问题。对于跨机构、跨市场的产品，FCA 重视在产品设计、宣传等产品生命周期的早期及时干预，防范风险扩散。

三是市场分析（Market Analysis）。市场分析也常用于“专题和产品线监管”，旨在从整体上评估金融市场的竞争状况。FCA 非常重视市场竞争对于提高效率、增加消费者选择、降低成本等方面的重要作用。市场分析主要关注市场势力分布、市场参与者信息公开程度、信息获取难易程度、消费者选择产品或服务的转换率以及产品价格与消费者需求的匹配状况等方面，从中发现可能造成市场失灵的抑制或扭曲竞争的因素，评估是否采取干预措施。

4. 完善的协调机制

在国际金融危机中，英国金融监管体系缺乏清晰、有效的协调机制显露无遗。建立完善的协调机制成为金融监管体制改革关注的重点。

将 FPC 和 PRA 设在英格兰银行内部，有利于实现金融稳定方面的协调统一。FPC 和 PRA 与央行之间建立了密切的人事和工作关系，信息充分共享。

PRA 和 FCA 虽然独立制定和执行各自的监管政策，但又必须保持密切协调。一方面，审慎监管和行为监管相互关联；另一方面，PRA 和 FCA 存在共同的被监管机构和领域。

（二）英国“双峰”监管案例分析

1. 英国 FCA 监管处罚概况

2013 年 12 月，FCA 对 Lloyds 银行集团旗下的 Lloyds TSB 银行和苏格兰银行集团中的 Halifax 银行开出了 350.49 万英镑的罚单。处罚的理由包括：一是银行对销售顾问制订的激励计划（非固定基本工资、奖金门槛、产品偏见等）促使销售顾问向消费者推销了不需要或不适合的产品，导致高风险性；二是企业内控和管理系统存在缺陷，具有不当销售行为的销售顾问仍获得了奖金；三是企业管理人员的业绩和销售挂钩，存在明显的利益冲突。

2021 年，FCA 正在审查有关 London Capital&Finance 公司面向散户的个人储蓄账户（ISA），一般而言，ISA 的回报率非常低，但 LCF 在该市场低迷时依然向投资者提供每了年 8% 的固定回报债券。但 LCF 公司在 2019 年 1 月进入破产清算程序，使约 1.2 万名投资者遭受重大损失，其中许多人将毕生积蓄投入了该公司的 ISA 账户。

FCA 的行为监管不只是保护金融消费者，还有维护市场秩序。2014 年 7 月，FCA 对 Lloyds 银行和苏格兰银行开出了 1.5 亿英镑的罚单，原因在于两家银行通过操纵提交给英国央行的两个基准参考利率——回购利率和 LIBOR 来获取市场利益。

FCA 各行业领域执法情况：在 15 起涉及公司的案件中，5 起涉及银行机构，合计 2.1 亿英镑，占比超过 53%；4 起涉及保险公司，合计 0.8 亿英镑，占比 21.4%；证券、资产管理公司处罚 6 起，合计 0.228 亿英镑。

2. 英国 FCA 监管处罚特点

受新冠肺炎疫情影响，FCA2020 年执法数量大幅减少，所以我们侧重分析 2019 年 FCA 执法案例。从 2019 年的监管处罚来看，FCA 采用专业判断和前瞻分析方法，注重业务原则的落实，对违规行为进行处罚。具体如下：

（1）执法上以风险为本原则配置执法资源，注重办大案要案。从英国 FCA 发布的 2019—2020 年的年度计划来看，2019 年英国 FCA 监管大约 59000 家金融机构，并负责对大约 15 万金融业高管进行核准管理。截至 2019 年 3 月 31 日，FCA 全职人员为 3742 人、短期雇佣人员 238 人，而 2019 年负责监管的银行业资产就达到 8.96 万亿英镑，因此配置在银行业监管的资源相比机构数量及资产并不算庞大。但从其监管罚单来看，2019 年公开报告银行业的案例只有 5 个，但每个案件的违规都属于该领域内的典型违规情节，这说明 FCA 执法注重根据金融风险的状况配置执法资源，集中力量办要案。

（2）执法注重对金融风险事前防范，着重减轻违规的损害。FCA 开具的罚单案件数量较少，但 2018—2019 年财年 FCA 启动调查的案件数目就接近 700 件，而大部分启动了调查程序的案件。在发出调查通知后，公司或个人为了避免后续严厉的监管执法处罚，往往会采取措施纠正违规行为，从而实现了 FCA 执法事前干预的效果。

（3）执法上强调处罚威慑，关注监管效果。2019 年，FCA 涉及银行机构的 5 件案件，处罚金额高达 2.1 亿英镑，折合人民币约 18 亿元。被处罚机构还需要强化合规管理，抓好整改。处罚案例也会被 FCA 视为对全行业的监管预期，后续出现同样的情节，将会在决定罚款五步骤当中视为具有加重情节，以提升监管效果。

三、英国金融制度模式的借鉴和启示

尽管中英两国金融市场之间的差距很大，中国不可能照搬英国的改革实践，但是，英国改革金融监管体系的经验还是给我们提供一些有益的思路，为我们正在进行的金融监管改革制度提供了有益的启示。

第一，英国金融监管制度改革是一种很有前瞻性的制度创新，是为了应付金融业全球化发展趋势及保持英国金融业在这种趋势中的领先地位的一次改革。所以，中国在设计金融监管制度改革框架时，应该提前把未来世界金融市场发展的趋势与中国市场的关系、中国金融业及金融监管发展的方向等因素考虑进去。

英国金融监管改革体现了健全宏观审慎政策框架、加强央行统筹金融稳定的核心地位、重视消费者保护以及完善监管部门之间协调机制等新理念和新趋势。而完善宏观审慎管理体制、强化央行统筹作用正是我国当前金融监管改革的明确方向。

第二，中国已经成为世贸组织成员，资本市场必将开放。面对外国公司的竞争，中国的银行、保险公司、证券公司等金融机构要保证业务发展与应有利润，必须加强自己的实力，形成规模经济效益，因此企业的重组兼并，实行混业经营已不可避免。因此，我们应提前考虑按功能而不是按企业类别建立新的金融监管框架。

第三，分工与协作的和谐统一。英国传统的金融监管体系中有 8 个监管法律、9 家监管机构，导致审批程序多、监管政出多门等弊端。为克服上述弊端，英国在 FSA 成立不久就发布了《财政部、英格兰银行和金融服务局之间的谅解备忘录》，为英国金融监管体制改革后财政部、英格兰银行和金融服务局之间分工协作建立了制度性框架。同样在我国，人民银行、银保监会和证监会之间建立稳定的信息沟通机制和双边及多边紧急磋商机制，这对顺利推行货币政策和开展金融监管具有重要意义。为了防止人民银行、银保监会和证监会的协调机制流于形式，应当将协调机制通过立法的方式有效固定下来。

第四，随着经济的发展与人民生活水平的提高，人们储蓄的增加，中国消费者会逐渐走上金融市场去多元投资，会有更多的银行资金流向资本市场。散户投资人占据着中国股市的 90% 以上的市场份额，这是一个非常脆弱的群体，他们最容易置身于泡沫，也最容易为泡沫所伤。在这种情况下，我们必须加强金融业的监管力度，建立保护小投资者的规章制度，以防市场混乱动摇人们的信心，出现系统危机。英国统一金融监管的好处之一是集中了懂金融专业的监管人员，严密跟踪各种投资机构的金融投资，防微杜渐。中国市场未来的金融产品发展会很快，需要越来越多的懂金融专业知识的监管人员，如果管理机构重叠分散，管理成本会大大增加，管理人员的培训更加困难。

第五，银行介入保险、证券业后，对货币政策（利率）的反应会更强烈，我们应该考虑建立一种货币政策制定者与金融监管机构之间的对话机制，以便更稳妥地协调、制定货币政策，保证经济增长不受通货膨胀与金融企业流动性危机互相干扰的影响。

第六，权力制衡不可缺少。金融监管的权力制衡应包括两个方面：一是对金融监管部门的监管权力必须接受有关部门的监督。当被监管单位对监管部门的处罚不服时，应该有不同系统的单位受理申诉，而不应该由金融监管部门的上级受理，以确保执法的公平、公正、公开；二是针对农村信用社归地方政府管理的现实，应赋予金融监管部门有权否决地方政府可能随意撤换信用社领导的权力，以尽量减少来自地方政府对金融的行政干预。

第二节　国内民间金融管理模式与金融市场发展的相互影响

一、国内民间金融管理模式

（一）国内金融管理模式的演变

从当前我国的金融管理模式的发展来看，也是在不断演变中形成的。从计划经济发展时期，央行成立是代表金融监管机关设立的开端，金融作用在这一时期比较有限，金融运行有效性决定资源配置作用大小，政府掌控银行所有剩余以及承担相应经济风险。央行统监管阶段，金融改革的实施下经济模式发生了变化，重建大量金融机构，金融监管体系基础上得到了监理，成立四大银行并不断地进行探索监理新商业银行等金融机构。分业监管的发展时期，到了 20 世纪 90 年代初期的时候，保监会以及证监会和银监会的逐步成立，金融监管模式开始进入一行三会分业监管的发展模式。当前的金融行业的发展比较迅速，我国在金融立法程度上加快了发展的速度，体系架构也逐步地明晰完善，开始进入到深化模式改革发展当中。①

从当前我国的金融监管模式的发展来看，分业监管模式鲜明的模式特色，一

① 杨承训．市场经济理论典鉴 [M]. 北京：知识产权出版社，2019.

行三会分业监管模式成立。金融业的良好发展中，成立证券监管会、保险监管会以及中国银行监管会，为使其能良好发展全面监管金融机构和市场明确监管职责以及合作条例，配合建立联席会议监管机制，保障金融的良好发展。从分业监管模式的发展能够看到，有着鲜明特点的监管组织体系在不断地完善，已经形成各自分管各业的监管模式。金融立法进一步强化金融监管单纯行政法规，对商行各层次实施监督。

（二）国内金融管理模式面临的问题

目前我国主要选用的是分业监管模式，在这种模式体制下，就出现了很多问题：

1. 金融的监管不够独立

根据《有效监管核心原则》中的规定：想要促进一个有效的银行监管，必须要有持续宏观的经济政策，要完善的金融基础设施，同时还要提供系统性的保护机制等基本条件。从中不难看出，一个有效的监管体系，在参与银行机构中要有明确的责任以及目标，同时还要有操作上的自主权与充分的资源。但从我国的金融监管机构中看，虽然独立性比从前有所提高，可从总体上讲，它依然属于独立性很弱的中央银行。作为我国金融监管机构的中国人民银行，在制定政策和履行责任中，都较为服从财政部门的指令，很难不受政府的控制。再者，我国中央银行的货币政策和金融的监管融于一身，使金融监管完全服从货币政策，极大地消减了我国金融监管的独立性。

2. 金融监管中的协调性极差

从我国金融管理中的设置上看，我国的金融监管责任主要由人民银行、证监会和银保监会三个部门来承担。在分业监管的模式中，还缺少一套科学有效的协调机制。我国的金融监管和金融机构是相互适应的，这样做可以帮助监管部门对各自的监管对象进行全面监管，同时还有利于帮助我国金融监管效率不断提高。可是，分业监管让每个部门都有一套自己的体系，缺少一套联动的协调机制，金融的监督管理也较为薄弱，这就让被监管的对象有可乘之机，使分业经营和跨行业经营之间产生矛盾，出现了业务交叉的监管真空。

（三）金融监管模式选择

从西方发达国家金融监管的发展轨迹看，大多发达国家都经历了“监管—放松监管—再监管”这样的历史过程。这种过程并非一种简单的重复，而是包含着深刻的内涵，它反映当今世界各国对于金融监管理论和实践上认识的深化。

中央银行作为银行机构体系中的一个重要组成部分，在当代各国中都是通行的做法。但因为各国的民族、历史、文化、政治和法律制度的差异性，其各目的监管体系也就是现出不同的特点。大体上可分为三类：一元多头式、二元多头式、集中单一式。新中国成立以来，我国金融监管体制的发展大致可分为两个阶段：第一阶段是从新中国成立后到 1983 年，主要以高度集中统一的单一式管理为主，对银行的监管主要采用行政手段；第二阶段是从 1983 年到现在，中国人民银行正式成为中央银行，我国的银行体系实行央行、商行二级银行制，由中国人民银行具体贯彻执行金融监管的职责。进入 20 世纪 90 年代以来，我国政府还根据我国金融市场发展的需要，于 1992 年 10 月设立国务院证券委员会及中国证券监督委员会，进一步细分了金融监管的职能。

那么，我国的监管体系应采取哪种方式为好？笔者的建议是对一元多头式与集中单一式进行综合，在二者之间寻找一种最佳的结合方式，具体来说是要形成这样一种格局：作为金融监管全局制度体系，应采取集中单一式（如在银行部门建立以人民银行为核心的监管体系），在上述二者相结合的同时辅之以民间的自律性金融监管机构。

在金融监管体系具体的建设过程中，要着重注意以下几方面的问题：确立中国人民银行在金融监管，尤其是银行监管体系的核心地位。在集中单一式金融监管体制下，中国人民银行是实施金融监管的全权机构，其监管的目的是分散金融机构的风险，保证金融机构具有充足的清偿能力并维护金融组织体系的稳定。金融业的自律组织是金融监管体系的有益补充，必须高度重视其在金融监管中的作用。

金融业自律是金融业自我管理、自我规范、自我约束的一种民间管理方式，它可以通过行业内部的管理，有效地避免各主体之间的不正当竞争，规范其行为，促进彼此的协作，与官方监管机构一起来维护金融体系的稳定与安全。金融行业自律组织在全国监管体系中的地位不尽相同，但各国都比较重视其在金融监管体系所起到的作用。以英国为例，1986 年，《金融服务法》把对金融服务的监管赋予了一个被称作“证券与投资委员会”的机构。该机构的主要职能：一是制定法规条例来规范金融机构的行为；二是批准成立了一系列的行业俱乐部，或者称为“自律组织”的机构，其成员为该行业中的各个金融机构，通过这些行业自律机构所属成员进行监督管理。换而言之，官方的证券与投资委员会对金融机构的监督是间接而不是直接的，这体现了英国的金融监管体系中法律与自律相结合的特色。实践证明，这种法律与自律结合的监管体系既比单纯的法律监管灵活，又比单纯的自律管理有效。

近年来，自律机制作为增强金融业安全的重要手段之一，受到各国的普遍重视，如比利时、法国、德国、卢森堡、荷兰等国的银行家学会和某些信贷机构的待业组织在不同程度上发挥着监督作用，同时也是我国在进行金融体制改革的过程中，建立金融业自律组织最重要的一环。

二、国内金融市场发展趋势

（一）混业经营是我国金融业的发展趋势

1. 金融业混业经营是必然趋势

一般而言，一国金融业对于分业经营或混业经营的选择意味着在安全与效率之间进行抉择。分业经营更注重整个金融体系的安全与稳定，相比之下，混业经营更注重效率。特别是在封闭条件下，实行分业经营能够在很大程度上防范金融风险在银行业、证券业和保险业之间的传递。我国自 1995 年颁布实施《中华人民共和国商业银行法》，规定商业银行在境内不得向非银行金融机构和企业投资，此后，我国金融业便开始了严格的分业经营。这与当时我国的经济发展与国情是相适应的，为金融业的稳定起到了一定的作用。

但是自 20 世纪 80 年代以来，金融业的混业经营符合全球经济发展，而且适应金融业本身发展的客观要求，已形成国际发展趋势。1986 年，英国的金融大爆炸率先放松了金融管制，日本 1996 年废除了分业经营的体制。1999 年，美国参众两院通过《1999 金融服务法》，并废止《格拉斯·斯蒂格尔法》，更是标志着全球金融混业经营的发展方向。

在我国，近几年来，随着市场发展，有一些银、证、保之间边缘业务合作与创新，突破了分业界限。主要有：第一，允许证券公司和基金管理公司进入同业拆借市场进行拆借、债券回购；第二，券商可以股票质押从商业银行取得贷款，金融资产管理公司从事债转股等业务，实际也是商业银行与投资银行连接起来；第三，允许保险公司进入银行间债券市场进行回购交易，允许保险资金通过证券投资基金进入股市；第四，银行代理人寿保险业务；第五，金融集团方式的混业经营。金融集团是指至少涉足银行、证券和保险当中的两个领域的企业集团，它也是混业经营的一种方式，相对于全能制银行式的混业经营方式，此模式能通过设立“防火墙”将风险隔离在其特定机构，这在我国金融机构内控机制不完善的情况下，是混业经营的现实选择模式。目前，金融集团在我国已有相当的发展，如中信公司拥有中信实业银行、中信证券、信诚人寿和中国国际信托投资公司，光大集团拥有光大银行、光大证券申银万国和光大国际信托投资公司，中国银行拥有银行和中银国际，建设银行拥有银行和中国国际金融公司，工商银行拥有银行和西敏证券，招商银行拥有银行和国通证券、长城证券，山东电力集团拥有华夏银行、蔚保证券和湘财证券。监管层目前对我国以控股公司方式发展的金融集团采取默许、鼓励态度，国内尚未集团化的银行，都表示集团化是其发展方向。可以预见，金融集团将会非常迅猛地在我国发展起来，在这种现状下，我国目前的按机构的分业监管体制已不能胜任。

2. 国内金融业受到巨大冲击

加入 WTO 后，我国金融业将面临发达国家金融机构的强大冲击，外资金融机构将大举进入，其中很多金融机构是混业经营，综合优势明显，我国的金融业迫切要求通过混业经营来提高自身的综合竞争能力。在此情况下，如果我国依然坚持分业经营，那将会使国内金融机构在竞争中处于极为不利的境地，同时还会使得银行、证券、保险业各自面临的经营风险加大。由此不仅无法维护金融体系的安全，还将丧失金融业竞争中最关键的要素——效率。

众所周知，美国的金融业十分发达，但即使是美国金融机构，在金融市场上也无法抵御欧洲全能银行的强大冲击，不得不游说国会通过《金融服务现代法案》以扭转劣势。目前，我国银行、证券、保险机构重复设立营业网点的做法成本很高，竞争的压力必将导致今后几年不同机构营业网点的合并重组。以我国现有分业监管体制管理混业经营的外资机构和交叉代理的中资机构，将会面临不少新的矛盾和困难。同时，由于我国银行业在传统的存贷款业务领域没有很大的盈利空间，改善资产质量的压力使政府必须鼓励银行开展中间业务、代理证券和保险，最终可能也难以拒绝有条件的混业经营的要求。国外出现的在金融控股公司框架下的混业经营模式可能为我国金融机构兼顾效益和安全找到一条途径。此外，保险和社保资金进入资本市场，使得证券业与社保基金和保险业间出现了新的资金流动和风险传递机制。以上形势说明，我国金融业的混业经营已是大势所趋。

因此，不论从促进本国金融业发展的角度，还是从抵御国外金融机构冲击角度来说，我国都存在着实行混业经营的必要性。就我国金融业的现状而言，要立即实行混业经营的确存在着相当大的困难，但这不能作为否定混业经营是我国金融业发展趋势的依据。我国管理层也已经认识到了这一趋势，光大集团集银行、证券、保险业务于一身，构造出了一个符合国际潮流的金融集团的雏形。

鉴于金融业综合经营的发展，综合性金融集团和大型银行（特别是大型金融控股公司）对金融体系的稳定有着举足轻重的影响，这类机构的业务和风险性日趋复杂，已经成为各国监管的主要对象。如美国监管方式转变的一个特点是向大型银行机构派驻监管小组，开发了针对大型金融机构的监管模型，对每家大型机构派驻约 30 名常驻监管员。

（二）国内金融监管机构面临的难题

在混业经营趋势加强和入世进程加快的前提下，我国金融监管机构面临的难题可以简单归结为三点：一是金融监管难度加大；二是存在监管不到位或监管真空；三是存在各监管机构互相争夺权力或发生事故时互相推卸责任的可能。因此，我们应借鉴国外先进经验，对我国金融监管组织结构进行适当改革，以适应已经变化的经济金融条件。可以借鉴美国模式，在现行监管机构之外另设一个具有独特的超然地位的机构，如金融监管委员会，其职责主要是针对金融监管的真空及时采取相应措施，划分各金融监管机构的职责范围，协调各监管机构的利益冲突，以及对新业务划分监管归属等。

目前，我国在人民银行、证监会和银保监会之间建立了联席会议制度，加强三大监管机构之间的协调，已向综合金融监管迈出了一步。但联席会议制度仍不足以完成上述诸多使命，难以应对加入世贸组织后更加复杂的监管要求。

三、金融市场的发展对金融管理模式的影响和挑战

（一）金融市场发展与金融管理体制演变的相互推动

中华人民共和国成立以来，我国金融市场从无到有，逐步发展壮大，金融监管体制也逐步建立并不断变革。1978 年改革开放之前，我国实行严格的计划经济管理体制，几乎没有金融市场，人民银行是唯一的银行，既执掌货币发行、货币政策执行以及金融管理等业务，又从事储蓄存款、商业信贷等商业银行业务。20

世纪80年代，人民银行成为专门行使国家中央银行职能的银行，当时的金融市场仍然不发达，人民银行集制定和执行货币政策与所有金融监管职责于一身。

20世纪90年代以后，我国金融体系发生了很大变化，货币市场、股票市场和债券市场等金融市场先后建立。在过去20多年间，“分业经营、分业监管”的金融监管体制总体上适应了金融市场发展的要求，监管专业化与规范化程度大大提高，监管科学化与精细化程度与日俱增。但随着我国金融市场的不断发展，现行的金融监管体制也出现了一些不适应金融市场发展的现象，如果金融监管体制不能及时作出修正与改良，就会延迟金融业发展的步伐，埋下金融风险的隐患。

（二）现行金融管理体制不适应金融市场发展需求的表现

1. 人为分割金融市场

现行金融监管体制具有明显的分业监管特征，属于比较典型的机构监管，即根据金融机构的行业性质，每个机构只对应一个监管主体。在此模式下，当同一金融市场涉及多类金融机构时，会被人为划分为多个不同的监管领域，由此形成的制度性缺陷制约了金融市场的进一步发展。

2. 滋生监管套利和不合理降低监管标准

对市场参与主体而言，不同监管部门对同一业务或类似业务的监管规则不一致，会滋生监管套利空间，不利于经营类似产品的不同机构开展公平竞争，容易引起道德风险和逆向选择，出现“劣币驱逐良币”的情况。对监管部门而言，监管规则差异有可能致使监管部门迫于监管对象的压力选择性降低监管标准，弱化或突破投资者适当性原则，增加系统性风险的隐患。

3. 对跨市场、跨行业产品的监管效率低下

与统一监管相比，现有金融监管体制更容易产生监管重复与监管缺位，进而损害监管效率。一方面，各监管部门的权限范围有很多重叠区域，既浪费了监管资源，降低了监管效率，也激化了被监管部门的抵触情绪；另一方面，在一些监管部门的管辖权没有明确界定的领域又存在监管漏洞，当遇到一些可能对监管部门产生严重不利影响的事件时，容易出现监管真空。

4. 金融市场重复建设

由于体制和历史的原因，监管部门实际上同时承担了推动行业发展和实施行业监管的双重职责，在推动行业发展的目标下，重发展、轻监管，做大行业规模的冲动强烈。一旦监管部门将市场发展定为政绩目标，金融市场就成为市场主体

与政策之间博弈的场所，就会招致严重的重复建设。与此同时，受管人、管财、管物、管风险的落后监管理念影响，监管部门出于对监管权旁落的担心，其行为也往往以部门利益最大化为原则，各自为政。因此，在金融监管权被多个监管部门分享的体制中，监管竞争不可避免。

5. 无法真正实现监管协调

随着金融业综合经营程度的不断提高，系统性金融风险不断增大，金融风险跨市场、跨行业传染的速度和程度都有所加剧，这就对跨部门的监管协调与合作提出了更高的要求。要想将公司债市场的杠杆率控制在合理水平，就离不开相关监管部门的协调合作。此外，各监管部门的监管措施所产生的溢出效应也越来越大，需要更加高效的监管协调。

（三）完善金融管理体制的建议

合理的金融监管体制是实现监管资源有效配置、提高金融监管效率的基础，也是保证金融体系安全与稳定的重要环节。改革并完善金融监管体制，既是为了更好地解决现有金融监管体制的缺陷，也是金融市场发展的必然要求。

1. 统筹协调金融监管，强化人民银行在金融监管体系中的地位和作用

未来的金融业必将朝着一个金融机构同时涉足多个金融市场、一个金融市场同时吸纳多类金融机构的综合化方向发展。为了更好地服务于金融业综合经营的大趋势，应改变目前的分业监管模式，加强统筹协调，重视对金融业的系统化监管，避免人为造成市场分割。在加强金融宏观审慎管理制度建设、形成沟通流畅、配合默契、运行有效的监管合作机制的同时，尤其要加强人民银行在金融监管体系的地位和作用。是否拥有金融监管权，直接关系到中央银行是否能够及时识别并有效监管金融市场创新带来的系统性金融风险，及其在危机处置时的权威性和执行力。中央银行肩负货币政策与金融稳定的双重职能是国际社会的共识。根据货币政策与宏观审慎管理统一、金融稳定与系统重要性金融机构监管统一的原则，应该明确人民银行对系统重要性金融机构和金融控股公司的监管，重新审视人民银行对银行业的监管职能。

2. 淡出行业发展职责，让金融监管回归“制定规则并监督执行”的应有之义

切实构建适应金融市场发展和创新需要的金融监管体制，监管部门逐步淡出

承担的行业发展职责，不再承担双重目标，防止利益冲突和不当激励。在市场发展初期，重视行业发展目标有一定的必要性和合理性，但在市场发展到一定阶段后，应及时转变监管理念，让金融监管回归“制定规则并监督执行”的本位。通过制定并严格执行公正、合理的监管规则，逐步实现由事后被动查处向事前主动监管转变，由一般行政监管向规范化、依法监管转变。以“疏”代“堵”，充分发挥金融机构的主动性和行业自律机制的作用，重视监管目标与金融机构内在激励机制的有机结合。建立并真正形成金融监管部门监管、金融机构内部监督、社会监督和行业自律四管齐下、相互配合、相互补充的强有力的金融监管体系，确保形成监管合力，提高系统性风险的防范和应对能力。

3. 统一金融市场基础设施的建设与管理，夯实金融市场安全运行的基础

金融基础设施是市场有效运行的核心纽带和关键环节，中央银行统一管理金融市场基础设施是履行宏观审慎管理职能和维护金融稳定的客观需要。为保障金融安全，应明确人民银行是金融基础设施公共服务的提供者、金融基础设施市场参与主体的监管者、金融基础设施运行规则的制定者；由人民银行统筹监管包括重要的支付系统、中央存管机构、证券结算机构、中央对手清算机构、交易报告库等在内的重要金融基础设施，结合国际金融市场基础设施（FMI）相关标准和评估工作，加强对基础设施的管理和评估；统筹负责金融业综合统计，建立统一、全面、共享的金融业综合统计体系，通过金融业全覆盖的数据收集，加强和改善金融宏观调控，维护金融稳定。

第三节 民间金融市场治理模式的选择

一、民间金融市场现状及存在问题

（一）2021 年金融市场的现状

2021 年 4 月 12 日，央行举行 2021 年第一季度金融统计数据新闻发布会。会上，货币政策司司长孙国峰解读了一季度金融数据。孙国峰表明，货币政策将以

我为主，稳字当头，保持定力，珍惜正常的货币政策空间。

下一步，坚持跨周期设计理念，兼顾当前和长远，保持宏观政策连续性、稳定性、可持续性，稳健的货币政策灵活精准、合理适度，保持货币供应量和社会融资规模增速同名义经济增速基本匹配。①

1. 货币政策稳字当头

今年以来，货币政策稳字当头，货币信贷保持合理增长。从全年看，M2 货币供应量和社会融资规模增速同名义经济增速是基本匹配的。从总量看，3 月末 M2 供应量同比增长 9.4%，社会融资规模同比增长 12.3%，增速比上年同期高 0.8 个百分点。M2 货币供应量和社会融资规模增速基本匹配。

一季度金融机构新增贷款 7.67 万亿元，同比多增 5741 亿元。从利率看，2021 年 2 月企业贷款利率为 4.56%，较改革前的 2019 年 7 月下降 0.76 个百分点，创有统计以来最低水平。

2. 金融机构信贷投放节奏把握适度

保持了支持实体经济的连续性、稳定性、可持续性，提高了服务高质量发展的后劲。结构方面，信贷结构继续优化，金融机构加大对普惠小微企业、制造业中长期贷款的支持，其中，2020 年年末，工业中长期贷款余额同比增速 19.93%。2021 年 2 月末，普惠小微贷款、工业中长期贷款余额同比增速分别达到 35.5% 和 38.8%。

3. 金融系统同时兼顾让利与提升风险防控能力

值得一提的是，2020 年金融系统在做实让利和加大对实体经济支持的同时，加强自身的风险防控能力。一方面，2020 年商业银行的盈利下降了 2.7%，这是 2003 年以来的首次负增长，这主要是因为商业银行通过降低利率等方式向实体进行了更多的让利。

另一方面，2020 年下半年以来，单位贷款的逾期金额和逾期率实现了双降。截至 2020 年第四季度，我国商业银行不良贷款余额为 2.7 万亿元，不良贷款率为 1.84%，较上年同期下降 0.02 个百分点。

2021 年，据人民银行建设的国家金融基础数据库采集的单位贷款逐笔数据显示，2 月末，单位贷款的逾期金额较上年 8 月末下降了 1.8%，逾期率较上年的 8 月末下降了 0.25 个百分点。

① 张宁．金融监管发展探究 [J]. 科技视界，2019(4)：279-280.

下一步，我国的货币政策将以我为主，坚持正常货币政策，稳字当头，保持定力，珍惜正常的货币政策空间。同时，密切关注国际经济金融形势变化，增强人民币汇率弹性，以我为主开展国际宏观政策协调，保持好宏观政策的全球领先态势。

（二）民间金融市场存在的问题

民间金融活动是我国经济生活的重要内容，“民间金融，就是为了民间经济融通资金的所有非公有经济成分的资金活动”，在银根紧缩、经济发展由过快转向过热的现实背景下，资金缺口促使民间借贷活动异军突起，民间金融活动在现代经济社会中的作用尤显重要。民间金融治理也越来越受到党委政府的重视，但由于种种局限，民间金融治理模式存在种种弊端，主要表现在：

1. 监督管理存在空白，金融秩序相对混乱

我国目前对民间金融的监管现状是各自为政，多头并管，其中，小额贷款公司由地方政府监管，典当行、拍卖行由地方工商局监管，大型融资担保公司由银保监会及其下属机构监管，这种管理模式导致对民间金融活动的监督管理始终难以全面。而在现实生活中，民间金融犯罪常常涉及多种犯罪类型、多个监管部门，如曹某涉嫌非法经营罪、非法吸收公众存款罪、骗取票据承兑罪一案，其犯罪行为对应的监管部门并不统一，监管不到位在一定程度上为其发案创造了便利条件。此外，还有相当一部分民间金融组织处于地下状态，是监管的空白地带，难以有效进行管理。监管缺失导致民间金融组织管理混乱、运作失范，极易发生金融犯罪活动，成为诱发犯罪的温床。

2. 资金走向不易掌控，金融风险相对较大

趋利性是市场活动的一大特征，特别是投资活动占很大一部分的民间金融活动。民间借贷的走向一直是引导的难点，而非法集资犯罪就是利用人们渴望致富的心理，以短期内高额回报为诱饵，诱骗人们进行投资，很大部分民间资金被吸入从而非法集资犯罪，或者流入地下钱庄。地下信用没有法律保障，仍然采用口头约定的简单形式，粗陋的形式与较高的利率，既制约了正常的资金需求，也成为众多法律纠纷的根源。如张某非法吸收公众存款一案，张某及其妻子以经营公司的名义，采用月利息 2 分至 6 分的方式，向社会不特定人员累计借款 16200 余万元，后因资金链断裂，两人逃匿，造成 5500 余万元借款无法归还。另外，民间借贷的主体往往不具有投资的专业知识，正常的投资也可能存在风险，资金链的

断裂常常具有传导效应，极易引起各种资产泡沫的破裂，从而影响经济健康发展和社会的和谐稳定。

3. 宏观调控难以到位，市场发展相对无序

目前的宏观调控主要着眼于正规金融体系（特别是银行体系），而没有涉及民间金融层面，由此形成的“漏损效应”影响了调控效力的发挥。在宏观调控向常态回归的过程中，央行虽然冻结了银行体系的部分资金，但民间资本的泛滥对冲了流动性收紧的效果。并且，在银行信贷资金收紧的情况下，民间资本与银行信贷资金之间的价差被拉大，社会资金流出正规银行体系向非正规渠道的集结进一步加速，从而削弱了宏观调控当局对于信用和资金总量的控制力。

（三）金融市场未来发展预测

1. 整体发展

当前我国正在经历调整结构、促进转型的新常态框架下的新阶段。所以未来三年，金融发展仍处于一个促进转型和加快发展的阶段。而转型的过程将出现很多瓶颈和问题，有瓶颈，就需要不断调整，有调整，结构视角的意义才愈加凸显。产业结构升级受阻、人口及结构红利消退是这一轮新常态的起点，而当下着力推进的国企改革、供给侧改革、一带一路等措施均是应对经济转型和结构调整的应对方案。

有很多人都不看好中国的经济的增长，涌现很多危机论，用历史种种数据来论断未来中国经济前景，但是历史不只会简单重演。当下从笔者自身的角度看中国未来的经济增长将重回上升轨道，中国拥有较为灵活的政策制度，在 GDP 增速放缓的时候能快速看清局面、调整结构、促进转型，很好地调控当前的经济局面，像国企改革、供给侧改革、一带一路等措施都带来显著的成果，这是很多历史都没有的尝试，而接下来的六大产业升级（智能制造、信息科技、技术创新、绿色经济、消费升级、一带一路）将有望突破这个瓶颈重回轨道。抓住这些产业趋势，把握时机，培育经济增长的新动能。

就金融市场的方向而言，既然三年不会太长，就要注重当下，而当下正是互联网向上蓬勃发展的颠覆期，金融市场依附互联网打下了坚实的硬件基础和生长的土壤，金融行业是离互联网最近的行业，因为它是一个信息行业，而现在是一个互联网大数据时代，互联网金融将进一步加速发展。

2. 金融趋势

首先，必须了解一下互联网终端设备，移动端的出货量早在 2011 年就超越了 PC，移动端在便携性和覆盖面为互联网金融打下了坚实的基础和发展的前提，现阶段是互联网实质性金融业务发展阶段。在互联网金融发展的过程中，国内互联网金融呈现出多种多样的业务模式和运行机制。

要知道 21 世纪最缺乏的是理财渠道，由于历史遗留问题，中国人的投资方式较为单一，除了买房就是银行定期，而最近频频的政府调控意味着炒房也将告一段落，并且十九大重申并坚持房子是用来住的、不是用来炒的定位，加快建立多主体供给、多渠道保障、租购并举的住房制度，让全体人民住有所居。

其次，互联网金融产业的发展将成为一大亮点。可以看到，支付宝和微信的出现大大改变了我们的生活方式，而且互联网金融不断发展，支付宝的余额宝的灵活理财模式颠覆了我们传统的理财方式，灵活的取现模式、高额的回报和稳定性都使它成为大家首选的理财工具。

余额宝早在 2017 年 6 月底规模已达到了 1.43 万亿元，在 2020 年，天弘基金共实现营收 83.77 亿元，净利润为 26.44 亿元，其中余额宝的贡献无疑是最大的。不过 2021 年第一季度，余额宝首次跌破万亿大关，这其中基金的崛起功不可没，现在就连菜市场的大妈都在谈论基金，可见互联网金融的魅力是如此之大，国民理财的需求端是多么庞大的数字。而这只是一个开始，未来还会有更多安全可靠的货币型和固收类的灵活多样的理财模式去颠覆银行传统的低成本资金，所以行业的发展方向将越来越细分化，通过大数据的深度融合更垂直深入人群。

最后，一行三会频频发声，在针对深化金融监管和风险控制的问题上，未来五年金融监管的走向在于完善宏观审慎政策，加强监管，协调查漏补缺，补齐监管短板，在理财端监管可能在新规和大资管业务监管方面有所作为。让理财更加合理和规范，风险更可控，而这些规范化的监管将迎来更大的理财机构的加入。

3. 金融消费

说到金融市场自然不能少了证券市场，今年 A 股四度闯关 MSCI 成功，A 股于 2018 年开始登录 MSCI 新兴市场指数，将进一步加快金融市场的快速发展。今年目前已经有 7 家海外私募进入 A 股市场，基金业协会在当年的 11 月 9 日一天内就批准了三家海外独资私募投资基金管理人资格。

这一系列动作都表明，随着监管层放宽金融业的市场准入，外资将快速进入中国市场，也可以看出外资对中国前景的信心，也预示着未来五年的证券市场竞争将更加剧烈。在外资的带动的下，A 股的估值将有望回归合理化，在宏观经济向好和市场政策偏好的情况下，指数有望得到估值修复，迎来较大稳步回升。外资持续增持，股市或回归价值投资，与国际互连加强，资产放在国际市场视角下进行比较，存在市场再定价的需要。

同时，带动国内的基金发售和市场人气的修复，而这也将加大市场的竞争力，包括基金和券商等。国内的投资基金将面临更大的挑战，在竞争中发展，也会促进管理的规范化和市场制度的完善，严打恶意炒作的行为和证券违法等。虽然说不会因为纳入 MSCI 就会改变整个股票市场的走势，但是纳入 MSCI 将改变市场运行中的很多内部条件，促进市场制度的完善，对市场走向成熟有推动作用，值得我们高度重视。深入研究其影响，同时抓住机遇在外资的促进下使得中国金融市场结构与制度也将进一步优化。

二、民间金融市场治理模式探索

（一）正确处理民间金融监管与金融发展的关系

对于民间金融监管与金融发展的关系问题，在学术和实践中都存在较多分歧。中央金融监管负责监管的地方金融机构很多，包括城市商业银行、农信社、地方保险机构、地方法人证券公司等，然而促进这些金融机构的发展职责在地方政府。民间金融监管局同时负责监管和促进发展这些地方金融机构，若此关系处理不当，则容易造成民间金融监管与发展的冲突。在民间金融监管实践中，各种金融组织的不同阶段存在不同的问题，在不同行业段存在不同的问题。

1. 部分金融领域重监管轻发展

在强监管的政策背景下，很多地方政府过度重视金融监管，忽略了金融监管的最终目标，以金融监管手段来替代金融发展，以监管手段替代发展措施。

2. 部分金融领域过度关注发展

金融兴，经济活，金融业的发展可以极大地促进实体经济发展。地方政府常常因为过度关注金融的发展而忽略其相应的金融风险，疏忽对各类金融风险的防控，尤其是面对一些创新金融模式，过度宽松，甚至处于监管空白，导致了一些新金融乱象丛生。

3. 监管与发展职责区分不明确

金融监管部门常常会将自身作为行业主管部门，即同时要负责行业监管与发展的职责，最终使得监管与发展职责不分明，监管与发展就不能形成有效的合力，导致金融发展效率的低下。

推动民间金融发展，必须以防范民间金融风险为前提，同时也不宜由于过度监管而阻碍新型金融模式的发展。地方政府必须承担起金融监管兜底责任，以防控民间金融风险为前提，协调好金融监管与发展的统一关系，肃清市场乱象，整顿行业秩序，促进金融行业的健康稳定发展，努力建设监管与发展协调配合的强大机制。

（二）民间金融监管理念

1. 民间金融监管与发展要适当分离

监管与发展如同硬币的两面，如果不能做到的适当分离，则在不同时期，监管不足，金融风险就会累积，发展不足，金融对经济的支持就不足。尤其是行业发展前期，发展得到充分的重视而监管的重要性容易被忽视，导致部分地方部分金融领域野蛮生长，金融乱象丛生，金融生态恶化。

2. 加强功能监管与行为监管并行的趋势

全国金融工作会议对民间金融监管方式提出了要求，“加强功能监管，更加重视行为监管”，功能监管与行为监管或将成为未来地方金融监管的重要模式。然而，由于民间金融组织或新兴金融组织的产品或业务相对单一且具有独立性，民间金融监管方式仍然应以机构监管为主。面对各种地方金融创新，地方金融监管机构要积极探索如何建立机构监管与功能监管、行为监管的协调合作机制。

3. 民间金融监管主动对接负面清单制度

我国目前正推行负面清单管理制度，民间金融监管要主动对接负面清单制度，从重视事前审批转为强化事中事后监管，主动提升监管能力和质量。

（三）功能监管、行为监管与机构监管的协调

功能监管和行为监管将成为未来主流的监管模式，而机构监管与前两者监管模式并不是互相排斥的。因此，地方金融监管机构应当针对民间金融风险防范，建立功能监管、行为监管与机构监管的合作协调机制。

1. 地方金融监管更侧重机构监管

当前，各省市成立的地方金融监管局，实施侧重机构监管，对机构实施从生到死的全过程纵向监管。虽然民间金融监管局的监管对象范围将进一步扩大，包括：小额贷款公司、融资担保公司、区域性股权市场、典当行、融资租赁公司、商业保理公司、地方资产管理公司、投资公司、社会众筹机构、地方各类交易场所、农民专业合作社等机构，但上述十一类机构的业务属性有一定的独立性且单一，风险相互交织度低，并不具有高度跨机构和跨市场的风险传染性。在统一划归为地方监管局进行监管后，可以有效消化一部分监管真空地带，监管重叠的现象也不会很显著。因此，民间金融监管应当以机构监管方式为主，同时要做好对单一集团或金融机构的微观关注和对区域金融市场风险的宏观审慎监管。

2. 发挥功能监管的作用

功能监管是从业务的角度出发，在金融混业经营背景下对不同金融机构的相同或类似的金融产品或业务进行统一监管，这与机构监管的“纵向”监管有着明显差异。功能监管更关注金融业务或产品性质的区隔，强调跨机构、跨行业监管，更注重于防范监管漏洞。

随着金融行业的不断创新发展，地方金融机构之间存在着诸多横向业务合作、股权债权关系以及资管关系等，很多地方金融组织的潜在风险和暴露风险已经超出了原本应保持的风险相对隔离的要求。因此，单一的机构监管方式无法完全覆盖混业交织且创新层出的地方金融行业，应逐步加强功能监管，建立功能监管与机构监管相结合的机制。

3. 实施行为监管

不同于机构监管和功能监管，行为监管从微观层面着手，即对金融市场参与者的组织和人的监管，金融牌照是行为监管的一种经典形式。行为监管要求从事所有金融活动的金融机构要有相应的金融牌照，要监测持有金融牌照的金融机构，更要密切关注没有金融牌照的组织。根据“属地处置”原则，地方政府应当履行金融监管兜底责任，也就是充分补充监管那些中央监管机构覆盖不到的一切新兴金融业态，主要包含未经金融监管部门审批颁发金融牌照的金融组织，要及时补足监管“短板”。

4. 宏微观全方位的金融监管网

综合上述三种监管方式，机构监管、功能监管与行为监管并不是相互割裂的，而应当是协调合作的关系，这种综合监管的模式更适用于当前地方金融机构统一归并为地方金融监管局监管的现状，地方政府能够充分发挥横纵监管模式的协调合作优势。一方面，科学有效地划分地方金融监管局的内部职能分工。其中，应当设立专门部门负责机构监管与功能监管、行为监管之间的协调合作；应当设立信息部门，主要负责打造和维护地方金融监管信息的共享平台；设立专门部门，主要关注地方监管的兜底责任，彰显地方金融的行为监管思路。另一方面，科学运用穿透监管手段，完善穿透监管框架，不断提升对金融机构的资本金来源、关联方资金流向等基础信息的监控能力。

5. 地方金融监管信息共享机制

要做到机构监管与功能监管、行为监管的良好协作，监管信息共享是至关重要的，只有从技术上打通监管部门与地方金融组织之间的“信息孤岛”，获取真实可靠、有时效性的企业数据，才有可能实现高效的金融监管。从目前地方金融监管信息共享来看，在信息传递和对称性方面仍然存在很多缺失和低效率。虽然新兴金融业态以及其他不受监管的金融活动的规模和风险系统性不会很庞大，暂时对整体地方金融体系造成不了影响，但随着金融混业经营发展迅猛、金融创新水平和深度在加速扩大，若不能及时健全地方金融监管信息共享机制，民间金融监管体系运行效率会十分低下。

三、构建民间金融治理模式的原则

（一）依法原则

依法监管与严格执法是各国金融监管当局共同遵守的一项原则。金融监管必须依据现行的金融法规，保持监管的严肃性、权威性、强制性和一贯性，而不能随心所欲，凭个人好恶办事，甚至知法犯法、执法犯法、有法不依。坚持这一原则具体要做到：一是金融监管当局及其工作人员在执行监管公务时，也就是在办理金融机构的市场准入、性质确定、业务范围核准、经营项目界定、金融新产品审批以及例行检查、违规处理等公务的过程中，应坚持依法办事、严肃执法；二是金融监管工作者自身应遵守各种法规，学法、知法、懂法，坚持执法的连续性、一贯性和不可例外性。

（二）独立原则

所谓独立原则，就是指不干涉金融机构的内部管理，即要按金融监管的规律进行监管，不能对金融机构的内部管理以正规的或非正规的方式进行干预。实践证明，干预银行业内部管理的行为对监管双方都会产生消极影响。

（三）综合性原则

综合性原则的含义是全面的，它包括：各种金融监管手段，即经济手段、行政手段、法律手段等要综合运用，以实现有效监管；金融监管的方式、方法或工具要综合运用，即监管工具要现代化、系统化，日常监管与重点监管、事前督导与事后监察要同时运用；金融监管机制和方案要科学化、系统化、最优化，确保金融监管的优质高效。

（四）“三公”原则

“三公”原则即公平、公正、公开。监管对象，不论其性质、规模、背景如何，都必须在统一的标准下展开合理竞争，金融监管当局也要按照统一的监管标准和监管方式对它们实施监管，这样才能从根本上规范金融机构的市场行为，保证金融市场良好有序地运行。

（五）统一原则

统一原则要求实现金融监管工作的以下统一：一是各级金融监管机构要统一监管标准和口径，不能各自为政、自行其是、重复监管、自相矛盾或留下缺口；二是宏观金融监管与微观金融监管要统一，微观金融政策、措施、监管方法等不能同宏观金融政策相抵触；三是国内金融监管与国际金融监管要统一，尤其是在各国国内经济与世界经济逐步接轨的情况下，国内金融监管的政策、法规、措施也要与国际接轨，要基本符合巴塞尔银行监管委员会颁布的《有效银行监管的核心原则》的规定。

（六）协调原则

协调原则的意思是指“内部自律”与“外部监管”相结合。由于世界各国金融实践活动的差异，其金融监管分别采用了自律模式、法制化模式及政策干预模式。但是，要保证监管的及时和有效，客观上需要“外控”与“内控”有机结合。这是因为，外部强制管理不论有多缜密严格，也只能是相对的，如果监管对象不配合、不协作，而是设法逃避，外部监管则难以收到预期的效果；反之，如果将全部希望放在“内控”上，则可能诱导一些金融机构开展违规经营，产生金融风险。

（七）适度原则

适度原则主要是指监管适度与合理竞争的结合。金融监管的根本宗旨就是通过适度的金融监管，实现适度的金融竞争，形成和保持金融业适度竞争的环境和格局。检验金融监管效果的根本标准是：能否促进金融业和社会经济的顺利发展。如果监管过严或过度，不允许竞争和创新，就必然限制金融业的健康发展，削弱一个国家金融业的市场竞争力。反之，如果金融监管不到位，金融市场将出现恶性竞争，使得金融市场秩序混乱，加剧金融风险。近些年来，各国金融监管当局普遍依据适度原则，允许金融企业进行有利于金融业发展的公平、适度竞争，允许有利于经济发展的扩大金融消费的金融业务创新，以便扩大金融市场和创造客户需求，使金融监管达到“管而不死、活而不乱”。

（八）稳健原则

稳健原则就是要保证金融业稳健运行，努力防范金融风险。安全稳健与风险预防及风险管理是密切相连的，因此，必须进行风险监测和管理。监管技术手段指标体系是着眼于金融业安全稳健及风险性预防管理的。安全稳健并不是金融业存在和发展的最终目的，它的最终目的是满足社会经济的需要，促进社会经济稳健、协调地发展。

（九）效益原则

以最低的监管成本获得最佳的监管效果是金融监管当局的重要原则之一。在许多国家，金融监管的费用由被监管者承担，这迫使监管者尽可能地节约监管资源，减少监管成本，提高监管效率，否则将受到被监管者的质疑和投诉。显然，这一原则中的效益是包括社会效益在内的全面效益。

四、民间金融市场治理模式的选择

（一）金融治理模式分类

由于金融治理主体的多元化，治理模式也逐渐向多元化发展，即实现了金融治理模式的多元规则。这种治理模式的多元规则即包括传统的国家行为体之间的共同治理模式，也包括了非国家行为体之间的治理模式。具体而言，金融治理模式包括国家中心治理模式、有限领域治理模式、非政府组织治理模式以及多元多层合作治理模式。

1. 国家中心治理模式

国家中心治理模式是指国家主体在金融治理中发挥关键作用，跨国家的金融治理需要各国家主体之间相互协商合作。该模式下，金融治理的主体是国家，而国家通常在权力、经济等方面占据优势，所以国家中心治理模式被认为是比较有效的一种金融治理模式。但该模式也具有一定的缺陷性，因为国家在发挥作用时，往往涉及需要共同维护本国的利益和别国的利益，当两种利益发生冲突时，别国的利益很难得到保障。因此，学者们逐渐提出了有限领域治理模式和非政府组织治理模式。

2. 有限领域治理模式

也叫国际组织治理模式。这种治理模式的主体是一些比较权威的国际或区域组织。这种金融治理模式打破了原有的以国家为主体的金融治理模式，在进行金融治理时，能更有效地对金融治理对象进行防范与应对。但这种模式也存在一定的局限性，由于国际组织通常由一些强国领导，容易受到这些国家的控制，在进行金融治理时，不可避免地会损害别国的经济利益。

3. 非政府组织治理模式

这种金融治理模式的主体是一些非政府组织。这些非政府组织通常由社会上的一些团体组成，能够有效地规避国际组织进行金融治理时的局限性。但它同时也存在着一些问题，由于非政府组织很少受到某个国家的控制，因此组织内部的协调制度并不完善，在进行金融治理时，往往因为过分关注区域内的金融稳定而忽视了单个国家的国情。

由于上述三种金融治理模式都存在着一定的局限性，因此，多元多层次合作治理模式逐渐发展起来。多元多层次合作治理模式，采用多元化的治理主体与多层次的治理过程相结合的方式。在进行金融治理时，不仅各治理主体之间相互合作，同时治理的对象也相互交叉，经过一系列的重组，为金融治理提供了一套行之有效的治理模式。

（二）新型全球金融治理模式下的中国选择

在新型的全球金融治理模式之下，多边主义应成为监管改革的指导思想。全球监管体系的改革应从解决全球系统性风险的角度出发，不能只考虑部分国家的利益，忽略新兴市场国家利益需求的监管体系也将是无效的。中国作为新兴市场国家中的大国，应积极参与全球金融监管体系的改革，积极为新兴市场国家争取利益，并主动承担相应的责任。具体有以下几个方面：

1. 积极参与国际金融监管标准的制定

在当前的国际监管机构中，发达国家尤其是欧洲国家掌握着控制权，例如在巴塞尔委员会 13 个会员国中，有 10 个来自欧洲。包括巴塞尔协议和 IOSCO 标准等在内的国际金融监管标准都是为发达国家的利益而制定的，没有考虑发展中国家。因此，中国应积极参与到监管标准的制定中去，维护新兴市场国家的利益。比如，争取将国际监管标准定得“低”一些，这样新兴市场国家既可以遵守，又不会付出太大的代价。同样，中国参与监管标准的制定，并不是中国“一厢情愿”。以中国为代表的新兴市场国家在监管治理结构中，话语权的提高将损害发达国家的利益，这是发达国家不愿意看到的。即便如此，中国仍应积极争取。与国际金融机构的改革不同，监管体系改革中，监管标准的制定和实施是不具有强制性的。中国开始接受巴塞尔协议的标准也是近几年的事情。因此，以中国为代表的新兴市场国家在监管标准的制定上存在与发达国家“讨价还价”的余地。事实也一再表明，一味忽略新兴国家利益的政策也很难推行下去，如 MF 的贷款附加条件伤害了发展中国家的利益，导致这些国家不愿意接受 MF 的贷款。中国应通过多种方式，积极影响和参与国际监管标准的制定。

2. 积极配合国际监管合作

在国内银行中推进《巴塞尔协议Ⅲ》的实施，与国际监管标准接轨；积极参加各种国际和区城等多层次的金融监管组织，积极参加各项活动；加强与国际监管机构和其他国家在金融信息方面的沟通，积极配合国际监管机构在信息获取和处理方面的工作，等等。

3. 积极推进国内的监管改革

一是建立综合金融监管的框架，监管的范围应覆盖各金融市场、机构和产品，建立多层次、多机制、综合性的监管体系；二是通过完善征信体系和清算体系等途径，建立国内的金融信息平台，以更好地进行宏观审慎性监管，防范系统性风险；三是加强国内各监管机构之间的协调，重点是进一步完善金融监管协调机制；四是加强对大型混业经营的金融机构的监督；五是加强对资产负债表的监管，及时掌握表外风险的状况；六是不需要抑制金融的创新。中国与美国情况不同，中国是对金融创新限制过严，从而导致了金融产品和服务的不足，因此应鼓励金融创新。

4. 加快国际金融中心的建设

由上面分析得知，中国要想在全球监管体系中的话语权有所实质提升是非常困难的事。中国可以从其他地方寻求突破，加强双边互动，在区域金融监管框架中发挥更大的作用。其中，建立自己的国际金融中心也是一个很好的尝试，中国在本国的国际金融中心理所应当占有很大的话语权。国际金融中心如果取得成功，将在国际金融市场上分享已有的市场份额，形成与纽约、伦敦等金融中心抗衡的局面，中国也就成了国际金融市场中举足轻重的国家。不过，国际金融中心的建立，会增加与全球金融体系的联动性，这会容易传染系统性风险，这对中国来讲，也是资本账户开放所必须面临的挑战。中国若能成功应对将对全球金融具有重要的稳定作用，这也是中国在监管体系中的一种责任担当。

5. 重视区域金融合作

中国加强区域层次的金融合作，是短期内中国参与全球金融治理改革的一个重要选择。当全球金融治理工作难以推动时，区域金融治理便成为大家关注的对象，区域金融治理的成功将在很大程度上推动全球金融治理的进行。因此，区域金融合作也是全球金融治理改革的一个重要步骤，或者是较为迂回的路径。中国参与全球金融治理改革，应首先积极参与到区域金融合作中来。

第七章　民间金融市场治理的法律完善与监管实施

第一节　民间金融治理的法律制度构建依据

一、民间金融治理的法制化现状

（一）民间金融治理法制化的重要作用

我国的民间金融的出现并不是一种单纯的经济活动，这是在社会经济制度中发展出现的。可以通过与民间金融的互补对金融市场的资源以及金融市场的构造进行完美的整合，这样可以有效地促进金融效益的增长。①

由此可以看出，民间金融已经加入了金融市场的竞争，并在逐渐地改变金融市场的格局。所以，对民间金融应该予以高度的重视，不能忽视民间金融对未来金融制度发展的影响，所以对民间紧急的行为进行相应的监督、预测就变得非常重要。

近年来，互联网金融模式发展迅猛，一定程度上为企业融资带来新的机遇和发展空间。然而，P2P 跑路、担保融资公司倒闭等事件却时有发生，令投资人不寒而栗。

民间金融乱象导致非法集资案件持续高发、多发，具有以下特征：一是案件定性难。对于“向社会不特定对象”吸收存款的行为则属于非法吸收公众存款。行为人具有非法占有目的，则按照集资诈骗等处理。非法吸收公众存款犯罪与集资诈骗界限不十分明确，导致案件定性难。二是法律适用难。从现有法律及司法解释来看，非法集资犯罪的入罪、定罪标准过低，又因其所设定的条件为选择关系，具备一项条件便可构成犯罪，导致罪名适用扩大。三是调查取证难。综合考虑行

① 郑风田，等．安全监管的经济学分析 [M]. 武汉：华中科技大学出版社，2011.

为人事前、事中以及事后的各种主客观因素来判断行为人是否具备主观故意，表面上符合法律逻辑，但事实上收集证据难。四是化解信访难。涉案金额巨大，受害人情绪反应激烈，迫切希望政府追回损失，信访事件如影随形，给案件审判带来很大的压力和困难。五是追赃退赃难。被告人因无法偿还到期本息而案发，并且被告人的不动产，有的设定了担保物权，有的案发时早已转移财产，有的部分资金系用于支付高息，导致被告人可供执行财产锐减。

因此，民间金融治理的法制化刻不容缓，民间金融的阳光化、合法化有利于造就其健康发展的法律环境。

首先，它有利于建立起由法律支撑的强有力的民间金融信用系统。“非法的”民间金融往往局限于血缘和地缘这类狭小的信用系统，无法扩展成大的信用系统。缺乏法律约束的狭小的信用系统主要靠道德维系，但道德的力量毕竟有限。没有法律制度约束的民间金融容易变成滋生道德风险的“温床”，使民间金融的负面影响充分显现，阻碍其自身发展。

其次，它有利于民间金融建立法定的风险转移通道。“非法”民间金融由于国家禁止，不仅规模较小、收益有限，而且抵御风险的能力很低，又没有常规的风险转移通道，容易诱使民间金融从业者选择短期行为，短期行为带来的“暴利”又会进一步诱使民间金融走上扩大收益的短期行为之路，从而进一步增加风险。法制化可使民间金融建立常规的风险转移机制，进行审慎经营，使其经营风险降至最低。

最后，它有利于民间金融健康发展和进行制度创新。“非法”民间金融一般规模较小，在狭小的信用系统中收益非常有限，不利于其大规模发展，也不足以支撑其制度创新。民间金融法制化以后，有法定的风险转移渠道，在抵御风险能力增强的情况下，民间金融才能寻求制度创新，以合法地扩大收益。

（二）民间金融治理法制化及法制执行情况

在对我国民间金融的相关法律法规建设进行系统的分析后，得出我国政府部门在不同时期对民间金融活动所表现出来的监管立场有一定的不同。

我国当前民间金融的生存现状和法律框架成型则开始于第三时期，转折于第四时期，随着我国现阶段民间金融市场的活动主要表现为各类民间金融组织的成立和各种集资行为的层出不穷，我国的立法活动和执法活动也相应集中于民间借贷纠纷的处理、非法金融机构和非法集资行为的判定和处罚。

各国金融立法的一个重要的指导思想是：保证国家货币政策的正确制定和执行，保持币值的基本稳定，加强金融监管，维护金融体系安全有效的运转，为国家经济的协调、稳步、健康发展创造一个良好的金融环境。从这个意义上讲，保障国家金融安全和经济安全，是各国金融立法的基本要求。

各国法律关于金融业务规定了分业制、融合制两种不同制度，两种金融业务制度各有利弊。我国实行的分业经营，分业管理的金融制度，符合我国目前金融发展的特点和实际。然而，对于国际金融业呈现出的由分业到融合的走向要引起足够重视，既要坚持我国有自身特色、行之有效的金融业务制度，又要积极研究借鉴国外先进经验，进一步完善我国的金融法制。

根据建设社会主义市场经济体制的基本要求，我国金融法制建设取得了明显进步，在几年的时间时里制定了一批重要的金融法律、法规和规章，初步做到了有法可依，重视金融执法工作，依法强化金融监管和自律自控，在法制的基础上深化金融改革，整顿金融秩序，防范和化解金融风险。但是，我们也必须清醒地看到，我国金融立法在某些方面存在滞后的问题，不少党政干部、企业领导干部和金融工作者对如何通过学习，加深对金融法律、法规和金融政策的了解，提高运用和驾驭金融手段的本领，增强维护金融秩序的自觉性和防范风险的能力的问题还认识不足，在我国金融业中还隐藏着较大的金融风险隐患。因此，就完善金融体制和严格依法办事而言，还存在着很大的差距，如何把一切金融活动纳入规范化、法制化的轨道，仍是我国今后一个长期重要的任务。

我国要实现民间金融市场合法、健康和正当的发展，就必须首先要客观评价民间金融经济主体的行为，进一步对其行为实施法律方面的指引作用，使其朝着更规范化和合法化的方向发展。自然，健全完善民间金融法律制度成为经济法制建设的重点追求目标，核心的主体法律监管架构具有必需性，配套法律制度也必不可少，成为核心监管制度顺利执行的有力辅助力量。但是我国现在相关方面的法律仍然存在着相当大的缺陷，如破产人制度、存款保险制度和中小企业信用制度方面的立法仍亟待完善。

二、民间金融治理立法现状

（一）没有形成完整而统一的法律体系

我国民间金融活动没有做出专门性立法，有关法律规定散见于《民法通则》

《合同法》《商业银行法》《证券法》《刑法》及最高人民法院的司法解释之中，没有形成完整而统一的法律体系。

由于没有统一而完整的法律体系，相关法律规定散见于众多法律规范和司法解释之中（见表 7-1），由于各部门考虑问题出发点的差异，相关法律规定之间的协同性差，甚至造成了不同法律法规之间的冲突现象。

表 7-1　有关民间融资法律责任一览表

责任类别	法律条款
民间融资的行政责任	《商业银行法》第八十三条 《证券法》第一百七十五条 《贷款通则》第七十三条 《非法金融机构和非法金融业务活动取缔办法》第二十二条
民间融资的民事责任	《民法通则》第一百零六条、一百一十七条、一百三十四条 《合同法》第一百零七条、两百零七条 《人民法院关于审理借贷案件的若干意见》第十、十一条
民间融资的刑事责任	《非法金融机构和非法金融业务活动取缔办法》第二十二条 《商业银行法》第八十一、八十二条 《最高人民法院关于审理非法集资案件具体应用法律若干问题的解释》第七条 《刑法》第一百七十六、一百七十九、一百九十二条

（二）没有确立民间金融的法律地位

近几年，学界对民间金融的“合法性”问题存在广泛的争论，其主要的原因就是法律上对民间金融的合法地位没有确认。我国虽然给私人直接借贷确立了合法地位，但对合会、私人钱庄、民间集资等民间金融形式和活动的合法性都没有予以承认，使得这些民间活动和组织都在“灰色地带”运行，缺乏必要的法律规范。

（三）没有明确监管机构

长期以来，我国金融监管偏重于对金融机构经营的合规性检查，这种检查主集中在规范经营和规范操作上，对金融机构潜在的资产风险重视不够，而资产质量的风险是金融业深层次的风险，它的产生和发展将危及金融机构的安全。同时，金融监管内容存在漏洞，对金融创新业务的监管滞后，一些新的金融业务未及时纳入监管视线，一些准金融机构和准金融业务未纳入监管范围。社会保障体系中涉及的准金融业，如社会养老保险、失业保险、农村养老保险等，分散于不同的部门经营和管理，未纳入统一的金融监管范畴。在部门和地方利益的驱使下，这些业务开展的状况十分混乱，有的地方出现地方政府挪用养老保险金的现象。

（四）没有明确罪与非罪的标准

现行有关法律法规并没有明确合法金融与非法集资、非法吸收公众存款之间的区别，仅仅作出了4倍利率的一个规定，并没有明确具体的罪与非罪的标准，也缺乏民间金融执法的具体标准。4倍的利率规定以央行的基准利率为标准，本身就不固定，没有明确的利率界限。没有明确而具体的法律界定，相应法律的导向作用就很难发挥，当事人也很难判断自身的行为到底是不是违法，相应的政府监管机构和司法机构在民间金融执法上也容易发生偏差。

（五）法律责任缺陷

在我国现有法律框架中，虽然规定了行政责任、民事责任和刑事责任，这些责任都可以对民间金融进行规制，但由于民间金融立法的滞后，这些法律责任并没有在民间金融中发挥出应有的作用。由于现行法律对民间金融的民事责任没有作出具体规定，只能参照《民法通则》和《合同法》的相关责任条款，导致民间金融相关权利得不到有效保障。虽然规定了民间金融和行政责任，但在民间金融出现风险时，行政责任的适用性十分有限，不能对地方政府及相关人员的没有作为做出相应的行政处罚，而是直接追究民间金融融入方的刑事责任。从严打击的刑事责任方式虽然能在一定程度上抑制金融违法犯罪现象，但也抑制了合理的民间金融现象。

三、构建民间金融法律规制的理念和原则

（一）构建民间金融法律规制的理念

1. 以赋予融资自由为先导

民间金融的法律规制，必须承认和尊重民间金融活动和组织的合法性，保护合法融资活动和组织的权利，赋予公民融资自由的权利，赋予公民自由支配和使用自有资金的权利。通过融资自由权利的赋予，激发民间金融市场的活力，为社会主义新农村建设服务。

2. 以权利公平配置为根本

目前的金融体系和结构不能使得弱势群体和组织获得公平的金融权利，资金和资源的配置向富有阶层倾斜，正是因为权利配置的不公平，才滋生了民间金融

活动和组织。民间金融的法律规制，不应该限制民间金融活动，而是引导民间金融的规范化运行，更好地为弱势群体融资服务。

3. 以提升金融效率为核心

通过法律规制、政府监管、民间自律，加强对民间金融的规范和引导，形成民间金融良好发展的市场氛围，减少或杜绝民间融资乱象，促进金融创新，提升金融服务经济的效率。

4. 以维护金融安全为后盾

民间金融的异化发展，影响了金融秩序，对金融安全造成隐患，因此，民间金融的法律规制，要规范民间金融的市场运行，起到对正规金融的正向补充作用。民间金融的法律体系和辅助法律体系，要能对民间金融起到规范引导作用，使民间金融在法律允许的范围内，开展正常的借贷活动，保障民众的投融资权利，减少市场失灵所造成的对金融秩序的损害。

（二）构建民间金融法律规制的原则

1. 平等原则

平等是每一个公民享有的、宪法赋予的神圣权利。根据现代自然法学的观点，平等的权利是其他权利的基础，近代许多国家的宪法都继承这一思想，同时将自由、博爱等思想带入其中。如美国《独立宣言》中写道："我们相信这是不言而喻的真理：人人生而平等，造物主赋予他们若干不可剥夺的权利，包括生存、自由和追求幸福的权利。"在《人权与公民权利宣言》也有类似阐述："在权利方面，人人生来并且始终是自由平等的。"

反观我国农民在金融市场中的权利，他们所享受的平等更多的是一种形式平等，而非实质平等，诸如城乡二元结构等现实条件制约了他们实现真正的金融权利平等的机会。形式平等意味着，虽然制度没有制约个体享受这些权利，但现实中不同个体的权利实现程度却并不相同。马克思说法律是为统治阶级服务的，在传统时代的国家，法律的普遍精神都是更加有利于那些社会资本多的人，弱势群体难以得到保护。农民虽然形式上有获得金融权利的机会，实际上却难以靠近这些利益，从而出现了权利的不平等。这对于农民来说，形式平等机会毫无意义。法律注重公平的取向在一定程度上帮助了弱势群体获得应有的权利，但是更多时候，对于权利的承认和实际上权利的获取之间还有很大距离。农民是农业生产中最重要的主体，他们在金融权利上的不平等，必然进一步导致城乡居民贫富差距的增大。

民间金融的重要作用不言而喻，然而，当前民间经济所面临的一个重大问题就是农民事实上难以享受平等的金融权利，与农业相关的社会组织、家庭农场、乡镇企业等，难以得到帮助他们发展的足够的资金支持，在市场中不断失去优势，甚至被淘汰，失去了参与市场平等竞争的机会。农民金融权利的平等，必须要让农民与市民在金融权利上没有差别，不能因为这样那样的方式剥夺了农民享受金融权利的机会。

2. 有效监管原则

金融监管的实现需要一系列可行的外部条件，有效的监管才是金融制度的组成部分。当前，针对我国民间金融机构的监管，还不能说是有效的。在当前的社会条件下，以及国家、政府的调控管理手段下，如果要实现我国民间金融的有效监管，必须在正确监管理念的指导下，继续完善民间金融监管的法律体系。同时，多方配合，改造金融监管的外部环境，帮助民间金融市场各个主体不断完善他们内部的规章，改善企业治理条件和治理效度；积极引进外部监督机制，采取第三方评价的方式，帮助建立民间金融机构的公信力，确保民间金融机构运行目标不被扭曲。竞争机制也需要在一定程度上继续加强，而竞争的存在，更加需要一个有效的监管体系存在。对于民间金融市场来说，底子薄，风险大，资金外流概率高，因此，对于民间金融市场的监管必须适度，不能发生过度监管，扼杀民间金融市场的活力。过度监管的后果是严重的，将会导致民间金融体系运作的效率低下，必须尽量保证竞争性。民间金融监管不同于城市监管，它的监管目标不是监管本身，而是通过监管保证金融机构运作、竞争的合理、有效。所以，必须首先确保针对民间金融市场的有效监管，在此基础上，促进金融主体之间的良性竞争，实现民间金融市场的快速发展。

3. 倾斜保护原则

社会学家马克斯韦伯认为，社会分层的标准是多样的，可以依据经济、政治、文化资本的不同来区分。具体的分层标准，则是财富、权力、声誉，处于不同社会阶层意味着他们获得到的财富权力声誉等都是不同的，由此造成了阶层之间的不平等。下层社会群体则逐渐成为社会的弱势群体，他们获取各种社会资源的难度进一步加大，追求平等的权利也受到了制约。但是在韦伯看来，随着社会经济的进步，个体之间对于平等的追求会增多，在社会生活的资源交换中，人们更加注重公平。如前所述，由于历史遗留问题，和当前政府政策力度不够，城乡二元结构依然存在并且影响深远。市场资源倾向于流向工业发展，城乡之间的平等在实质上难以实现，而作为必须追求的目标，法律法规的设计必须向弱势群体——农民倾斜，对他们进行保护。

当前，随着社会转型进程的加快，我国面临着两个突出的结构性社会问题：第一是过大的贫富差距，社会资源的不合理集中；第二是弱势群体的过度庞大，主要是农民群体，他们在现代社会中的生存状况依然不容乐观。由于国家政策力度不足，农业发展乏力，民间融通资金不断大规模外流，民间发展受阻，农民生存状况堪忧。而随着这种社会资源的流动，以及国家政策的不平等，城乡差距、贫富差距越来越大，为了满足新民间建设、城乡一体化建设中提到的公平性要求，就必须保护农民的金融权利，来满足农民和民间日益增长的对金融服务的需求。对他们而言，诸如医疗、子女教育、养老等问题，也是导致农民进一步贫困的重要原因。如果广大农民的上述社会保障权利继续无法得到满足，三农将重新陷入危险的境地。而通过保护农民的金融权利，可以解决他们在社会保障方面的困境之余，继续保障农业的发展。在农民获得正规机构贷款难的前提下，许多农民转向求助于各种民间金融机构，如小额贷款公司。国家和政府的审慎态度，让民间金融一直没有合法的地位，发展没有法律保障，农民金融权利的保障也就失去了另一个可能的来源。为了实现这一目标，必须设计合理的法律制度，来对农民的金融权利实现更好的保护。

第二节　民间金融治理的法律制度构建宗旨

一、民间金融治理法制构建的必然性

民间金融的发展历史比较久远，然而始终都没有一个健全的法律制度来规范民间金融行业，这种状态下使得我国民间金融业在发展过程中存在诸多风险，因此建立和完善民间金融法制成为必然。[①]

（一）民间金融缺乏明确的法律地位

民间金融虽然已从禁止、打压，到默认而不提倡的灰色存在过渡到如今的半

① 周海珍．保险监管效率的经济学研究 [M]. 北京：中国金融出版社，2016.

公开化状态，但仍得不到法律的认可，经营活动缺乏应有的法律保护。迄今，我国未出台一部专门针对民间金融的法律法规，民间金融一直都没有得到一个明确的法律地位和有序的规范，这是目前民间金融发展所面临的最大问题。民间金融与非法集资等活动的法律界定仍然较为模糊，市场主体本身难以确定其是否具备融资资格，也难以区分融资活动是否合法，增加了交易成本，降低了资金配置效率。部分约束民间借贷的有关规定、条款，也早已不再适应当前经济发展形势和民间借贷活动的需要。

在得不到法律有效保护的情况下，民间金融产权的保护只能以质押手段或是通过暴力来提供，甚至有通过黑社会等非法组织进行保全的可能，造成社会不安定。正因为如此，很多地方政府对民间金融组织设立也一直持谨慎态度。虽然中央出台文件要求放宽农村民间金融的进入门槛，允许民间金融的正常经营活动并适当参与市场竞争，但从目前情况来看，尚处于口号阶段，民间金融由于缺乏明确的法律地位，仍然得不到实质性的支持和发展。

（二）民间金融缺乏科学的监管制度

民间金融是一种自发的金融形式，在发展过程中有许多不规范的地方，所以政府的金融监管部门对民间金融大都采取一种敬而远之的态度，对这种非官方的融资方式持怀疑态度，因此很少主动发挥民间金融的融资作用，也很少对其规范和引导。

1. 监管主体不明确

我国实行分业监管体制，即由中央银行、中国证券监督委员会、中国银行保险监督管理委员会分权实行专业的监管体制。但对于民间融资行为，不仅不具备系统健全的监管体系，而且也没有确切规定监管主体、监管对象和监管内容。监管当局职责划分不清，而这种职责不明确会导致重复监管或者相互推诿，导致了民间借贷市场相对混乱。

2. 监管制度缺位

监管制度缺位主要包括三方面内容：

（1）民间金融的市场准入监管缺位。市场准入制度是塑造市场主体的核心环节，是国家对市场进行干预的基本制度，它既是政府管理市场的起点，又是市场经济条件下其他一系列制度建构的基础性的经济法律制度。金融市场准入属于特殊市场准入中的经济性市场准入。

（2）业务经营管理缺位。由于业务运行的监管缺失，导致一些资金由银行流向民间金融市场的现象。此外，大量高利贷资金游离于监管之外，民间金融风险大大增加，且民间金融组织较多采用暴力手段对借贷资金实施保全，一旦发生无法偿债的现象，容易诱发社会不和谐因素。

（3）市场退出机制混乱。对于存款者来说，民间金融的市场退出制度非常重要。如果市场退出制度不严格，某些经营不善而导致亏损甚至破产的民间金融组织没有按规定退出或者退出不规范，依然存在于民间金融市场中运作，而且不断吸收地区民众的存款，这将对存款者造成非常严重的危害。

因此，建立和完善民间金融市场退出机制刻不容缓，唯有依据法律规定和市场原则允许民间融资机构破产，才能够确保各类民营金融机构健康、有序地运行。

3. 监管方式不合理

对游离于正规金融体系之外的民间金融活动，政府及相关监管部门持有一定的敌视态度，认为其扰乱了金融秩序，往往将其视作“非法金融”来处理。因而民间金融交易活动出现问题时，政府的监管措施也通常是一经发现即清理整顿（经国家有权机关批准成立，但超范围经营）和行政取缔（未经国家有权机关批准）。从中也可以看出，在民间金融出现问题的时候，政府力求把冲突控制在制度范围内，为了达到这一目的，只通过简单的禁止手段来防范风险。事实上，压制、镇压只是其中的一种手段，而这种手段对于民间金融的发展并不适用，监管当局应采取更为有效合理的监管措施。

（三）传统民间金融机制失灵越来越多

传统的民间金融多发生在关系紧密的亲戚朋友间，这种关系基础上的民间金融活动通常交易规模狭小，交易范围局限在一定的小圈子里，并对圈外人的不信任感过于强烈，与关系不紧密的圈外人较少发生交易关系。但是改革开放以来，经济发展越来越依赖于劳动专业化和分工协作的发展，企业之间的生意关系日趋简单，市场参与双方之间也因为没有一定的地缘、血缘、亲缘的关系，信息交流困难增加，信息甄别成本加大，双方之前信息是不透明、不平衡的，资金出借方无法再对企业或个人的经营活动、资金运用行为进行预判，传统民间金融机制失灵现象在逐渐增多。同时，传统民间金融这种基于社会关系网络的关系治理，在小范围内对信用违约者能起到比正规法律治理更为严格的约束作用。因为违约者不仅面临经济、法律惩罚，还将承担高昂的社会成本。但在现代化大生产背景下，匿名市场交易越来越多，声誉惩罚的严重性逐渐淡化，违约的潜在收益日益累积，参与主体有很强的激励背离原有的信用交往模式，民间金融原有的关系治理机制失效。

此外，当前大部分民间金融组织的内部经营管理比较混乱，缺乏信用审核、信息处理、借贷契约、借贷利率、财务管理及审计制度等方面的规范性管理制度；民间金融借贷主体的金融素质普遍不高，缺乏金融方面的知识和能力，在发生金融诈骗等非法行为时不能及时识别，由此造成违规操作等现象也越来越多。

二、民间金融治理的法律制度构建的意义

（一）有利于为巨大的民间资本寻找出路

民间资本已成为我国国有资本、跨国资本以外的第三支力量。以广东为例，2020年前三季度，广州固定资产投资同比增长6.3%，恢复势头好于全国、全省；全市实际使用外资增速大幅回升，9月当月实际使用外资比上年同期增长2.7倍；广州社会融资规模增量7729亿元，同比大幅增长53.4%，超过去年7188亿元的全年增量；全市贷款余额5.30万亿元，贷款增速居北上广深津五大城市第一位。上述数据显示，我国民间资本存量的绝对值是巨大的，大量的民间资本游离于正规金融体系之外，民间资本或者闲置或者低效运转，民间资本缺少合理的出路。让这些资金找到合适的投资渠道，既实现利益最大化，又对国家经济有益，这是民间资本的迫切需求。

（二）有利于解决中小企业及农村融资难的问题

改革开放以来，民营中小企业发展非常迅速，成为我国经济发展的一支生力军。尽管非国有企业的工业总产值已经超过了65%，可是民营企业所得到的银行信贷还不到贷款总额的30%。目前我国的金融机构信贷门槛过高，而且贷款手续复杂，耗时长，成本高，且对借款人资格审查、担保人经济状况都有严格的界定标准，中小企业由于自身的规模小、资质差等原因，获得贷款的成本相对更高，获得贷款的概率相对更低。目前农村地区的农户，其从正规机构获得的贷款方式主要有农村信用合作社的商业性贷款、小额信用贷款及农业银行的小额扶贫贷款，但这些贷款还远不能满足农户的需求。正规合法的民营金融机构则可以在一定程度上解决中小企业和农户融资难的问题，能够为中小企业和农户开辟新的融资渠道。

（三）有利于金融体制的改革

到目前为止，我国虽然对金融业进行了股权结构多元化、投资主体多样化的改革，但以国有金融为主的框架仍未被打破，金融业的改革步伐远远赶不上经济

发展的需要。有关研究表明，来自民营金融机构的竞争对国有金融机构治理结构的改进和绩效有正向的影响，一方面竞争可以鼓励国有金融机构的创新，另一方面，国有金融机构也可以向民营金融机构学习。只有在出现了大量生机勃勃的民营金融机构之后，国有银行才会真正感到竞争的压力，才能够从比较中认识到自己的差距，从而加快改革的步伐，以便能够适应市场竞争。因此，建立民营金融机构必将有助于加快国有银行和股份制银行的改革步伐。

（四）有利于国家宏观调控政策的实施

我国民间融资的规模相当大，在一定程度上将阻碍国家宏观调控政策的有效实施。巨额社会闲散资金参与民间融资，由于民间融资松散性、盲目性、不规范性以及随意性，民间融资不可能完全适应国家产业政策的要求，对国家宏观经济运行及其调控造成冲击，在一定程度上将阻碍国家宏观调控政策的有效实施。民间融资会造成大量资金体外循环，不利于经济结构调整，影响国家利率政策实施，截流信贷资金来源等，还可能扰乱正常的金融秩序，甚至酿成相当大的金融风险，妨碍中央银行现金管理，造成金融风险防范与监管的盲区。民间金融的合法化则可促使政府监管民间资本的流向，政府出面加以组织协调，把民间资本导入资金缺口较大，但能够带动地方经济发展的投资项目上，从而与国家的宏观调控政策保持一致。

三、民间金融治理法律体系的构建宗旨

（一）理顺现行民间金融法律法规

由于我国对民间金融没有专门性立法，只是在相关法律法规中作出了相应的规定，各项规定的散乱，既不利于普通民众的学习和遵守，同时对民间金融的法律规制也造成了不利影响，因此，有必要对现有法律法规中相关条款进行废止和修改。在《中国人民银行法》《银行业监督管理法》《商业银行法》等有关法律中都有对民间借贷的强制性规定，有必要进行废止，将有关民间借贷的强制性规定统一到民间融资法中。《非法金融机构和非法金融业务活动取缔办法》和《刑法》中虽然都有非法吸收公众存款罪和非法集资罪的规定，但有关违法行为的要件规定不够明确，无法作为判定金融犯罪的依据，必须进行修改，重点是明确具体的违法要件，而不能再靠高院的解释来作补充规定。

（二）制定并出台《民间融资法》

《民间融资法》作为民间金融的专门性立法，必须符合法律规制的理念和原则，同时对有关要件、责任、管理等必须作出明确规定，既要符合民商法的基本精神，又要符合金融管理秩序的相关规定，其基本内容如图 7–1 所示。

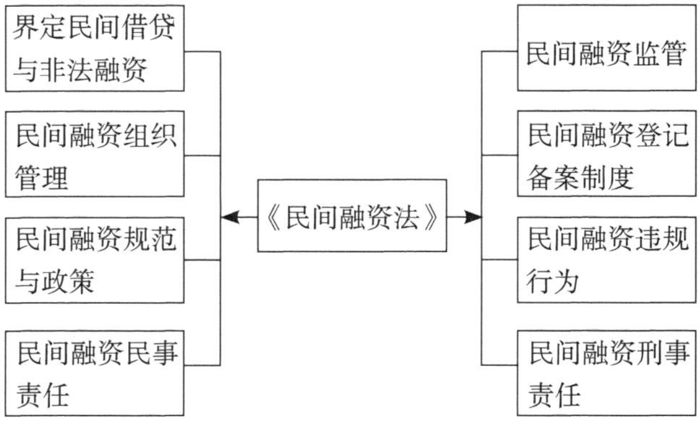

图 7–1 《民间融资法》的基本内容

1. 界定民间借贷与非法融资

《民间融资法》应尊重民众的投融资权利，尊重其对财产和资金的支配权和收益权，允许合法借贷形式的存在，但必须明确界定民间借贷与非法融资，区分民间借贷行为与非法集资行为，鼓励正当的民间借贷行为，允许生产经营所需的内部集资行为，打击非法集资行为，坚决取缔地下钱庄等非法融资的存在。

2. 规范民间融资组织管理

首先是规范民间融资的组织形式。民间融资组织形式多样，并且存在异化发展，要规范民间融资，必须对其组织形式作出明确规定，促使其规范化发展。对民间融资组织的规范应建立在对组织宗旨合法性、活动合法性的基础上，明确违法组织的构成要件和应负的法律责任，对合法的民间融资组织予以保护，对违法的融资组织予以打击。

其次是规范其业务范围和融资方式。对各种民间融资组织的业务范围作出明确规定，明确其业务边界。规定民间融资组织的资金来源和筹措资金的方式，规定向其融资的借款人范围和融资方式，在相关规定中应明确优先支农支小、支持实体经济的发展，限制其进行投机性融资。

最后是规范其民间融资行为。根据《合同法》《担保法》《物权法》等有关规定，对民间融资活动中的主要行为要件作出规定，包括权利义务、融资方式、期限范围、利率界限、违约责任等，促进其合规运行。

3. 规范民间融资监管体系

目前的民间融资监管存在模糊监管、过分监管和多头监管等多种问题，不利于明确监管主体和监管责任，也不利于发挥出有关监管机构的监管积极性，因此，在《民间融资法》中应按分类监管原则，规定监管主体和职责。

4. 完善民间融资民事责任

我国目前的民间融资民事责任还局限在还本付息，应将民间融资的民事责任方式扩大到损害赔偿、违约金等，要求相关责任人除按要求还本付息外，还要求支付约定损害赔偿金，要求支付赔偿性的违约金。

5. 完善民间融资行政责任

行政监管一直是民间金融监管的主要方式，但在目前，相关行政机构和工作人员却没有很好履行对民间融资的行政监管职责。在目前的行政责任中只有在发生民间融资纠纷或重大民间融资案件时，才追究相关行政责任，缺乏预警和预防功能。我国应建立起协调的行政监管网络，全方面监管民间融资活动和行为。

6. 完善民间融资刑事责任

首先对“非法集资”进行立法解释。禁止非法金融机构吸收公众存款，进行货币资本经营，但如果是采取内部集资方式融资进行生产经营活动的，就不应该纳入“非法集资”范畴，在界定合法的民间融资和“非法吸收公众存款”“变相吸收公众存款”时，不应以不特定对象或范围的大小来判断，而可以从融资目的上予以规定。

其次，高利贷的入罪问题。虽然有观点认为，高利贷具有必然性和合理性，不应入罪，但是高利贷违反了资金的运动规律，推动了民间金融的非理性繁荣，目前爆发的各种借贷危机都是高利因素在背后推动，应予以限制。并且根据历史经验和国际经验，为促进民间借贷的健康发展，必须对高利采取限制政策，因此，在《民间融资法》中应对高利贷的刑事责任作出规定，但必须明确其具体标准和要件。

（三）完善民间金融配套法律制度

1. 建立民间金融契约制度和担保制度

由于民间金融往往凭借口头协议，即使有借条，也不够规范，不利于对合法的民间借贷债权的确认和保护，因此，可以将《合同法》适用范围扩大，引导民间借贷双方签订完善的借贷合同。同时，将《担保法》《物权法》的适用范围也扩大到民间金融领域，增强对借贷双方权益的保护，减少民间借贷纠纷案件的发生。

2. 建立民间融资破产法律制度

修改民商事法律体系，确认并保护民间金融投资者的合法财产权利，并将《破产法》适用范围扩大至自然人，允许民间金融组织者或借贷参与者以破产财产清偿债务。

第三节　民间金融治理的法律调整建议

一、民间金融治理的情况

（一）民间金融机构监管罚单分布情况

2020 年，1473 张罚单分布在 28 个省份，其中罚单数量排名前五位的省份为湖南省、江西省、黑龙江省、山东省和辽宁省。湖南省监管部门作出 393 次行政处罚。

1. 2020 年农村合作金融机构罚单数量省份分布图（见图 7-2）

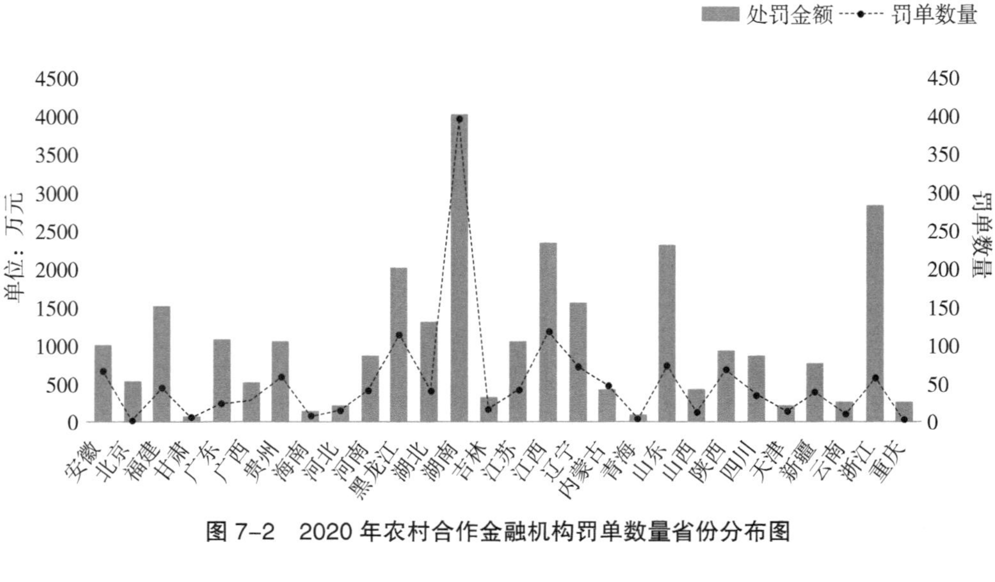

图 7-2　2020 年农村合作金融机构罚单数量省份分布图

2. 罚款金额过千万元省份（见图 7–3）

银保监及其派出机构对农村合作金融机构罚款 29414.36 万元，其中罚款金额过千万元的省份 12 个，分别为湖南省、浙江省、江西省、山东省、黑龙江省、辽宁省、福建省、湖北省、广东省、贵州省、江苏省和安徽省。湖南省监管局及其派出机构开出 393 张罚单，合计罚款 4055 万元，占全部罚单金额近 2 成。

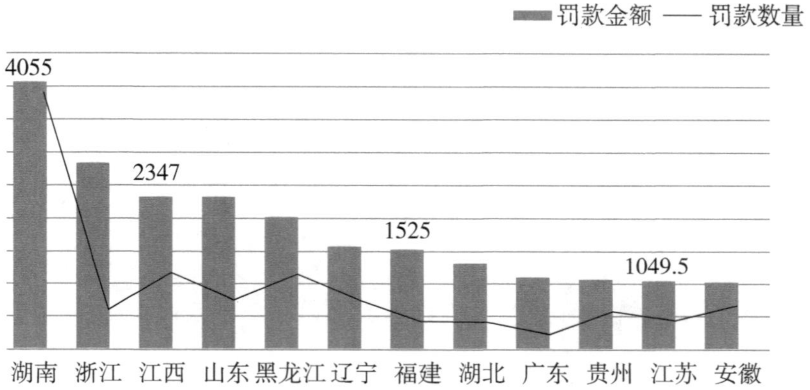

图 7–3　罚款金额过千万元省份

（二）民间金融机构监管处罚分析

1. 处罚概览（见表 7–2）

2020 年，银保监会针对农村合作金融机构发布了 1473 份罚单。基本情况如下：

（1）警告 778 次。其中警告单位 3 个，警告个人 775 人。

（2）罚款金额 29414.36 万元。其中罚款单位 27748.86 万元，罚款个人 1665.5 万元；罚没金额 1054.86 万元，其中没收违法所得 224.93 万元。

（3）禁止从事银行业工作 97 人。其中终身（53 人）、1 年（1 人）、2 年（2 人）、3 年（13 人）、4 年（3 人）、5 年（12 人）、6 年（1 人）、8 年（1 人）、10 年（10 人）、11 年（1 人）。

（4）取消高级管理人员任职资格 47 人。其中终身（4 人）、1 年（6 人）、2 年（5 人）、3 年（11 人）、5 年（17 人）、6 年（2 人）、8 年（1 人）、10 年（1 人）。

（5）其他。责令改正共 6 份，责令对相关责任人给予纪律处分共 15 份。

表 7-2 2020 年农村合作金融机构行政处罚分析概览

罚单数量（份）	警告（位）		罚款金额（万元）		罚没金额（万元）		禁止从业（人）	取消任职资格（人）	其他类（份）	
	单位	个人	单位	个人	合计	其中：没收违法所得			责令改正	责令给予纪律处分
1473	3	775	27748.86	1665.5	1054.86	224.93	97	47	6	15

2. 处罚对象分析

1473 张罚单合计处罚 505 家农村合作金融机构，其中罚单数量排名前十位的农村合作金融机构为湖南华容农村商业银行、怀化农村商业银行、贵阳农村商业银行、怀化市鹤城区农村信用合作联社、湖南沅陵农村商业银行、湖南安仁农村商业银行、湖南祁阳农村商业银行、武汉农村商业银行、昭阳农商行和湖南东安农村商业银行。[①]

（1）罚单数量（见图 7-4）

从罚单数量上看，其中排名前十位的农村合作金融机构如图 7-4 所示：

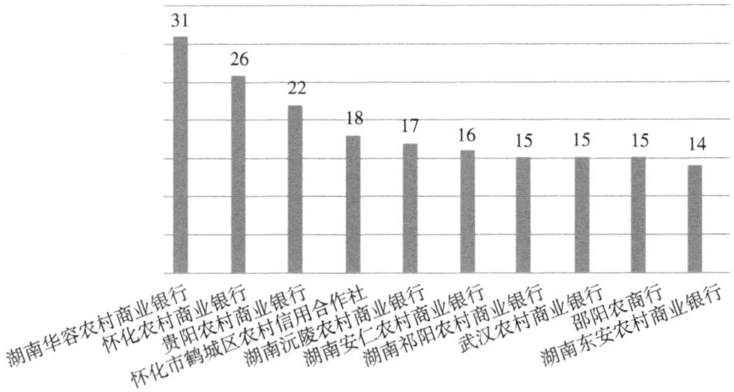

图 7-4 农村合作金融机构处罚单位罚单数量分析

（2）罚款金额（见图 7-5）

从罚款金额上看，其中排名前十位的农村合作金融机构是：武汉农村商业银行、贵阳农村商业银行、北京农商银行、怀化农村商业银行、资中县农村信用合作联社、湖南邵阳农村商业银行、山东荣成农村商业银行、江西进贤农村商业银行、辽宁灯塔农村商业银行、龙岩市永定区农村信用合作联社。全年，前十家被处罚农村合作金融机构合计罚款 4612.86 万元，占全部罚款金额近二成。

① 周霖．民间金融内生发展模式研究 [M]．杭州：浙江大学出版社，2019.

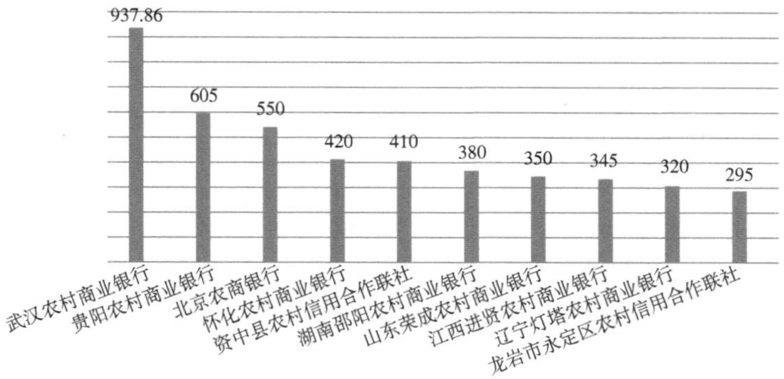

图 7-5　农村合作金融机构处罚单位罚款金额分析

3. 处罚事由分析

1473 张罚单分布在 505 家农村合作金融机构，处罚事由体现在公司治理、股权管理、信贷业务、银行卡、消费者权益保护等 21 个领域。

4. 处罚单位及处罚内容合并分析

（1）2020 年，农村合作金融机构排名前十位处罚事由（见表 7-3）：

表 7-3　2020 年农村合作金融机构排名前十位处罚事由

处罚事由	处罚案例数量（件）	罚款金额（万元）
贷款“三查”不尽职	120	2729
违法违规发放贷款	120	630
严重违反审慎经营规则导致发生案件	69	575
贷前调查未尽职	45	431
员工行为管理不到位	36	1083
违规分红	33	726
违规核销贷款	27	25
内控管理不到位	23	535
虚报涉农、小微企业贷款数据	23	576
未按监管规定报送案件（风险）信息	21	395

（2）对于排名前十的处罚事由，处罚最多的银行分别为：①贷款“三查”不尽职：黑龙江嫩江农村商业银行；②违法违规发放贷款：湖南祁阳农村商业银行；③严重违反审慎经营规则导致发生案件：怀化农村商业银行；④贷前调查未尽职：福建宁德农村商业银行；⑤员工行为管理不到位：齐齐哈尔农村商业银行；⑥违规分红：尼勒克县农村信用合作联社；⑦违规核销贷款：武汉农村商业

银行；⑧内控管理不到位：湖北大冶农村商业银行；⑨虚报涉农、小微企业贷款数据：江西安福农村商业银行；⑩未按监管规定报送案件（风险）信息：资兴农商行。

5. 处罚依据法律条文分析

处罚依据涉及的法律法规有99部：《中华人民共和国银行业监督管理法》《中华人民共和国商业银行法》《个人贷款管理暂行办法》《流动资金贷款管理暂行办法》《商业银行与内部人和股东关联交易管理办法》《商业银行内部控制指引》《商业银行股权管理暂行办法》《商业银行授信工作尽职指引》《固定资产贷款管理暂行办法》《中华人民共和国行政处罚法》等。

其中处罚依据的法律条文使用次数排名前十的为：

《中华人民共和国银行业监督管理法》第四十八条：943次

《中华人民共和国银行业监督管理法》第四十六条：482次

《中华人民共和国银行业监督管理法》第二十一条：93次

《中华人民共和国商业银行法》第七十五条：44次

《中华人民共和国商业银行法》第八十九条：43次

《个人贷款管理暂行办法》第三十五条：30次

《个人贷款管理暂行办法》第十三条：20次

《流动资金贷款管理暂行办法》第十三条：19次

《商业银行与内部人和股东关联交易管理办法》第四十二条：16次

《中华人民共和国行政处罚法》第二十七条：16次

6. 处罚金额“超百万”罚单

（1）“超百万”罚单机构分布情况。2020年，有43家农村合作金融机构被属地监管部门开出45张罚款金额“超百万”罚单，罚款合计8864.85万元，占全年城商行罚款总额超三成。

（2）“超百万”罚单省份分布（见图7-6）。2020年，农村合作金融机构处罚金额“超百万”罚单，从罚单数量上看排名前五位的省份是浙江、湖南、福建、山东、辽宁。从罚款总额上看排名前五位的省份是湖南、浙江、湖北、福建、山东。

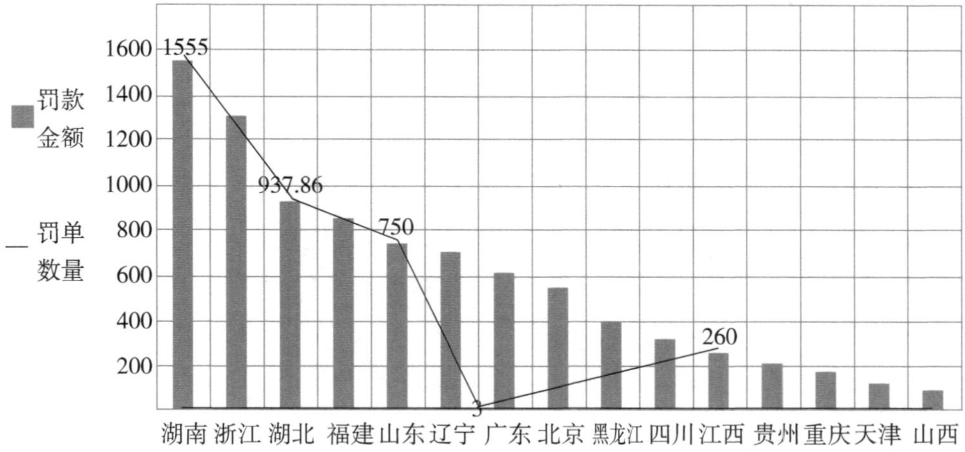

图 7-6 处罚金额“超百万”罚单分布表

二、民间金融治理的法律调整原则

规范和治理民间金融的目的是要让民间金融与正规金融相辅相成，共同发挥助力实体经济发展的作用。如果视民间金融为“洪水猛兽”，全部禁止，就会抑制金融体系的活跃度；但若无视民间金融潜在的问题和风险，统统放开，则可能会扰乱正常的经济金融秩序，甚至引发区域性的金融震荡。因此，民间金融的治理不能采取“一刀切”的方式，而应秉承审慎管理、渐进放开和管放并举的原则。

（一）构建民间金融治理的基础设施，为民间金融良性发展提供制度依托

首先，要建立民间金融的监测、统计和预警体系。包括：一是建立民间金融活动的备案和信息登记制度，定期采集民间金融活动的相关信息；二是建立包括资金投向、利率水平、借贷期限、借款形式、抵押或担保形式、借款偿还情况等在内的民间金融监测指标体系，建立对借贷大户的跟踪监测制度和民间借贷群发性异常变动的预警制度；三是要引导民间金融组织建立信息披露制度，定期披露财务状况、资金用途、运用效益等情况，及时披露债务人的不良借贷行为；四是开展民间金融业务普查公证，调动社会各方的力量，增强民间金融监测统计信息的准确性和真实性。

其次，建立健全民间金融的监管体系。鉴于民间金融涉及银行、证券、基金等多个范畴，并事关社会资金管控和经济金融稳定，因此可由央行牵头监管，一行三会分工辖管，在明确各监管主体监管范围和职能的基础上，建立监管联席制

度，克服“多头监管”和“监管真空”等问题。为化解民间金融潜在的风险，还要制定科学合理的准入标准和风险监控指标，优化风险监管手段和工具，并且赋予地方政府防范和管控本地区民间金融风险的职责。

（二）依法合规地将民间金融逐步纳入正规金融体系

开辟多元民间投资渠道，将民间资本形成的“国内热钱”与服务实体有效对接起来。要在严格监管、防范风险的前提下，引导符合条件的民间资本采取联合、入股等方式，成立合作制的民间金融组织，鼓励民间资金参与商业银行的增资扩股；对法律法规未明确禁止准入的其他行业和领域，要降低民间投资进入的门槛，加强对民间投资的服务和指导。特别是要通过倾斜性政策支持等方式引导民间资本进入战略性新兴产业、节能环保、科技创新、现代服务业、文化产业等实体经济增长的引擎行业，以及小微企业和“三农”企业等实体经济中的薄弱领域。

（三）“管字优先”，对民间金融实施区别对待，分类管理

以宏观监管能力为限，对于有利于促进当地经济发展的民间金融活动，在宏观调控和金融监管水平和能力能够覆盖的范围内，可逐步予以阳光化和规范化，“管不住”的则不应轻易放开。“管得住”的民间金融组织要在法律上赋予其合法地位，并在完善监管体系和健全监管制度的基础上，督导它们尽快建立起规范的财务制度、内控体系和治理架构，硬化其监管约束和风险约束，引导合乎条件的民间金融组织由非正规金融逐渐、稳步地演变为正规金融。

对于高利贷、非法集资等黑色金融活动，要保持法律高压，坚决取缔以谋取暴利或其他非法目的为导向的民间金融活动，严厉打击民间金融组织中存在的倒卖外汇、洗钱等非法活动以及暴力追债、投机诈骗等显失公平并造成严重危害的行为。

三、完善民间金融治理法制的建议

民间金融问题在一定程度上反映了我国金融监管整体上的滞后性，这种滞后性包括金融监管目标的滞后性、监管模式的滞后性与对金融创新的反应滞后性等。对于这种滞后性，中央政府不能漠视其存在，也不能简单将监管职责转移给地方政府，而应当肩负起顶层设计的重任，强化功能监管，对金融监管的界限问题与中央－地方监管权限的划分问题作出整体优化，使金融监管回归均衡状态。而要

做到这些，则必须首先转变金融监管理念，对民间金融活动实行与其风险相匹配的监管安排，进而利用功能监管改革作为契机，从以下多方面采取措施对民间金融问题进行综合治理：

（一）金融开放要与金融监管同步进行

对外开放是我国一项长期的基本国策。在经济全球化的大趋势下，既要看到国际资本流动为经济和社会的发展所作出的积极贡献，也要看到由此而形成的挑战和风险。必须强调：我国在加强金融开放立法的同时，亦要注意研究如何加强金融监管的立法。今天，各国金融监管的对象是一个如此急剧变化的市场，因此事实上，各国政府和国际金融监管机构一方面不断颁布新的法律和协定，金融监管从来没有像今天这样紧跟市场；另一方面，新的金融工具层出不穷并形成新的市场，从而不间断地提出新的监管课题。可以说，金融监管的特点就是法律的变化来管理变化的市场。在加强金融开放与监管立法的同时，要十分注意研究如何采取有效措施，加强对国际金融资本流动的监管，遏制国际游资的过度投机，提高对金融风险的预测、防范和救助能力。

缺乏监管的民间金融绝大部分活动范围限于特定省市。传统中央金融监管机构及其在各地市的分支机构对地方金融机构的监管力有不逮，难以应对数量如此巨大、种类如此驳杂的民间金融（朱太辉，2015）。很多省市都成立了"金融办"，在事实上承担了地方金融监管的职能，却并无法律依据，其监管方式、人员素质、人力资源都存在严重问题。因此，应当健全法律法规，提升地方金融办的监管能力，将地方政府的金融发展和金融管理职能分开，并建立中央与地方之间、地方与地方之间的监管协调机制。

总之，金融对外开放要同本国经济发展水平和金融业发展水平、经济改革和金融改革深化程度、宏观调控能力和监管能力等水平相适应，任何超越或严重滞后都不利于本国经济和金融业的发展。

（二）以法制手段推进我国投资融资体制改革

对金融风险的防范和化解，不仅仅是金融领域的工作，还需要全方位的改革。特别是以法制手段推进我国投资融资体制改革，已成为我国化解和防范金融风险的重要外部因素之一。从金融运行的客观环境看，我国现行的投资融资体制已不适应社会主义市场经济的要求。要加速我国的投资融资体制改革，实行"谁投资，谁决策，谁担风险”的原则。凡企业投资国家允许发展的产业、产品和技术，均由企业自主决策，自担风险。除重大项目外，政府一般不再对项目进行审批，而改为登记备案制，确需政府审批的项目，也将尽可能简化审批程序，主要是看项目在投资方向和宏观布局是否合理，是否符合国家有关的政策和法规要求。要抓紧制定《固定资产投资法》《招标投标法》等法律法规，把全社会固定资产投资活动纳入法制化轨道。

（三）加强完善金融立法，强化金融执法的研究

我国金融立法在某些重要领域还处于空白阶段，《信托法》《期货法》等是金融监管待加强的重点。建议加快、加强金融立法，特别是期货、信任立法，健全、完善我国金融法律体系，尽快改变金融市场重要法律法规不全，某些重要金融活动无法可依的现象。

从维护社会主义经济金融秩序的严肃性出发，必须强化金融执法。要赋予中国人民银行、中国证监会、中国银保监会等国家金融监管机构以重大权力，并使之在动作上保持独立性。建议制定《金融处罚条例》，以提高央行金融监管依据的法律效力层次，增强金融监管的力度。

要大力整顿金融秩序，坚决取缔非法金融机构，严禁任何非法金融活动。要根据党中央国务院的部署，及时完成对本地区、本系统中各种形式的非法集资活动的清理和查处。要狠抓金融机构特别是金融机构领导班子的建设，对金融机构和金融从业人员的违法违规行为，要及时、严肃、从严处理。

具体而言，首先，需要对我国现行的《商业银行法》《证券法》等进行修改，引入功能性定义，无论任何机构，只要其从事的业务符合银行业务与证券业务的功能性定义，都应当受到上述法律规定的监管主体的监管并履行相关义务。如若其从事金融业务没有得到授权，则应承担非法开展金融业务的责任，但其依然处于金融监管范围之中，此时对未授权金融活动的惩治不再是基于其对金融准入制度的挑战，而是由于其恶意规避法律为金融活动设置的与其风险程度相匹配的监管标准和社会责任。其次，确定外部干预标准的具体判断方式。可以参考美国相关法律在功能性定义下的最低水平豁免与合格投资者豁免的相关制度。不满足外部干预标准的民间金融则依然采用民商法进行调整。再次，对“证券”“银行”等业务作更加精密的界分，理顺类型化的金融监管逻辑，以应对可能出现的新型、非典型性金融交易的监管框架选择问题。此时，原先符合非法集资概念的金融活

动将根据其交易结构被定性为“未授权银行业务”或者“未注册证券发行行为”。最后，还应当建立监管协调机制，以充当实践中不可避免的识别难题的裁判者。

（四）完善信息披露，增加金融决策透明度

透明度原则是国际金融交易中的一个重要法律原则。金融透明度或信息披露，是指根据法律规定公开与金融交易有关的重大事项的一种法律制度。金融透明度是金融业有效监管的基础，是金融运行规范化的主要内容和重要标志。离开了信息披露的规范化，市场的规范化就无从谈起。值得注意的是，我国金融市场存在信息披露不规范的问题：如信息披露不及时、信息披露不严肃、信息披露不真实、信息披露不充分、公布的信息朝令夕改等。

建议加强对金融透明度和信息披露制度的研究，并加强以下工作：一方面，根据我国国情，以法律的形式进一步明确规定有关金融活动信息披露的义务人、信息披露的内容和形式、信息披露的原则和标准，进一步加强我国的信息披露制度；另一方面，从立法上明确规定不披露的信息，如公开违反社会公共利益，法律法规保护并不允许披露的商业秘密、内幕信息和敏感性信息等，从而保证政府和金融机构对金融市场实行统一管理和有效监督，创造一个真正公开、公平、公正、安全的金融市场秩序。

（五）建立完善的金融监管体系，依法加强金融监管

就整个监管体系而言，国家对金融机构的监管是最高层次的刚性监管监督形式。目前我国实行的是中国人民银行、中国证监会和中国银保监会的监管体系。中国人民银行新的管理体制启动后，央行要独立行使监管职能，确保金融政策的权威性和连贯性。而以经济区域设立的央行分支机构要突出依法监管、风险控制，强化整体监管功能，打破内部条块分割、各自为政的传统监管方式，形成监管合力。中国证监会今后应致力于建立集中统一的证券期货监管体系，在对全国证券监管机构实行垂直领导后，中国证监会派驻各地的监管机构要迅速转变观念，转变职能，把工作重点转到加强对证券期货业的监管、提高信息披露质量、防范和化解证券期货市场的风险上来。中国保监会要依法查处保险企业违法违规行为，坚持取缔非法设立的保险机构和保险中介机构，严肃查处高手续费、高返还、低费率等不正当竞争行为，建立保险业风险的评估与预警系统，防范和化解保险业的风险。

在强化国家金融监管的同时，还要注意建立完善我国金融机构内部控制自律机制，在国家的宏观金融监管和金融机构内部控制中间，还应特别加强金融业同业公会或协会自律性组织建设。建议加快银行、信托、证券、保险、信用社等行业的自律制度建设，建设健全全国同业社会，制定同业公约、规范，协调经营行为，以切实加强金融行业的自律约束。

（六）对民间金融机构实施分类监管

1. 非吸收存款类

私人借贷通常基于一定的地缘、血缘、人缘关系，最容易发生重复博弈的情形，信息对称性强，欺骗者容易被识别。企业间借贷的交易双方往往聚集在特定的区域内，交易当事人很容易能通过建立长期的合作伙伴关系识别对方是否诚实履约。因此，局限在小范围内的私人借贷、企业间借贷自身存在一套约束与惩罚机制，市场竞争秩序完全可以保障其正常运行，只需在法律上对其形成的契约进行有效保护，并通过引导、鼓励其逐步走向契约化和规范化。而小额贷款公司、典当行等专业放贷机构，其交易半径更为广阔，交易双方接触机会不多或人员流动频繁，导致信息网络、社会规范和惩罚的有效性逐渐减弱，因此需要在原有交易中增加专门从事收集、保存及公开违约信息的参与人即第三方市场主体，由其采取可靠的惩罚措施来规避现在及未来可能存在的欺骗活动，评定交易者的信用等级。

2. 吸收存款类

民间金融演变成私人钱庄、标会、合作基金会等吸收存款类机构后，其运作机制变得错综复杂，交易规模和半径进一步扩大，极易演变为变相吸收存款和非法集资，引发社会风险。而诉讼救济存在双方力量悬殊、诉讼成本高昂等弊端。对此，可引入第三方机构，并辅之以政府监管，即可设计一定的组织形式如投资中介组织，将企业筹资者与分散的投资者连接起来，再由第三方组织通过对投资中介的监管，将不诚信的交易者驱逐出市场；也可由第三方组织作为政府与企业之间的屏障，消解二者之间的直接对抗。在政府监管层面，应采取更灵活有效的监管措施，赋予企业较大的经营管理自主权，鼓励其在内部风险控制管理的基础上实行自律性监管。

第四节　民间金融治理的模式选择路径

一、民间金融治理的难点和现阶段金融形式

（一）民间金融治理的难点

1. 发展不规范

民间金融因为其发展不规范，具有隐蔽性、盲目性、逐利性等缺点。在缺少外部监管的情况下，国家很难对其进行真实的统计，同时在利益的驱使下，民间金融很可能将其金融资源投放到国家限制甚至禁止的行业，对中国政府的宏观调控成效造成很大的影响。具体的不规范表现在以下几个方面：①

（1）组织不规范。民间金融的草根性特点，使得与正规金融相比有很大的不同。组织形式比较松散，大多数没有固定的经营场所，未在工商部门注册，没有专门从事金融业务的人员。虽然民间金融的不规范一定程度上节约了成本，可是随着经营规模的不断扩大，农业产业化的深化，势必会导致民间金融本身经营管理上出现问题。

（2）产权不规范。产权模糊，不明确导致经营主体的混乱，民间金融由于地域性较强，民间借贷发生的范围一般比较狭窄，局限于一定的区域内，同村、同乡、同县，加上交通不便，信息闭塞等原因，造成各地民间借贷市场的分割，形成相对独立的信贷市场。借贷资金的流动性受到了限制，无法进行信息交流，加上人为的地方保护和一定的隐蔽性，增强了供给方控制市场的能力，潜在进入市场的威胁减小，缺乏外部竞争力。

（3）经营行为不规范。民间金融由于缺乏外部约束和内部科学管理机制，扩张的速度和规模往往带有很大的盲目性和随意性。比如合会这种组织，当规模和数量上升到一定程度的时候，一个会员就会参与几个会，经过熟人套熟人的运作机制，短期内突破原有的规模，这样带来的信息不对称程度增加，带来风险。

① 诸葛隽．民间金融 基于温州的探索 [M]. 北京：中国经济出版社，2007.

2. 抗风险能力较弱

大多数的民间金融机构是小规模经营，地域性明显，回旋余地小，抗风险能力弱。作为区域性金融明显带有区域局限的特征，组织和经营活动范围受区域限制，没有自己的网络系统，异地存取、转账结算、支付、清算不便开展。在经济联系日益密切的背景下，这种区域性、小规模分散经营，显然既制约自身的业务范围的拓展和水平的提高，又与经济横向联系日益密切，和一体化格格不入。同时它们也没有像正规金融机构那样有国家作为最后的贷款人。以民营银行和私人钱庄为例，他们和商业银行一样面临着挤兑的风险，但是商业银行因为规模比较大，可以有效地分散地区的风险，又有国家信用为保证，所以他们面临挤兑风险的概率是比较低的。

3. 经营风险度较高

（1）产权风险或制度风险。民间金融的定位还处于模糊的状态，因此得不到法律的保护，特别是在整顿时期，民间金融往往成为被禁止和取缔的对象。

（2）操作风险和资本规模风险。民间借贷活动具有一定的隐蔽性，没有抵押担保，也没有正式的合同，因此在资本的运作、管理、防范风险方面都存在很大的操作风险。

因此在资金运作过程中，一般采用的是利率这唯一的手段来控制风险，缺乏其他防范资金风险的措施。一旦出现资金链断裂，就没有回旋的余地，最终造成血本无归。由于正规金融有国家作为最后的贷款人，在发生挤兑的情况下，会有国家出面注资，以渡过难关。民间金融没有统一风险控制策略，缺乏国家政策的支持，因此抵御风险的能力较差，一旦出现挤兑，大部分民间金融组织无法应对，最终会走向破产。

4. 利率较高

在现代的间接融资性质的民间金融活动中，民间金融市场的利率一般都高于官方正式金融部门的利率，甚至高于金融市场利率的十几倍。民间金融的融资活动尚未得到官方的认可，得不到法律的保护，并且民间金融的贷款缺少合格的担保和抵押，因而在其借贷活动中，就存在被官方取缔和借款人一旦违约贷款人却无法进行强制实施的风险。基于对风险的补偿，并且依存于现实资金供不应求的关系，利率实际上维持在较高的水平。

5. 监管成本高

民间金融是民资、民营、民管的区域性金融，规模大小不一，分布面广，且独立自主开展经营，呈现分散特征。它们各自在遵循国家经济、金融政策法规的前提下，制定经营战略、经营内容和经营方式，采用相应的经营手段，各自为战，缺乏统一协调，比较盲目。民间金融作为整体金融的一部分，必须接受金融监管部门的统一管理，但由于民间金融机构规模小，布局分散，机构众多，这样就会增加金融监管部门的监管难度，必然要投入更多的监管人力、物力和财力，造成监管成本增加，否则，无法达到监管目的，监管效率难以提高。民间金融中的贷款数额小，但其管理和运作成本几乎与大额贷款一样高，这使得其资金成本相对较高。

（二）现阶段金融形式

“十四五”时期，我国的金融安全形势仍然十分复杂。当今世界正处于百年未有之大变局，国内外经济金融运行环境正在发生深刻变化，金融监管面临新的严峻挑战。

1. 现代科技已经并将继续对金融业态带来巨大改变

科技变革有利于发展普惠金融，提升服务效率，但也使金融风险的形态、路径和安全边界发生重大变化。数字货币、网络安全、信息保护已成为金融监管的全新课题。我国移动支付、线上借贷和互联网保险等走在世界前列，意味着法律规范和风险监管没有成熟经验可资借鉴。

2. 金融体系内部风险仍在持续累积，一些长期形成的隐患并未彻底消除

新冠肺炎疫情冲击下，新老问题相互交织叠加，结构复杂的高风险影子银行容易死灰复燃；银行业不良资产反弹压力骤增；一些中小金融机构资本缺口加速暴露；企业、居民和地方政府债务水平进一步抬升；不法金融机构依然存在，非法金融活动屡禁不止。

3. 金融相关制度存在较多短板，金融法治还很不健全

一些基础法律制定修改需提早谋划启动，有的规章制度落地执行变形走样；现有法律法规震慑力不足，违法违规成本过低；一些法规专业性操作性不足；金融机构常态化风险处置机制尚待完善；非正规金融体系交易活动缺乏有效约束；社会信用体系不健全，失信惩戒不到位；信息披露机制有效性不够，信息披露不

及时不全面，市场透明度须进一步提高。

4. 金融监管资源，无论是数量还是质量，都明显不足

金融监管的专业化、国际化水平有待提升；金融基础设施助力监管的有效性不足；监管科技水平不高，与金融科技高速发展的趋势相比，监管工具和手段难以满足实际需要；高素质监管人才较为缺乏，资金和技术等资源保障亟待充实，基层监管力量十分薄弱。

二、民间金融治理模式的构建

目前，中国民间金融的监管还没有建立一个明确的监管模式，民间金融活动基本上还处于“散打”状态，没有一个真正的部门或机构对民间金融负责，对民间金融进行监督管理。近几年来，对于民间金融的监管一直都有被提到，2008 年政府提出的《放贷人条例》草案，承认了民间金融存在的意义，社会关注已久的民间金融问题有望得到重大突破。《放贷人条例》的最大突破将是允许符合条件的个人和企业，以自有资金注册成立“只贷不存”的放贷机构，从而打破被银行垄断的信贷市场，但注册门槛和具体约束条件还没有明确公布，民间金融的监管实施都还没有落到实处。针对这些情况，本文将会对民间金融监管模式的具体构建提出自己的见解和建议。

从前几章的分析中我们了解到民间金融存在形式的多样化以及复杂化，因此我认为对民间金融的监管不能采取单一的某一模式，应当是在承认民间金融合法地位的基础上，实行以政府为主导的、以非政府为辅助的多元化的监管模式。民间金融的监管应当与多方面的监管方式相结合，形成一个有机整体，让几种监管方式共同构成民间金融市场的监管体系。在民间金融监管的实际操作过程中，不同的监管方式的约束机制是不同的，而每一个民间金融个体的存在形式、交易方式也是多样化，每一种监管方式对于不同主体的作用以及监管的成本也是不同的，所以民间金融行为主体的选择也可以是多元的。有效的民间金融监管模式只能是从民间金融的几个方面来考虑，是差异化监管、立体化监管以及商业银行代理监管结合起来的多元化监管模式。

（一）实行差异化监管

在民间金融监管模式方面，我国监管当局应该转变监管方式，对于不同的金融组织，确立相应的标准，有针对性地实施分类监管，也就是说，对不同级次、

类别的金融组织，监管当局的监管力度应有所区别。

1. 打击和取缔非法民间金融

从前面我们分析的民间金融存在的现状来看，我国民间金融还存在着一些非法组织和非法活动，比如那些从事洗钱、炒卖外汇、高利贷等非法活动的民间金融组织，这些组织和活动不仅对金融秩序造成影响，甚至对社会治安造成阻碍，因此对于这些非法金融行为和组织应坚决予以打击与取缔。

2. 保护和支持正常的民间金融行为

对国民经济有利的民间金融组织和行为，政府应该给予充分的认可和保护，对这些组织和行为监管起来，使之充分发挥有利作用。因为民间金融组织形式、规模大小、市场定位等有很大差别，金融监管应将它们划分成不同的类别，确立合适的标准后有针对性地实施分类监管。

第一，对于个人之间的民间借贷行为，应该不予干涉。在前面关于民间金融形式的分析中，我们知道个人之间的借贷行为主体相对来说比较简单，不会涉及复杂的关系，监管比较容易。可以通过相应的民事法规来约束，当借贷双方发生借贷纠纷时，可依法进行处理；另外，如果双方为了安全起见，在借贷行为发生之前也可以找到相应的中间机构，比如说通过民间金融行业自律组织登记做一个备案，防止风险的发生。

第二，对于企业和个人之间或企业与民间金融机构之间的借贷行为及其主体之间的关系比较复杂，国家可以通过专门的监管部门对其进行监管，可以通过监管这一区域的利率水平、企业融资、资金投向、活跃程度，引导社会资金的理性投资，避免出现与国家宏观调控政策或法律法规相背道而驰的现象，同时成立专门的监管部门，有利于掌握民间金融数量和流动方向。

第三，对于农村民间金融组织，政府要引导它们签订规范的合约，完善管理制度与运营规则，允许它们参与农村金融市场份额的分配，与正规金融在公开、公平的环境下进行竞争。通过对农村民间金融组织的监管，可以有效地降低经营风险，提高运行效率，更好地发挥它们的对农业生产和农村经济的支持作用。另外，由于我国农村分布很广，地处偏远地带，如果成立专门的监管部门，将会增加很大成本，因此可以考虑银行代理监管方式。民间金融分类监管示意图如图 7-7 所示。

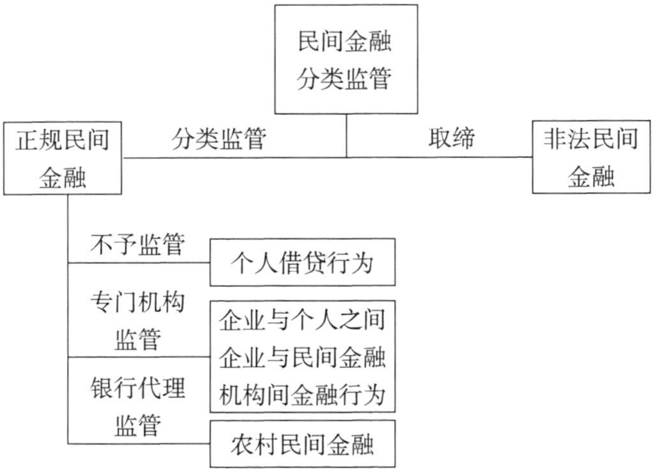

图 7–7　民间金融分类监管示意图

（二）形成立体化监管

我国民间金融分布广泛，民间金融活动存在于各个地区，从东部沿海发达地区到西部欠发达地区都有民间金融活动的发生；民间金融活动分布于各个层面，从大中城市到偏远的乡村，都存在着民间金融活动。所以要切实可行地对这些民间金融组织和活动监管起来，必须要有一个非常完善而具体的监管模式，才可能对分布广、活动频繁的民间金融监管起来。国家应当成立专门的民间金融监管机构，从中央到地方，在纵向和横向上形成网状的立体监管结构，对所有民间金融组织和活动全方位地监管起来。根据我国民间金融的特殊性，构建政府的外部监管、民间金融业的行业自律监管和民间金融组织的自我管理三个层次相互配合的监管体系，推进民间金融健康有序发展。

1. 民间金融自我管理

这是民间金融监管的最低层次。作为个人或组织的民间金融主体，对于道德风险、行业声誉的认识，以及在行业内永续经营的目标，也会自发地加强自身的管理，不断地进行自我改良，完善自身的信用建设，适应金融市场的变化和国家政策的改进。民间金融主体的自我管理，是民间金融监管最行之有效的办法。但是由于民间金融行为的主体作为市场中的行为主体，存在着对自身利益最大化的追求，在交易过程中可能存在非理性行为，因此尚需外部力量的渗入以防止市场的失灵。

2. 行业组织自律管理

民间金融的产生源于市场的需要，因此民间金融刚刚出现的时候，大部分交易都是按照市场自发组织的模式进行的，所以完全有必要根据市场的要求，建立民间金融的行业性自律组织，如“中国民间金融协会”“中国小额信贷发促进协会”等。回顾我国民间金融发展历程，很多地方都存在自发成立的民间金融行业协会组织，对当地的民间金融提供信息或对民间金融活动和行为进行约束。行业协会的自律管理比政府监管更具成本和信息的优势，并能有效规范行业内部各民间金融组织间的竞争，使之有序和合理，同时还能发挥作用，加强政府与民间金融组织的沟通与联系。

3. 国家成立专门的监管部门

如果要对民间金融实施监管，最现实的就是政府成立专门的监管部门，建立健全的监管机制，设立健全的准入制度，规范民间金融主体的行为，关注民间金融的发展动态，搜集民间金融活动信息，使民间金融活动在掌控之中，对民间金融组织和行为起到监管作用。

民间金融的监管必须三方面相互结合，充分发挥每个方面的作用，才能使民间金融为国家经济的发展提供积极作用。如图 7-8 所示，政府监管、行业组织自律和民间金融的自我管理存在着相互支持、相互配合的关系，几方面的职能都必须充分发挥出来。

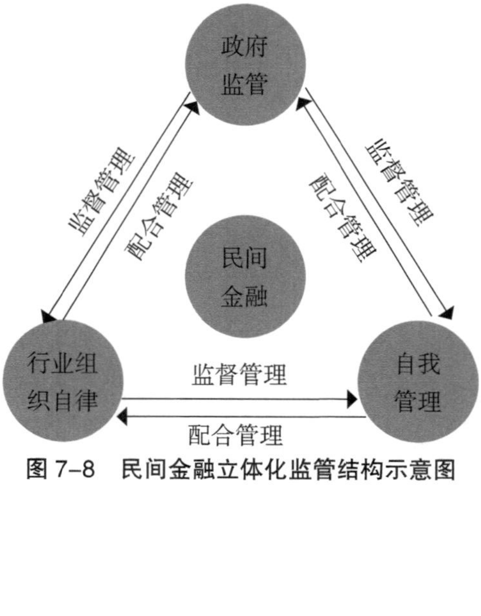

图 7-8　民间金融立体化监管结构示意图

（三）商业银行代理监管

在考虑到监管成本问题的时候，笔者认为不妨采用由商业银行系统进行代理监管的模式。我国现有商业银行网点数量众多且分散，在一些偏远的地方都有银行网点营业，如果通过现有的商业银行网点来登记、记录民间金融情况，实施监管职能，不仅会节约大量成本，而且还会给民间金融带来很大的便利，民间金融也会愿意加入监管中来。如果不采用这种方式，在每一个级别都设置民间金融监管机构，势必会带来很大的成本，而政府不能完全承担这些成本费用，这些成本费用可能就会转嫁给民间金融行为主体，使民间金融纳入监管的自身成本增加。一旦负担过重，民间金融将不愿意被纳入监管，而重新回到原来的地下状态，不能起来监管的作用。而且我国所有商业银行本身受银保监会和银行行业协会的监管，间接的民间金融也受其监管，相当于让银保监会和银行行业协会增加对民间金融监管的职能。

商业银行代理监管还必须有三个方面的问题需要注意：一是要防止政企不分。商业银行作为以营利为目的的经营单位，不能与国家监管机构在职能上产生冲突，所以应当保证各自分工明确；二是以不增加商业银行经营成本为原则，商业代理监管民间金融，增加了工作职责，那应当得到适当的补偿，不能使商业银行负担增加；三是要确保商业银行代理监管民间金融的有效性。

三、民间金融治理模式的选择路径

（一）建立民间金融机构经营者激励与约束的法律机制

目前，基于我国民间金融不太发达的客观事实，相应金融机构的经营者的总体报酬水平存在明显心理落差，领取报酬的管理人员所占比例偏小，主要经营者总体年度货币收入过低，报酬结构不合理，且形式单一。同时，对民间金融机构经营者的激励机制缺乏动态化，强度太弱，不与市场接轨，个人收入和金融机构业绩并未建立起规范而直接的联系，其利益不能通过透明的机制来保证。在这样的情形下，不少经营者便不愿根据利润最大化目标来经营金融机构，人力资本便不能发挥其最大价值；在存在利益冲突的情形下，往往在决策时不采取回避做法，相反，他们会选择对自己有利的条件决策，为自己谋取私利的道德风险行为由此产生。

在市场经济环境下，由于存在着经济人追求个人利益最大化和寻求最大满足的自利动机，因此仅靠思想觉悟和自律来防范和控制道德风险行径是不够的，应当把经营者的“经济人”动机置于激励机制中，使其符合人格化资本行为。在金融机构治理中建立起对高级管理经营者的有效激励机制，并用相关法律保障其贯彻实施，以达到监督与激励的相容性。在用法律建构此种激励机制时必须注意，激励的核心是将经营者对个人效用的最大化的追求转化为对金融机构利润最大化的追求，确保在民间金融市场上，凡投入生产经营过程的任何生产要素，都有索取报酬的权利，即分享所创造价值的权利。如经营者的人力资本、付出的劳动以及承担的风险成本，都应得到相应的经济回报。换言之，我们必须从心理动机角度看待此种激励机制的运行和绩效，应考虑不同身份的人们的不同心理情境。除了建立激励法律机制外，对民间金融机构经营者的法律约束也是必不可少的。

一般来说，这种约束可以通过以下两个方面进行：一是投资者债权人等其他利益相关者，利用金融机构的相应治理机制，利用手中获知的相关财务报告等信息，利用金融机构内部的监督部门等对经营者的道德风险行为提出异议，或者通过法律诉讼行为来反对其不当行为。二是金融监管当局及相关中介机构，利用其专业技能，对经营者的道德风险行为予以相应约束。

（二）完善民间金融信息披露法律制度

信息披露制度是农村民间贷款人理性决策的前提，有利于保护贷款人的合法利益，同时可以促进借款人加强自身实力建设，提升相应的经营管理水平，也便于金融监管，促进民间金融市场发展。当前，我国民间金融市场信息披露制度中存在如下主要问题：

第一，相关主体对信息披露的法律意识欠缺：信息公开义务人缺乏义务意识，贷款人缺乏权利意识，管理层缺乏防范意识。

第二，借款人信息披露的质量、数量、及时性、准确性堪忧。

第三，会计师、律师事务所等民间金融服务机构在执业中存在信息披露不实等相关问题。

笔者认为，完善我国民间金融信息披露法律制度，可以从如下五个方面入手：

第一，提高民间金融市场主体的公开意识。这依赖于在农村地区广泛进行普法宣传教育，不仅要针对借款人和相关金融中介机构，还应当面向广大民间金融机构的投资者和金融监管机构。

第二，加快相关法制建设，包括对现有金融法规、规章的制定，以及制定相应之配套法规、规定。

第三，建立信息共享制度。笔者认为，可建立信用局或者基于互联网的中央风险管理系统，用于发现未偿债务和违约案件，由此形成一定的社会公示力和公信力。

第四，建立征信机制。通过此机制，将农村信贷客户在各个市场领域的信用信息完整地汇编起来，建立统一的、可供所有会员机构使用的信用记录档案，进而解决民间金融活动中信息不对称和农村中小企业、单个农户贷款难的问题。

第五，在实践中，探索和创立中小企业担保基金中小企业联保等中介组织。

（三）完善对民间金融市场的适度监管法律机制

依据微观经济学里的市场失灵理论，任何金融市场都是存在缺陷的（如金融的不稳定性本质），加之人类追求利益、“贪念”的本性存在，决定了金融监管的必然性。有学者提出，当代的金融监管应着眼于系统风险，使之更能应对个体金融机构所导致的种种问题偏差，而对于道德风险问题，则可以借助于传统的方法进行监管。笔者认为，对民间金融市场的监管必须做到适度，不应仅仅从微观谨慎视角进行局部均衡研究，而应基于宏观谨慎的视角方可抑制道德风险的发生。具体而言：

首先，监管应是针对市场失灵，而不应作更宽泛的解释。应该运用新理论重新定义监管模型，并逐步放开监管，当然在一开始仍然需要一些有效的审慎监管措施。以为政府仅仅只配充当守夜人角色的想法在今天看来也过于简单，无法应对现代日趋繁复的经济活动。政府应该在经济发展中起重要的作用，但其作用必须基于匡正市场缺陷的目的。政府通过法案形式对市场进行大规模干预，干预持续时间越长则道德风险越大，在一定程度上，金融危机便是政府不当干预所生的恶果。

其次，监管并不必然导致民间金融业发展，相反可能危及市场的发展。与市场一样，监管活动过程中，监管者本身完全可能基于自身利益考虑，滥用社会赋予的权力，以致发生道德风险行为，因此，对于市场参与者的监管必须有法可依、有法必依、执法必严、违法必究，必须合理界定监管机关的职能空间，明确其职权的合理限度。

（四）完善民间金融领域的民事责任制度架构

民间金融领域的民事责任制度由于其专业性、技术性的特点，以设定法定责任即在相关法律中的专门规定为最好，这样可以更为有效地规制民间金融道德风险。我国很多的现行金融法律制度源自美国的金融法律制度，但是适用的民事责任制度却属于大陆法系。用大陆法系的一些理论去解释演绎英美法系的问题，有时是漏洞百出，陷入困境，如用大陆法系的因果关系理论去分析民间金融道德风险侵权民事责任的因果关系就难以自圆其说，而用欺诈去解决英美法系欺诈所能解决的问题，就会陷入困境。所以，笔者认为，应采用法定责任制度，即通过立法方式在相关金融法律、法规中专门规定民间金融领域的民事责任的相关问题，规定其具体制度和适用范围，而不再通过合同法或侵权法进行一次次的演绎推导，这样就可以避免合同法和侵权法中的一些诸如因果关系、信赖关系、主观心态的证明等难题。同时，应当值得我们注意的是，在完善民间金融领域的民事责任制度的架构时，必须要做到兼顾各方利益，做到公平、公正、公开和合理、科学。

笔者认为，现代金融立法都倾向于保护金融投资者的利益，但是，与此同时，还应考虑其他方的利益及整个社会的利益。如美国在确定内幕交易中受害者的损失赔偿额时，对损失额进行限制，因为在一个内幕交易原告范围定义较为宽泛的制度里，有权要求赔偿的原告人数非常多，以每个原告的损失额作为赔偿数额，那么被告要赔偿的总数额将是一个天文数字，而限制赔偿就是起到了利益平衡的作用。

参考文献

[1] 方意，张立莉 . 民间金融监管理论与实践 [M]. 北京：中国财政经济出版社，2021.

[2] 冯兴元，何广文，杜志雄，等 . 中国乡镇企业融资与内生民间金融组织制度创新研究 [M]. 太原：山西经济出版社，2006.

[3] 傅为群 . 近代民间金融图志 [M]. 上海：上海书店出版社，2007.

[4] 高坤，范茹 . 浅谈金融监管的有效性 [J]. 商讯，2020（25）：76–77.

[5] 葛晓萌 . 论金融审计与经济监管协作框架构建 [J]. 当代经济，2018（12）：122–123.

[6] 管保臣，王华峰，杨海燕 . 民间金融研究 [M]. 郑州：郑州大学出版社，2017.

[7] 郭向军 . 经济监管机构的法律地位 [M]. 北京：中国金融出版社，2013.

[8] 河山 . 对新经济监管的新思考 [J]. 工商行政管理，2018（7）：21.

[9] 胡钧 . 社会主义市场经济的理论与实践 [M]. 北京：经济日报出版社，2018.

[10] 蹇洁 . 网络经济的市场监管研究 [M]. 北京：新华出版社，2015.

[11] 江平 . 民商法原理 [M]. 北京：中国财政经济出版社，1999.

[12] 李华明，邓云峰，吴非 . 金融监管如何影响企业技术创新 [J]. 财经科学，2021（2）：30–44.

[13] 李青 . 互联网平台经济监管的“两个不到位”[J]. 环球财经，2019（6）：98–99.

[14] 李伟 . 大数据与金融监管 [J]. 中国金融，2018（22）：93–94.

[15] 李子文 . 新经济监管的问题、思路和对策 [J]. 宏观经济管理，2020（4）：37–43.

[16] 栗海佳 . 互联网金融监管的不足与完善 [J]. 市场调查信息（综合版），2020（11）：51–52.

[17] 廖岷 . 经济新常态下的银行业监管治理探索 [M]. 北京：中国金融出版社，2015.

[18] 刘巍巍 . 我国民间金融法律问题研究 [M]. 北京：中国铁道出版社，2017.

[19] 刘文朝 . 农村民间借贷与建立金融协会研究 [M]. 北京：中国金融出版社，2011.

[20] 罗卫东，冯兴元 . 市场经济与企业家精神 [M]. 杭州：浙江大学出版社，2017.

[21] 马莹莹 . 互联网金融监管的原则：探索新金融监管范式 [J]. 市场周刊（理论版），2020（37）：111–112.

[22] 孟飞 . 民间资本进入金融业的制度逻辑 [M]. 上海：上海交通大学出版社，2019.

[23] 年志远，贾楠 . 互联网金融监管与传统金融监管比较 [J]. 学术交流，2017（1）：117–122.

[24] 宁子昂 . 民间借贷法律规制研究 [M]. 长春：吉林人民出版社，2019.

[25] 欧阳卫民 . 民间金融创新发展探索 [M]. 北京：中国金融出版社，2015.
[26] 曲钦歆 . 金融监管沙盒机制及对我国金融监管的启示 [J]. 市场周刊，2020（2）：124–128.
[27] 石良平，等 . 经济大国的贸易安全与贸易监管 [M]. 上海：上海交通大学出版社，2015.
[28] 宋晓燕 . 金融监管的价值取向 [J]. 金融服务法评论，2019，10（1）：77–79.